高等继续教育财经专业精品教材系列

财智睿读

宏观经济学

Macroeconomics（第二版）

张亦工　张远超　周广艳　李凤启　韩庆华　主编

中国财经出版传媒集团
经济科学出版社
Economic Science Press

图书在版编目（CIP）数据

宏观经济学/张亦工等主编. --2版. --北京：经济科学出版社，2022.6

高等继续教育财经专业精品教材系列

ISBN 978-7-5218-3754-4

Ⅰ.①宏…　Ⅱ.①张…　Ⅲ.①宏观经济学-成人高等教育-教材　Ⅳ.①F015

中国版本图书馆CIP数据核字（2022）第105576号

责任编辑：于　源　陈　晨
责任校对：郑淑艳
责任印制：范　艳

宏观经济学
（第二版）
张亦工　张远超　周广艳　李凤启　韩庆华　主编
经济科学出版社出版、发行　新华书店经销
社址：北京市海淀区阜成路甲28号　邮编：100142
总编部电话：010-88191217　发行部电话：010-88191522
网址：www.esp.com.cn
电子邮箱：esp@esp.com.cn
天猫网店：经济科学出版社旗舰店
网址：http://jjkxcbs.tmall.com
北京季蜂印刷有限公司印装
787×1092　16开　16.75印张　290000字
2022年8月第2版　2022年8月第1次印刷
印数：00001—20000册
ISBN 978-7-5218-3754-4　定价：30.00元
（图书出现印装问题，本社负责调换。电话：010-88191510）

前　言

在习近平新时代中国特色社会主义思想指导下，为贯彻落实党中央制定的科教兴国、人才强国战略和党的十九大提出的“办好继续教育”的要求，推动高等继续教育提质增效，内涵式发展，同时也为了适应互联网技术快速发展带来的教育领域教学模式和学习方式的新变化，山东财经大学在原有成人高等教育财经专业精品教材系列的基础上，重新组织编写制作了新的高等继续教育财经专业精品教材系列。

该系列教材的编写制作，在内容上紧扣财经类专业课程设置和教学大纲，科学、系统地涵盖了专业教学的基本内容，适用于经济、管理学科，尤其是经济学、会计学、金融学和工商管理等专业高等继续教育的教学，对指导和帮助学生获取专业基础知识和基本技能具有较强的针对性；在形式上，注重突破传统纸媒局限，将课程内容中的重点、难点等用微课的形式加以呈现，实现教师授课“一扫即现”，知识点讲解深入浅出，满足学生在学习传统网络课程的基础上利用互联网进行移动学习、远程学习、在线学习等信息化学习需求，为学生提供更直观、更便捷的学习方式。

另外，这套教材的作者都是多年从事一线教学的教师，经验丰富，了解学生的学习特点和需求，在篇章安排及体例设计方面融合了国内外相应领域优秀教材的编写方法，每章开头提示“本章要点”，结束进行“本章小结”，前后呼应，并根据章节重点内容设计相应的练习题，对知识点加以巩固，符合学生学习的认知规律。该系列教材在使用范围和地域上，具有广泛的适应性。

《宏观经济学》是高等继续教育财经专业精品系列教材之一。本书从当代宏观经济学的视角构建一个理论框架，将古典主义和凯恩斯主义的宏观经济分析囊括进来。我们在编写中按照以下原则：从古典宏观理论到凯恩斯宏观理论这一历史顺序来组织宏观经济分析，均集中讨论产品市场、劳动市场和货币市场的经济主体行为的相互作用；从封闭经济到开放经济；从宏观经济运行到宏观经济政策；从基本原理到深入研究的问题。本书开辟的专栏，内容包括相关专题资料，这些专题研究起到补充正文内容、理论与实证相验证的效果。

本书第 1 章介绍宏观经济总量指标的核算方法，第 2 章介绍古典宏观经济理论，第 3 章至第 7 章介绍凯恩斯主义理论、收入—支出模型、IS－LM 模型和 AD－AS 模型，第 8 章介绍开放经济理论，第 9 章深入研究消费与投资专题，第 10 章研究超长期中的经济增长问题。

本书由张亦工教授、张远超教授、周广艳副教授、李凤启老师、韩庆华教授共同拟订提纲协作完成，并由张亦工修改定稿。在本书编写中，我们参考了许多国内外的文献资料，在此表示感谢。当然书中错误和疏漏由作者负责。我们热忱欢迎读者、教师提出宝贵意见。

编者

2022 年 6 月

目　录

第 1 章 宏观经济的衡量

本章要点

- ◇ 了解宏观经济学的研究对象，宏观经济学的演进
- ◇ 掌握国内生产总值的计算方法
- ◇ 理解国民收入流量循环恒等式

宏观一词来源于希腊文，原意是“大”。宏观经济学一词最早是由挪威经济学家弗瑞希（R. Frisch）于 1933 年提出来的。通常认为，宏观经济学是从 1936 年凯恩斯发表《就业、利息和货币通论》开始形成的。本章简要介绍宏观经济学研究的主要问题，着重分析国民收入账户，探讨宏观经济中最重要的指标——国内生产总值的衡量方法。对国民收入账户的分析是理解宏观经济运行的首要步骤。

1.1 宏观经济学的研究对象

1.1.1 宏观经济学研究的主要问题

宏观经济学研究社会总体的经济行为及其后果，它涉及经济中的总量及其相互关系，因而宏观经济学又称总量分析或总量经济学。

宏观经济学所要研究的问题主要有以下几个方面：（1）什么因素决定了一个国家经济的长期增长？为什么一些国家经济增长迅速，

而另一些国家经济增长缓慢？（2）为什么一些时期物价上升迅速，而另一时期物价较为稳定？（3）是什么导致了失业？为什么有些年份的失业率达到非常高的水平，而有些年份失业率处于较低的水平？（4）为什么一些年份生产和就业扩大，而另一些年份收缩？为什么会出现经济的波动和经济周期？（5）为什么一些国家的汇率会发生贬值或升值？（6）政府是否能够而且应该干预经济的运行？这些问题涉及总体经济的运行以及宏观理论的政策运用。

1.1.2 宏观经济学与微观经济学

宏观经济学和微观经济学是经济学领域中的两大分支，两者在研究方法上有许多相同之处，例如，微观经济学和宏观经济学都使用需求和供给这种基本工具。由于整体经济是许多市场上互相交易的众多消费者和厂商的集合，因而，宏观经济分析常常是以一定的微观经济分析为基础的。例如，一个经济体的失业率从某种角度看是数以万计的企业追求利润最大化的雇工决策造成的结果；通货膨胀率是数以万计的有关价格的决策造成的结果。

宏观经济学和微观经济学的区别在于对经济体进行研究的视角不同。微观经济学研究构成整个经济的家庭和企业的行为及其后果，即家庭和企业如何在给定约束条件下进行选择以最优化其行为。宏观经济学侧重于研究经济作为一个整体的行为，尤其是那些总量的变化。这些总量不涉及单个企业或家庭决策的细微差异，而是总体的和平均的情况。因此，宏观经济学区别于微观经济学的基本特征就是对加总方法的运用和经济总量的强调。

1.1.3 宏观经济学的演进

宏观经济学拥有许多不同的理论流派，其中，古典主义和凯恩斯主义是宏观经济学中两大传统的主流学派。宏观经济学在古典主义和凯恩斯主义两大经济学流派的争论中不断发展。

古典经济学的历史可以追溯到两个多世纪以前，至少也可以从亚当·斯密 1776 年出版的《国民财富的性质和原因的研究》开始，一直到 1936 年凯恩斯的《就业、利息和货币通论》出版之前。古典主义都是建立在斯密的两个基本假设之上的：（1）个人追求自身经济利益最大化；（2）工资与价格能够快速调整以保证所有市场的均衡，即需求量等于供给量的状态。古典主义相信生产是起决定性作用的，供给决定需求。当供求关系失衡时，市场可以通过价格、工资等因素的灵活调整，让经济自动地回到由供给决定的自然水平。因此，政府在自由市场体系中的作用是十分有限的。

需要指出，在 1776～1936 年期间的古典经济学家的理论体系并没有微观分析和宏观分析之分，就其基本内容来说，属于微观经济学的范畴。古典主义的宏观经济理论一般只限于对货币数量和利率水平的分析，而不涉及国民收入水平的决定问题，也没有统一的总就业理论。古典宏观经济学的理论结构基本产生于 1936 年以后，主要是为了呼应凯恩斯的理论。古典主义的信徒依据斯密的两个基本假设，试图构建一个与实际经济数据相符的宏观经济模型，以此来回答前面提出的宏观经济学的主要问题。

20 世纪 30 年代的经济大萧条使古典经济学受到了挑战。按照古典理论，价格、工资等都是有伸缩性的。经济活动有其内在的调节机制，经济大萧条是不可能产生的。那么，是什么原因造成了大萧条呢？凯恩斯从社会总需求入手，寻找大萧条产生的原因，建立了以总需求分析为中心的宏观经济学体系，称为凯恩斯经济学。

凯恩斯的理论创新和中心命题是有效需求原理，以及产出变动——数量调节而非价格调节的作用。凯恩斯认为，宏观经济的波动主要由有效需求——现在称为总需求的不足引起。有效需求不足是边际消费倾向、资本边际效率和流动性偏好这三个基本心理因素作用的结果。如果人们对未来预期产生悲观情绪，或者说这些心理因素发生不正常波动，就会影响人们的经济行为，从而导致总需求不足。

凯恩斯认为，由于货币工资刚性和价格刚性的存在，经济中的非自愿失业可能会长期存在，经济中不存在有力的自动回复到均衡的力量，必须依靠国家干预。国家调节经济主要不能靠货币政策，而必须运用财政政策。财政政策是最有力、最重要的调节手段。

在 20 世纪 50 年代，凯恩斯的理论和政策主张，为大多数西方学者所信奉，他们对凯恩斯理论进行积极补充和发展。萨缪尔森将凯恩斯学说和古典经济学结合起来，形成了“新古典综合派”，取代古典学派而占据主导地位，我们称为凯恩斯主义。凯恩斯主义的理论和政策主张，由于在相当程度上行之有效，被英、美等国家当作制定经济政策的依据。

从 20 世纪 70 年代开始，西方国家出现了前所未有的高通货膨胀率与高失业率并存，即被称为“滞胀”的经济状态。凯恩斯主义经济学无法解释“滞胀”现象，更无力提出有效的政策建议，从而动摇了经济学家和经济政策制定者对凯恩斯以需求管理为主的政策的信心。许多经济学家认为，凯恩斯提倡的政府宏观调控政策可能就是这种新的经济不稳定的根源，反对凯恩斯主义的经济学流派纷纷崛起。在美国，主要有以弗里德曼为首的货币主义和以卢卡斯、萨金特为代表的理性预期学派。这些学派接受古典经济学的基本观点，即市场力量具有促使一个社会维持充分就业的趋向，政府政策在稳定经济方面是无效的。他们的基本思想实际上是回到了19世纪末古典经济学的立场，这与凯恩斯主义的观点形成鲜明的对比，这些学派被称为新古典主义。

进入20世纪80年代以后，在宏观经济学界产生了新凯恩斯主义。新凯恩斯主义是在吸取传统凯恩斯主义与其对立学派斗争中的经验教训而形成的，是凯恩斯主义的复兴。新凯恩斯主义者将工资黏性、价格黏性和非市场出清假设与宏观层次上的产量和就业量等问题相结合，建立起有微观基础的凯恩斯主义宏观经济学。

总之，自20世纪30年代凯恩斯宏观经济学产生以来，宏观经济学在凯恩斯主义和新旧古典主义的争论中求得发展，他们不断修正自己不合时宜的成分，汲取对方合理的成分。

1.1.4 宏观经济学的时间范围

经济学家通常建立三类模型来组织宏观经济的研究。根据各类模型适用的时间长度不同，经济学家区分了短期、长期和超长期。大多数宏观经济学家认为，区别长期和短期的关键在于对工资与价格调整速度不同的假设。

在短期，例如几年内，工资和价格水平缺乏伸缩性，或者说价格是黏性的，厂商愿意在既定的价格水平出售任何数量的产出。当社会需求变动时，企业首先考虑的是调整产出和就业而不是改变价格。社会总需求变动决定现有的生产能力中有多少得到利用，因而也就决定了产出水平和失业水平。

在长期，大约一二十年内，价格、工资被认为具有充分的伸缩性，并且能够对需求和供给的任何变化做出及时有效的反应。经济中的产出取决于经济供给产品与服务的能力，这种能力又取决于资本、劳动的供给和可获得的生产技术，而不是由价格水平决定的。因此，在长期中，我们将生产能力看作是既定的，生产能力的水平决定产量，总需求变动只影响价格水平。

在超长期，就是指几十年或更长的时间内。经济的超长期行为属于增长理论研究的范围，它的重点在于考察资本存量、劳动力和技术知识的增长如何决定的生产能力的增长。

1.2　国内生产总值的衡量

宏观经济学研究经济中的总产出、价格水平、就业水平和利率是如何决定的。为了全面地理解这些变量的决定，我们需要了解它们的含义和如何对它们进行度量。为此我们要从国民核算体系（system of national accounts，SNA）开始。国民核算体系由联合国于 1968 年正式公布，并为市场经济国家所普遍采用。

国民核算体系的基础

衡量宏观经济运行情况的最基本指标是国内生产总值（gross domestic product，GDP）。有三种方法核算 GDP：生产法、支出法和收入法。每种方法都得到相同的结果。

1971 年的诺贝尔经济学奖授予哈佛大学的西蒙・库兹涅茨，1984 年的诺贝尔经济学奖授予牛津大学的理查德・斯通，以表彰他们在研究国民核算体系方面的奠基性和开拓性贡献。

1.2.1　生产法衡量 GDP

生产法是通过对生产的产品和服务的市场价值进行加总来测量经济活动。用生产法来衡量的国内生产总值，是指特定时期内一国（或地区）境内所生产的最终产品和服务的市场价值。

为了理解这一定义是如何应用的，这里需要作几点说明。

1. 市场价值

GDP 是以市场价格来衡量产品或服务的价值。一个经济体要生产许多不同种类的产品与服务，不同产品和服务的产出数量不能直接相加，因为不同产品和服务有不同的经济价值。例如，假设某经济体生产了 5 辆汽车和 20 双鞋子，如果将二者数量相加得到总产量为 25 是没有意义的。为了计算不同产品和服务的总价值，国民收入核算使用市场价格，因为市场价格反映了不同产品和服务的相对重要性。如果每辆车的价格为 20 000 美元，每双鞋子的价格为 50 美元，则 GDP 为 $5\times20\ 000+20\times50=101\ 000$（美元）。

GDP 包括由住房存量提供的住房服务的市场价值。就租赁住房来说，房客购买的是住房服务，租金是 GDP 的一部分。然而，很多人对自己所住的房子有所有权，尽管他们不需要支付租金，但他们同样享受着与租赁者购买的同样的住房服务。考虑到房主享受的住房服务，政府通过估算这些房主“支付”给自己的隐含租金价值而把这种自有房产包括在 GDP 中，尽管房主实际上并不向自己支付这种租金。

GDP 的度量包含了政府所提供服务的价值，这些服务包括警察、消防队员、公共教育以及国防等。大部分政府服务并不在市场上交易，从而没有市场价格。GDP 核算按照这些服务的成本来估值。也就是说，政府雇员的工资被用来作为所提供服务的价值计价，公共教育对 GDP 的贡献用教师的工资及建造新学校和购置新设备的成本来衡量。

2. 最终产品与增加值

在一定时期内所生产的产品可分为中间产品和最终产品。中间产品（intermediate product）是指在同期生产出来的、在其他产品的制造过程被消耗掉的产品和服务。例如，本期用来生产面包的小麦就是中间产品。最终产品（final product）是指同期生产的并由最终使用者购买的产品和服务。例如，面包房生产的面包用于家庭消费，面包就是最终产品。

企业未出售的成品、半产品和原材料作为存货就是最终产品。

有时中间产品和最终产品的区分十分微妙。企业购买的机器设备是中间产品还是最终产品呢？虽然机器设备是用来生产其他产品的，但是其在当年并未被消耗掉，因而它并不是中间产品，而是最终产品。

我们强调最终产品和服务，是为了避免重复计算。在实践中，通常使用增加值法来避免重复计算。一个企业的增加值等于该企业产出的价值减去企业购买的中间产品的价值。在制造某一产品的每一阶段，仅把在那个制造阶段上产品所增加的价值计算为 GDP 的一部分。例如，作为最终产品使用的衣服需经历四个生产阶段：种棉—纺纱—织布—制衣。假定棉花价值为 100 元（假定 100 元为全部当年新生产的价值）。纺纱厂买进棉花纺成纱线的售价为 180 元，这样纱线的新增价值为 80 元；再假定织布厂买进纱织成棉布的售价为 240 元，则棉布的新增价值为 60 元，最后假定制衣厂买进棉布制成衣服的售价为 310 元，衣服新增价值为 70 元。这样，经济体总的增加值为 310 元（$=100+80+60+70$）。衣服这一最终产品的价值恰好等于服装生产所经历的四个阶段所增加的价值。

3. 本期产出

GDP 是由现期所生产的产出的价值构成的，它不包括在过去生产的、现期又重复交易的产品。例如，我们计算新建房屋的市场价值，但不计算二手房屋的交易，因为它是过去生产的产品，它已经被计算进前一期的 GDP 里了。然而，我们把销售现有房屋中的房地产经纪人的费用计算为 GDP 的一部分。因为房地产经纪人提供了一种把买卖双方联系在一起的本期服务，所以它是本期产出的一个合理的组成部分。

GDP 是一个流量概念。流量（flow）是一定时期内发生的变量，而存量（stock）是一定时点上存在的变量。存量和流量的关系可以用浴盆中的水量的例子来说明。浴盆中水的量是存量，它是在某一给定时点上浴盆中水的数量。从水龙头流出来的水是流量，它是每单位时间内加到浴盆中水的数量。

区分变量是存量还是流量，有助于更清楚地理解有关变量的区别和它们之间的相互关系。例如，经济中的资本量是一个存量，是指某一时点厂房设备、住房和存货的总和。投资是一种流量，是指某一时期用于增加或维持资本存量的支出数量；一个人的财富是存量，其收入和支出是流量；一个国家的失业者人数是存量，而一定时期内失去工作的人数就是流量；储蓄是一个流量，储蓄额则是存量；政府债务是存量，政府预算赤字是流量；货币供给量是存量，货币流通量则是流量。

4. GDP 与 GNP

GDP 是指在本国境内生产的最终产品的市场价值总和，以国土为统计标准，强调地域原则。无论劳动力和其他生产要素属于本国，还是属于外国，只要是在本国领土上生产的产品和劳务的价值都计入 GDP。

国民生产总值（gross national product，GNP）是本国生产要素在一定时期内所生产的最终产品的市场价值，它以人口为统计标准，强调国民原则。无论劳动和其他生产要素处于国内还是国外，只要是本国国民生产的产品和服务的价值都计入 GNP。因此，国民生产总值和国内生产总值的关系是：

$$\text{GNP} = \text{GDP} + \begin{matrix}\text{暂住国外的本国公民的} \\ \text{资本和劳务创造的价值}\end{matrix} - \begin{matrix}\text{暂住本国的外国公民的} \\ \text{资本和劳务创造的价值}\end{matrix}$$

我们把暂住国外的本国公民的资本和劳务创造的价值减暂住本国的外国公民的资本和劳务创造的价值的差额称作国外净要素收入，于是有：

$$\text{GNP} = \text{GDP} + \text{国外净要素收入}$$

由此可见，当国外净要素收入为正值时，GNP 就大于 GDP，反之，当国外净要素收入为负值时，GNP 就小于 GDP。

现在大多数国家或地区都以 GDP 作为衡量经济中产出的基本指标。

1.2.2 支出法衡量GDP

支出法是一国在一定时期内对最终产品的支出来衡量 GDP 的。对本国最终产品的总支出由四部分组成：消费支出、国内投资支出、政府购买以及净出口。

消费（consumption，C）是指家庭购买的产品与服务。它包括耐用品支出（汽车、彩电、空调等支出）、非耐用品支出（食物与衣服等支出）、服务支出（教育、医疗、旅游等支出）。

投资（investment，I）是指一定时期社会实际资本的增加，它包括企业固定投资、住房固定投资以及存货投资。

宏观经济学上的投资并不包括仅仅在不同个人之间重新配置资产的购买，如购买债券或普通股票，因为它并不增加经济体的实际资产存量。

（1）企业固定投资是企业购买的新厂房和设备等。资本品由于损耗造成的价值减少称为折旧。因此，GDP 中的固定投资是指总投资，即折旧与净投资之和。折旧又称重置投资，指更新在生产过程中被消耗掉的那部分资本存量的投资，净投资是指资本存量的增量。

（2）住宅投资指新建住宅和公寓的支出。住宅和公寓被视为资本品的原因是它们在相当长的一段时期内为人们提供了住房服务。

（3）存货是指企业的库存，包括未出售的产品、半成品以及原材料。例如，钢铁厂把本期生产的一部分钢材作为存货用于以后的销售。这种存货相当于企业自己“购买”了那部分未出售的产品，是企业物质资本存量的增加，称为存货投资。不论何种原因导致的存货增加都包含在投资之内，特别是企业生产的因未售出而转入库存的产品。它并不一定代表产品与劳务的实际支出，而是企业持有的存货数量的变化，即产量超过实际销售量时的存货积累。其公式是：

当年的存货投资 = 当年年终存货量 − 上年年终存货量

存货投资可以是正值，也可以是负值，当年年终存货量大于上年年终存货量时，存货投资为正值，反之则为负值。

政府购买（government purchases，G）是指各级政府购买商品和劳务的支出。政府出钱设置法律系统、国防系统、兴建道路港口、举办学校等都属于政府购买，这些政府购买都作为最终产品计入国民收入。政府购买包括政府雇员的薪金支出。

然而，政府购买只是政府支出的一部分。政府的转移支付不包括在政府购买中。转移支付（transfers）由政府支付却不用来交换当期产品和服务。转移支付包括政府的社会保障和医疗保险支付、失业保险、福利支付等。国债的利息支付也不属于政府购买。事实上，政府的转移支付构成个人收入的一部分，通过消费支出来影响 GDP。

净出口（net exports，NX）是指产品和服务的出口（X）价值减去产品和服务的进口（M）价值的差额。出口与消费支出、投资支出以及政府购买支出一样，是对本国商品和劳务的购买，当然应该计入GDP中。进口是本国对外国生产的商品和劳务的购买，因此不应该计入GDP。并且由于私人的消费支出总额，私人国内的投资支出总额和政府购买支出中都包含一部分本国从国外进口的商品和劳务，因此在计算GDP时要把进口减去。

上述四个项目加总，用支出法计算GDP的公式可写为：

$$GDP = C + I + G + (X - M)$$

1.2.3 收入法衡量GDP

收入法是从经济体所取得的全部收入的总和来衡量GDP。这种计算方法的关键是国民收入的概念。国民收入（national income，NI）是指各种生产要素（土地、劳动、资本与企业家才能）所获得收入的总和。它由6种类型的收入组成：

（1）雇员报酬。雇员报酬指工人赚到的工资和福利津贴。包括雇主为雇员支付的养老金、雇主对社会保障的支付以及工资收入者必须缴纳的所得税。

（2）非公司企业收入。非公司企业收入指各种类别的非公司形式的个体经营者的收入。如医生、律师、农民和小店铺主（夫妻店）等的收入。他们是自己雇用自己，使用自有资本经营。因此，他们的收入包括劳动收入和资本收入。

（3）个人租金收入。个人租金收入指个人出租土地、房屋等取得的收入减去折旧等支出。包括房主向自己“支付”的估算租金，以及作家的版税收入、艺术家的唱片收入、专利这一类型的收入。

（4）公司利润。公司利润等于企业在支付中间产品、工资、租金及其他成本后剩余的收益。公司利润将用于支付税收（如公司所得税）股东分红，而支付税收和分红后的剩余收益由公司持有。

（5）净利息。净利息等于个人从企业或国外获得的利息减去所支付的利息的差额。

（6）企业转移支付和间接税。前者指公司对非营利组织或个人的社会慈善捐款、保险支付等。后者指企业缴纳的货物税或销售税、周转税。这些税收是消费者为一种产品支付的价格和企业得到的价格之间的一个差额。它和直接税（如公司所得税）不同，直接税都已包括在工资、利润及租金中，不能重复计入GDP中。

除了这6类支付的国民收入外，还需要将以下两项计入GDP：

(1) 资本折旧。这是资本的耗费，在计算国民收入的组成部分——非公司企业收入、公司利润和个人租金收入时，需要将折旧从总收入中扣除。它虽然不是要素收入，但包括在应收回的投资成本中。因而，在计算总收入时必须将折旧加回，计入GDP中。

(2) 统计误差。收入法是测量出售产品而获得的收入，而不是测量产品本身的价值。产出值和收入值因获取数据的渠道不同而产生统计误差。统计误差等于产出值减去收入值。统计误差为正意味着收入总计小于产出。因此，按收入法计算GDP时，应加上统计误差。在国民收入核算中，一般是以支出法的结果为准，而把支出法的结果减去收入法的结果的差额看作是收入法的误差。因此，从国民收入计算国内生产总值时要加上统计误差，从国内生产总值计算国民收入时就要减去统计误差。

这样，按收入法核算所得到的GDP可写为：

$$GDP = 工资 + 利息 + 利润 + 租金 + 间接税和企业转移支付 + 折旧$$

1.2.4 从GDP到个人可支配收入

国民收入是衡量社会经济活动成就的一个广泛概念。在许多国家的国民收入核算体系中，根据核算资料来源和包含内容的不同，采用了各有特定含义的不同指标。这些不同的收入衡量指标之间的关系是：

(1) 国民生产总值（GNP）。如前所述，为了得到国民生产总值，我们加上国外净要素收入：

$$GNP = GDP + 国外净要素收入$$

(2) 国民生产净值（net national products，NNP）。国民生产净值等于国民生产总值中扣除当年消耗掉的资本（折旧）后的价值余额。最终产品价值并未扣除资本设备消耗的价值，因此还不是净增价值，最终产品价值中如把消耗的资本设备价值扣除了，就得到了净增价值。因而从国民生产总值中扣除资本折旧，就得到国民生产净值。它表示社会经济活动中能够用于消费和净投资的价值总额。用公式表示：

$$NNP = GNP - 折旧$$

相应地，国内生产总值中扣除折旧的价值余额被称为国内生产净值（net domestic products，NDP）。用公式表示：

$$NDP = GDP - 折旧$$

（3）国民收入（NI）。从国民生产净值中扣除间接税和企业转移支付，再加上政府补助金，就得到一国生产要素在一定时期内提供生产性服务所得的国民收入。政府津贴是国家对产品售价低于生产要素成本价格的企业的补贴，目的是弥补企业为维持这种产品的生产而带来的损失。这种补贴可看作一种负税，属于企业生产要素的收入，因此计算国民收入要从间接税中扣除政府津贴。用公式表示：

NI = NNP - (企业间接税 - 政府津贴) - 企业转移支付
= 工资 + 利润 + 利息 + 租金 + 津贴

（4）个人收入（personal income，PI）。国民收入并不会全部成为个人的收入，需要进行一系列调整。例如，利润中要给政府缴纳公司所得税、公司还要留下一部分利润不分配给个人，一部分要以社会保险的形式上缴有关机构；人们也会以各种形式从政府那里得到转移支付，如退伍军人津贴、工人失业救济金、职工养老金，以及政府公债的利息支付。即：

PI = NI - 公司未分配利润 - 公司利润税
- 公司和个人缴纳的社会保险税 + 政府给个人的转移支付
= 工资 + 企业主收入 + 个人租金收入 + 个人利息收入
+ 政府对个人的转移支付 - 公司和个人缴纳的社会保险税

（5）个人可支配收入（personal disposable income，PDI）。个人所得到的收入总和减去个人支付给政府的税收和非税支付（如交通违章罚单），也就是个人可随意用来消费或储蓄的收入。用公式表示为：

PDI = PI - 个人税 - 非税支付

1.2.5 GDP 指标的局限性

现行的国民核算体系虽然被广泛地使用，但仍然存在着许多不足之处。

（1）GDP 不能全面反映经济中的总产出。由于 GDP 是根据商品和劳务的市场价格来计算的，因此有许多生产活动没有反映到 GDP 之中。第一，家务劳动、自给性生产活动没有在 GDP 中得到反映；第二，地下经济也没有得到反映。地下经济包括毒品的生产和交易、赌博和黄色交易等非法经济活动，以及为了逃避税收而隐瞒其收入的经济活动。

（2）国民收入核算没有很好地反映福利状况。国内生产总值只是我们社会生产的物品和劳务总价值的测度，它还远远不是人们福利的完全测度，国民生产总值的增加并不完全等于社会经济福利增进。第一，产量的增加有可能伴随着人们闲暇时间的减少，或由于工作的繁重，人们精神更加紧张，因而 GDP 的增加不能反映人们的生活质量。第二，有些被算作 GDP 增加的活动，实际上是动用资源去避免或遏制诸如犯罪或危害国家安全的“坏事”发生。第三，自然资源的过度开发与环境污染。自然资源与环境不仅影响当代人的福利水平，而且影响将来几代人的福利。不可再生的自然资源被开发和使用，其价值被计入 GDP 的一部分，但它的损耗并没有在 GDP 中反映出来。类似地，环境污染、生态破坏对人们健康的损害也没有在 GDP 中反映出来。第四，GDP 无法反映社会上产品分配的情况及其对社会福利的影响。如果 GDP 的增长造成了收入分配更加不平等，那么，经济福利就不仅不会有所增加，可能还会减少。

（3）GDP 无法正确核算产品质量的进步与产品类别的变动对人们福利的影响。例如，计算机的质量显著改进，而价格却大幅度下降；轿车的质量和款式随时间推移而改变。这些质量改进很难在 GDP 的核算中调整过来。

正是由于 GDP 指标存在这些局限性，现在许多经济学家曾提出了许多新标准来对国内生产总值进行校正，以便反映经济福利状况。自 1990 年以来，联合国开发计划署每年发表一份《人类发展报告》，把衡量社会经济的指标体系由单纯“GDP”指标，转变为“社会指标”（经济、社会、环境、生活、文化等）。同时，引入“绿色 GDP”的新概念。在名义 GDP 中扣除了各种自然资源消耗之后，经过环境调整的国内生产净值，也称绿色国内生产净值（EDP）。世界银行 1997 年开始使用绿色 GDP 国民核算体系来衡量一国（地区）的真实财富。

延伸阅读：我国国民收入核算体系的转变

1.3 国民收入的流量循环

1.3.1 经济的总收入和总支出

产出法、支出法和收入法对 GDP 的测量能够得出相同的结论并非偶然，它反映了经济系统中不同部门之间的相互关系。

（1）总产出必然等于总收入。一个经济体系在一定时期所生产物品和劳务的价值总量，实际上是使用各种生产要素（劳动、资本、土地等）创造出来的。每类要素按其边际生产力得到工资、利润、利息、地租等报酬，并且所有要素的报酬支付正好把产品价值分配净尽。从整个社会生产的角度来看，总产出的价值就构成所有生产要素的总收入。从生产或供给的角度看，总收入代表产品和劳务的总供给量。

以一个纺纱企业为例。假定棉农生产 20 万美元的棉花，并假定这 20 万美元都是新增价值，那么，这 20 万美元实际就是生产棉花所投入的生产要素（土地、资本、劳动）共同创造的价值。假定这 20 万美元的棉花卖给纺纱厂，纺纱厂经加工后以 25 万美元卖出，新增价值 5 万美元，这 5 万美元是纺纱厂所投入的生产要素创造的。由于生产要素要取得报酬，使用工人要支付工资，使用土地要支付地租，使用资本要支付利息，这些要素报酬就等于这些要素在生产中的贡献，因而 5 万美元的新增价值全部转化为要素提供者的收入。假定工资是 2 万美元，利息 1.5 万美元，地租 0.5 万美元，企业所有者的利润显然是 1 万美元。因此，产出（增加值）和收入总是相等的。

（2）总产出必然等于总支出。根据会计规则，最终产品购买者的支出必然等于最终产品的销售收入。要素所有者在获得收入之后，就会用其购买自己所需要的各种产品和服务，满足自己的需要。从而，总收入又返回来形成对总产出的购买。这种购买就是社会的总支出。从全社会看，总产出必定等于购买最终产品的总支出。从购买或需求角度看，总支出代表对总产品的需求量。

然而，假如社会某年生产了 10 000 亿美元最终产品，只卖掉 8 000 亿美元。在国民收入核算中，未卖掉的 2 000 亿美元产品仍被看作是本企业的存货投资。由于企业把存货变化也看作自己购买自己产品的投资支出，因此，总支出就不是 8 000 亿美元，而是 10 000 亿美元了。

因此，在任一给定时期内，有下列恒等式：

$$总产出 \equiv 总收入 \equiv 总支出$$

该式为国民收入账户的基本恒等式，它构成国民收入账户的基础。

1.3.2　国民收入流量循环模型

根据上面的分析，我们建立一个国民收入的流量循环图来描述经济中的相互作用，得到一组国民收入的恒等式。为了简化分析，我们不考虑折旧，也不考虑间接税和企业的转移支付。这样，国民生产总值等于国民净产值和国民收入，都用 Y 表示。

1. 两部门经济

两部门经济的流量循环

假定经济中只有家庭和企业两个部门。家庭向企业提供各种生产要素，企业向家庭支付报酬（即收入）。企业用这些生产要素进行生产，向家庭提供产品与服务，家庭为购买这些产品与服务而进行支付。这时，收入的流量循环模型如图 1－1 所示。从该图中可以看出，只要家庭把所得到的收入全部用于购买企业的产品与服务，这个循环就可以按原有的规模一直保持下去。如果企业通过雇用更多劳动而生产更多产品，那么家庭的收入就增加了，从而增加了产品的总支出。也就是说，家庭的收入和支出都等量增加。

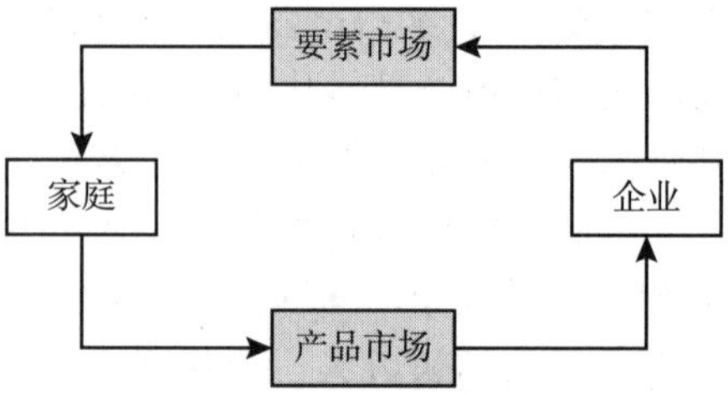

图 1－1　简单的两部门循环

如果家庭只把一部分收入用来向企业购买产品和服务，那会如何呢？从收入的角度看，部分用于消费，部分将被储蓄起来。用等式表示：

$$Y \equiv C + S$$

其中，S 表示私人储蓄。该式是一个恒等式，表示总收入不是用于消费就是用于储蓄。

如果企业有一部分产出没有售出会怎样呢？从支出的角度看，由于把企业库存的变动作为存货投资，因而，总产出不是被消费掉，就是投资了。用等式表示：

$$Y \equiv C + I$$

合并上面两个恒等式，得到下面的恒等式：

$$C + I \equiv Y \equiv C + S$$

该恒等式左边表示支出的组成部分，右边表示收入。该式被称为收入—支出恒等式。该恒等式表明总支出等于总产出，总产出等于总收入，而总收入又用于消费和储蓄。

将该恒等式稍加变化，就得到一个重要的恒等式：

$$I \equiv S$$

该恒等式表明投资等于储蓄，称为投资—储蓄恒等式，它是根据投资和储蓄的定义得出的。这种恒等关系就是两部门经济的总供给（C + S）和总需求（C + I）的恒等关系。

在现实经济中，家庭将收入的一部分用于消费，另一部分作为储蓄存入金融中介机构，而企业从金融中介机构借款来进行投资（购买机器、厂房和存货投资）。那么国民收入的流量循环模型如图 1 – 2 所示。但是，如果家庭不把储蓄存入金融机构，或者不去购买企业的有价证券；或者金融机构不把这些储蓄贷给企业，那么这些储蓄就无法回到循环流转之路。因此储蓄是这一循环的漏出，投资是对这一循环的注入，因而也可以说，只要漏出等于注入，收入流量的循环就可以正常进行下去。

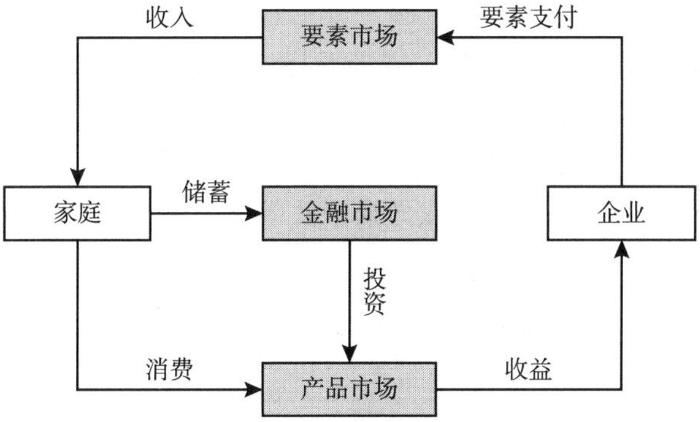

图 1 – 2　两部门循环

2. 三部门经济

三部门经济是包括家庭、企业和政府的经济。政府为经济活动提供公共物品，并为此向社会征收税收进行支出。所以，政府在经济中的作用是通过税收与支出来实现的。

三部门经济的流量循环

引入政府部门后，从支出角度看，总支出的所有组成部分，包括消费 C、投资 I 和政府购买 G。这里的 C 包括得到转移支付收入后用于消费支出的部分。我们把产出和支出之间的基本恒等式重新表示为：

$$Y \equiv C + I + G$$

从收入角度来看，由于家庭的部分收入需用于缴纳税款，而家庭接受政府的转移支付也要加入私人部门收入。因此，我们把可支配收入定义为个人从政府那里获取转移支付并扣除所有的税收之后的收入，可支配收入分配于消费与储蓄。税款减去转移支付，称作净税收，也就是国民收入中归于政府的部分。如果以 T 表示政府净收入，国民收入的分配，用等式表示：

$$Y \equiv C + S + T$$

按照总支出等于总产出、总产出等于总收入的原理，得到三部门经济中的收入—支出恒等式：

$$C + I + G \equiv Y \equiv C + S + T$$

恒等式两边同时减去消费 C，得到：

$$I + G \equiv S + T$$

或

$$I = S + (T - G)$$

其中，（T－G）可以看作政府储蓄。它可以为正值，也可以为负值。因而 I＝S＋（T－G）的等式，也就表示国民储蓄（私人储蓄和政府储蓄之和）和投资恒等。

扩展到三部门经济的收入流量循环模型如图 1－3 所示。为了简化，图中没有绘出政府对家庭的转移支付和政府对企业的征税线段。在三部门经济中增加了政府，要使收入流量的循环正常进行下去，除了储蓄等于投资之外，还要求政府税收等于政府购买。

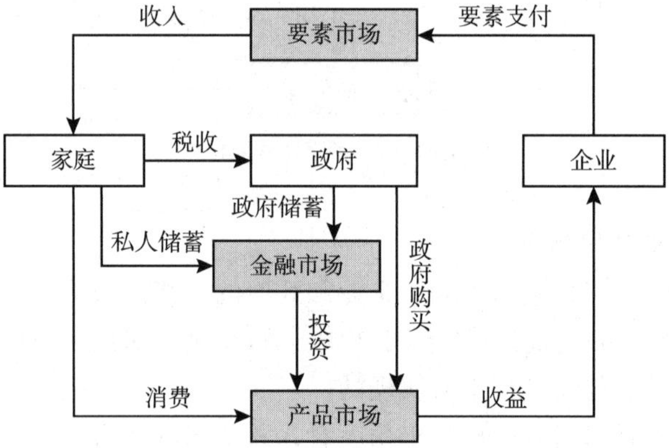

图 1－3　三部门循环

任何部门如果支出大于其收入，就不得不借款支付过量的支出。如果政府支出超过它所获得的税收收入——预算赤字（budget deficit），政府部门有两种方式处理其赤字。它可以发行政府债券，即通过在金融市场上借款来为这种赤字融资。政府部门也可以通过增税——减少家庭可支配收入——使收入从家庭流向政府。结果是，政府支出增加，减少了私人用于投资所需的资金，以保持收入与支出总量平衡。

3. 四部门经济

四部门经济指在家庭、企业、政府之外又加上对外贸易部门。国内企业和政府通过贸易、资本流动与其他国家或地区发生经济联系。为了简化，假设只有商品贸易，忽略本国对外国的转移支付。

本国的政府、企业和居民向国外购买产品，这是本国的进口，它会减少对本国产出的需求。国外部门向本国企业购买产品，这是本国的出口，它会增加对本国产出的需求。四部门的国民收入流量循环模型可以用图1－4来表示。

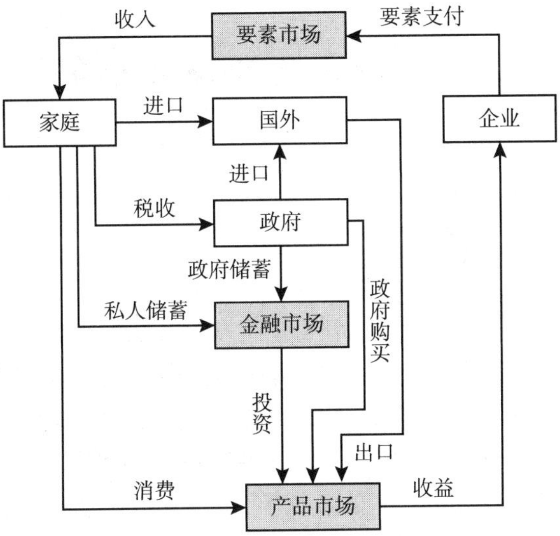

图1－4　四部门循环

我们回到产出与支出的恒等式。从总支出的角度看，总需求的组成部分，除了消费需求C、投资需求I和政府需求G之外，现在又增加了国外净需求NX。相应地，我们将基本恒等式表示为：

$$Y \equiv C + I + G + NX$$

从总收入角度看，国民收入的分配与三部门经济相同。这样，四部门经济中的支出—收入恒等式为：

$$C + I + G + NX \equiv Y \equiv C + S + T$$

恒等式两边消去C，得到：

$$I + G + NX \equiv S + T$$

或：

$$S - I \equiv (G - T) + NX$$

恒等式右边第一项（G－T）代表政府预算赤字，第二项代表净出口，即出口超过进口的数额。该恒等式说明，私人储蓄超过投资的部分（S－I）等于政府预算赤字加贸易盈余。如果私人储蓄等于私人投资，要使收入流量的循环正常进行下去，就要求政府预算赤字（盈余）正好等于对外部门的赤字（盈余）。

如果把以上三种经济的收入流量循环模型总结起来，可以看出：储蓄、税收和进口都是本国经济的漏出，而投资、政府购买和出口都是经济中的注入。只要总注入等于总漏出，收入流量循环就处于均衡状态。

1.4 物价指数与失业率

1.4.1 GDP 平减指数

GDP 指标提供了一个经济体中有关经济运行的信息，但是 GDP 是按照当期市场价格度量的。在比较不同时点上某经济变量的价值时，使用按当期价格计算的变量的缺点就会随之出现。不同时期的 GDP 的差异，既可能是由于产品和劳务的实物数量的差别造成的，也可能是由于价格水平的变化所导致的。为了能够对不同时期的 GDP 进行有效的比较，应该将价格水平的影响去除。这样，我们选择某一年的价格水平作为标准，各年的 GDP 都按照这一价格水平来计算。这个特定的年份就是所谓的基期，这一年的价格水平就是所谓的不变价格。用不变价格计算的 GDP 叫作实际 GDP（real GDP），而用当年价格计算的 GDP 叫作名义 GDP（nominal GDP）。

如果以某年的价格 P_0^i 为不变价格，t 年的价格为 P_t^i，t 年的最终产品的数量为 Q_t^i，则：

$$t\text{ 年名义 GDP} = \sum_{i=1}^{n} P_0^i Q_t^i$$

$$t\text{ 年实际 GDP} = \sum P_0^i Q_t^i$$

假设一国生产的最终产品由香蕉和橘子代表。两种产品在 2009 年和 2010 年的产量和价格分别如表 1－1 所示。2009 年的名义 GDP 是 14

万美元，2010年的名义GDP是21万美元，名义GDP增加50% =（21 - 14）÷14。但是，如果我们以2009年的价格来计算2010年的实际GDP时，则2010年的实际GDP等于17.2万美元，GDP增加23%。

表1-1　　名义GDP和实际GDP

项目	2009年的名义GDP	2010年的名义GDP	2010年的实际GDP
香蕉	15万（产量）×0.20 = 3（万美元）	20万（产量）×0.30 = 6（万美元）	20万（产量）×0.20 = 4（万美元）
橘子	50万（产量）×0.22 = 11（万美元）	60万（产量）×0.25 = 15（万美元）	60万（产量）×0.22 = 13.2（万美元）
合计	14万美元	21万美元	17.2万美元

GDP平减指数（GDP deflator）也称GDP折算指数，是名义GDP与实际GDP之间的比率。其公式为：

$$\text{GDP 平减指数} = \frac{\text{名义 GDP}}{\text{实际 GDP}} = \frac{\sum P_t^i Q_t^i}{\sum P_0^i Q_t^i} \times 100$$

以表1-1为例，2010年的名义GDP和实际GDP的比率是122 =（21 ÷ 17.2）×100，说明从2009年到2010年物价水平上升了22%。

如果知道了GDP平减指数，就可以将名义GDP折算为实际GDP。可以把上面的等式写为：

实际GDP = 名义GDP/GDP平减指数

从这种形式上可以看出，GDP平减指数是如何命名的：它用于平减名义GDP，以得到实际GDP。

物价指数也是反映经济运行状态的一个衡量数据。通货膨胀（inflation）是一定时期内价格水平持续而普遍地上升。通货膨胀的程度是通过通货膨胀率来衡量的。通货膨胀率是一个用价格指数衡量的重要变量，它等于每期价格指数增长的百分比。如果以 P_t 表示t期价格水平，P_{t+1} 表示（t+1）期价格水平，则t期与（t+1）之间的通货膨胀率 π_{t+1} 为：

$$\pi_{t+1} = \frac{P_{t+1} - P_t}{P_t} = \frac{\Delta P_{t+1}}{P_t}$$

其中，ΔP_{t+1} 或（$P_{t+1} - P_t$）表示从t期到（t+1）期价格水平的变化。

衡量通货膨胀的主要数据来源有三个：GDP平减指数、消费者价格指数和生产者价格指数。GDP平减指数前面已经做了说明，这里主要说明消费者价格指数和生产者价格指数。

1.4.2 消费者价格指数

最常用的物价水平衡量指标是消费者价格指数。消费者价格指数（consumer price index，CPI）是普通消费者所购买物品和服务总费用的衡量指标，反映了消费者的生活费用水平。

CPI 衡量的是居民购买的“一篮子”产品的价格。这“一篮子”物品的清单是由统计部门根据对典型的城镇居民的消费支出，有选择地选取固定的“一篮子”物品和劳务的种类，找出一个典型消费者商品“篮子”内各种物品的购买价格的变化，来构造消费价格指数。根据不同商品的重要性分配相应的权数，比较以当期价格购买的费用与以基期价格购买的费用。例如，美国劳工统计局编制的 CPI 所涉及的物品种类及其权数为：住房（43%），其中包括住所费用（33%）、燃料和其他公共服务（5%）以及家具和维修（5%）；交通（17%），包括用于汽车、汽油、公共汽车和地铁等的支出；食品和饮料（15%），包括在家消费的食物（8%）和在外面消费的食物（6%）以及含酒精的饮料（1%）；然后是医疗、休闲活动、教育和通信，大约各占 6%，其中教育和通信包括大学学费和个人电脑等费用；此外，包括衣服、鞋和首饰在内的服装支出占 4%、其他物品与服务（包括不适于划归其他类别的杂项，如香烟、理发和丧葬费用等）占 3% 左右。

CPI 与 GDP 平减指数有三点不同。

（1）CPI 衡量价格时所涉及的是普通消费者购买的所有物品和服务，并根据这“一篮子”物品中的不同种类的购买比重来确定权数。而 GDP 平减指数是以经济中所生产的全部产品的计算为基础的。因此，企业和政府购买的产品的价格的上升将反映在 GDP 平减指数上，而并不反映在 CPI 上。

（2）CPI 衡量的是固定的“一篮子”商品的成本，商品“篮子”中的物品种类及其权数在不同时期内是不变的，因而 CPI 是拉斯派尔指数。而 GDP 平减指数是所涉及的商品“篮子”每年都不同，它取决于每年在经济中所生产的产品的数量。某种产品的产量增加，它在 GDP 平减指数的计算中的权数就会变大。所以，GDP 平减指数是帕舍指数。CPI 衡量的是在长期内不变化的“一篮子”商品的成本。正如前面提到的，CPI 倾向于高估生活成本的上升，而 GDP 平减指数倾向于低估价格变化对消费者带来的影响。

延伸阅读：中国的消费者价格指数

（3）CPI 直接包括进口品的价格，而平减指数仅仅包括在本国生产的商品的价格。

1.4.3 生产者价格指数

生产者价格指数（producer price index，PPI）是衡量企业购买的“一篮子”物品与服务的费用。生产者价格指数用来衡量生产者在生产过程中，所需采购品的价格状况，因而包括了原料、半成品和最终产品（美国包括3 000余种商品）在内的三个生产阶段的物价资讯。它与CPI的不同之处在于，它包括原料和中间产品。此外，PPI度量的是销售过程中开始阶段的价格，PPI是由最初的重要商业交易的价格水平构成的；而CPI度量的是居民实际支付的价格——处于零售阶段的价格水平。

由于企业最终要把它们的费用以更高消费价格的形式转移给消费者，生产中所面临的物价波动将反映至最终产品的价格上，所以，通常认为生产者价格指数的变动，在预测消费价格指数的变动上是有用的。

这三种物价指数都能反映出基本相同的价格水平变动趋势，但由于各种指数所包括的范围不同，其数值并不相同。比较常用的衡量公众生活水平的指数是消费价格指数。

1.4.4 就业、失业的衡量

考察一个经济体系运行的一个重要方面是看其资源利用的情况。由于一个经济体系最重要的资源是劳动力，所以劳动力就业（失业）的状况就能大致反映资源利用状况。衡量一国失业程度最重要的统计指标是失业率。

失业是指在某个年龄以上，在考察期内有劳动能力、正在寻找工作而没有工作的人。失业必须同时具备三个条件：有劳动能力、有就业愿望、正在寻找工作。

一国统计部门把一定年龄阶段（通常为16～65周岁）的人口作为劳动年龄人口（成年人口）。劳动年龄人口中有一部分属于非劳动力，包括在校学生、从事家务劳动者、因病退职人员以及丧失劳动能力不能工作的人、正在服刑的犯人、农场或工场中每周工作少于一定时间的人。当失业率很高时，那些没有工作且放弃寻找工作的人——丧失信心的工人——也不再计入劳动力中。

延伸阅读：中国的劳动力参与率特征

根据上述定义，我们可以把劳动年龄人口分为三种类型：就业者、失业者（二者之和为劳动力）以及非劳动力者。进而可以界定以下变量：

劳动力人数被定义为就业者人数与失业者人数之和。设 L 代表劳动力人数，N 代表就业人数，U 代表失业人数，则有：

$$L = N + U$$

劳动力参与率即劳动年龄人数中属于劳动力人数的百分比：

$$劳动力参与率 = (劳动力人数/劳动年龄人口) \times 100\%$$

失业率（unemployment rate）是失业人数占劳动力人数的比例，即：

$$失业率 = (失业者人数/劳动力人数) \times 100\%$$

以 u 代表失业率，则有：

$$u = \frac{U}{L} \times 100\%$$

延伸阅读：中国的失业统计

目前大多数国家通过两种途径获得失业率的相关数据。第一是依靠失业管理部门申报登记的数据。但是，有多少真正失业的人实际进行了登记，在不同国家和不同时期是变化不定的。失业救济金较少的国家有可能失业登记人数更少一些，测量的失业率也更低。第二是通过大量的调查来计算失业率。

1.4.5 名义利率与实际利率

利率是宏观经济运行中的另一类重要经济变量。利率（interest rate）指借款人向贷款人承诺的收益率。比如，你在银行有 1 000 元的 1 年期的存款，银行承诺在年底支付你 35 元的利息，那么，年利率就是 3.5%。

在现实中，经济体存在多种不同的利率，利率根据借款人的信用值、借款期限，以及借款人和贷款人之间协议的许多其他方面的不同而存在差异。经济体中还存在多种资产，如公司股票等，每种资产的收益率也不同。为了简化宏观经济分析，我们通常认为仅仅存在一种利率。

如 GDP 一样，利率都是按照现期市场价格度量的，是一种名义利率。例如，如果银行利率为 3.5%，若通货膨胀率为 0，你在银行挣得 3.5% 的利息收益。而价格水平上升 3.5% 时，你在银行账户的价值与一年前相同。为了对资产名义收益和实际收益的变化加以区分，经济学家常常使用实际利率的概念。实际利率（real interest rate）指资产实际价值或购买力随时间推移的增长率。名义利率（nominal interest rate）是指资产的名义价值随时间变化的比率。

实际利率、名义利率和通货膨胀率的关系如下：

$$实际利率 = 名义利率 - 通货膨胀率$$

我们用 i 表示名义利率，r 表示实际利率，π 表示通货膨胀率，三个变量的关系是：

$$r = i - \pi$$

实际利率是名义利率和通货膨胀率的差额。显然，如果通货膨胀率为零，名义利率和实际利率相等。

然而，当债务人和债权人就名义利率达成一致时，他们并不知道借贷期限内的通货膨胀率将是多少。虽然债务人和债权人不能确切地预测未来的通货膨胀率，但他们确实会对通货膨胀率有某种预期。预期实际利率（expected real interest rate）等于名义利率减去预期通货膨胀率，即：

$$r = i - \pi^e$$

其中，r 表示预期实际利率，π^e 表示预期通货膨胀率。如果人们预期通货膨胀率与真实的通货膨胀率相同，则预期实际利率与未来实际获得的实际利率相等。

本章小结

1. 宏观经济学研究社会总体的经济行为及其后果，它涉及经济中商品与劳务的总产量与收入、通货膨胀和失业率、国际收支和汇率，以及长期的经济增长与短期波动。

2. 国内生产总值是指一定时期内（通常为一年）经济中所生产的全部最终产品（物品和劳务）的市场价值。国民生产总值是本国常住居民在一定时期内（通常为一年）生产的最终产品市场价值的总和。

3. GDP 既衡量经济中所有人的收入，又衡量对经济生产出来的产品与服务产出的总支出。GDP 的支出被划分为消费、投资、政府购买以及净出口。

4. 根据宏观经济分析的简化程度不同，使用两部门、三部门和四部门模型，得到国民收入的恒等式。

5. GDP 平减指数是名义 GDP 与实际 GDP 之间的比率。它反映了国内的总体价格水平变动情况。与 GDP 平减指数一样，CPI 衡量物价总水平。

6. 失业率是指失业人口占劳动人口的比例。GDP 的高增长将伴有失业率的下降。实际利率是名义利率和通货膨胀率的差额。

关键概念

国民收入账户	国内生产总值	中间产品
最终产品	国民生产总值	消费
投资	政府购买	转移支付
通货膨胀	实际 GDP	名义 GDP
GDP 平减指数	消费者价格指数	生产者价格指数
失业率	利率	名义利率
实际利率	预期通货膨胀率	

复习思考题

1. 选择题

(1) 国内生产总值测度的市场价值是（　　）。

A. 一定时期内一国的所有交易

B. 一定时期内一国中交换的所有商品和劳务

C. 一定时期内一国中交换的所有最终商品和劳务

D. 一定时期内一国中生产的所有最终商品和劳务

(2) 以下经济变量中，属于存量的是（　　）。

A. 个人可支配收入　　　　B. 国内生产总值

C. 消费支出　　　　D. 个人财富

(3) 在国民收入核算账户中，应该计入 GDP 的项目是（　　）。

A. 在业余时间自己做家务

B. 大学生在业余时间做家教获得的收入

C. 拍卖张大千的作品所得的收入

D. 出售股票的收入

(4) 在国民收入核算账户中，不能列入投资项目的是（　　）。

A. 公司购买的新的厂房和引进的新的生产流水线

B. 在上海证券交易所购买的普通股票

C. 居民购买的新的商品房

D. 公司产品库存的增加

(5) 在国民收入核算账户中，不能列入政府购买的项目是（　　）。

A. 公务员每月领到的薪金

B. 政府新近购置了一批军事装备

C. 政府投资新建了一座大型体育场

D. 残疾人每月得到的补助金

(6) 失业率是指失业人数在（　　）人数中所占的比例。

A. 总人口　　B. 劳动年龄人口

C. 劳动力人数　　D. 就业人数

2. 简答题

(1) 下列哪一项应记入 GDP？为什么？

①史密斯为自己购买了一所具有 100 年历史的维多利亚式房子。

②琼斯为自己建造了一所全新的现代房屋。

③约翰在纽约股票交易所购买琼斯 200 万美元的 IBM 股票。

④政府向灾区发放 1 000 万美元的救灾款。

(2) 下列哪一项经济变量是流量？为什么？

①政府债务；

②个人财富；

③失业者人数；

④政府预算赤字。

3. 计算题

(1) 假设某一经济社会有下列统计资料：

单位：亿元

项目	金额
个人消费支出	90
私人国内投资支出	60
政府购买支出	30
出口	60
进口	70
工资	100
利息	10
租金	30
利润	20
政府转移支付	5
间接税减津贴	10
所得税	30

①按收入法计算 GNP；

②按支出法计算 GNP；

③计算政府预算赤字；

④计算储蓄额；

⑤计算进出口盈亏。

（2）假设某一经济社会有下列统计资料：

单位：亿元

项目	金额
GDP	60 000
总投资	800
净投资	200
消费	40 000
政府对商品和劳务的购买	1 100
政府的预算盈余	30

①计算国内净产值；

②计算净出口；

③计算政府税收减去转移支付后的收入；

④计算可支配的个人收入；

⑤计算个人储蓄。

第 2 章

古典宏观经济理论

本章要点

◇ 理解储蓄、投资与利率的关系
◇ 理解并掌握摩擦性失业与结构性失业
◇ 掌握古典的货币数量论
◇ 理解并掌握失业的成本

本章我们介绍古典主义的宏观经济理论。古典主义的宏观经济理论建立在斯密的两个基本假设之上：个人追求自身经济利益最大化以及利率、工资和价格可以充分调整以实现产品市场、劳动市场和货币市场的均衡，经济总是处于充分就业状态。这种假设描述了长期中的经济行为，具有合理性。

2.1 产品市场

2.1.1 总生产函数

产品市场

总产出是经济社会的全部可用经济资源用于生产时可能有的产量，它衡量在一定时期内的产品与服务的总供给量。总产出主要取决于要素投入总量和生产率。

生产要素是指用来生产产品和服务的投入品，如劳动、资本、土地等。其中，劳动和资本是最重要的两种生产要素。这里资本指厂房、设备等，劳动指就业人数。总生产函数通常用下面的形式来表示：

$$Y = AF(N, K)$$

其中，Y 表示给定时期的总产出，K 表示资本的投入数量，N 表示给定时期的工人数，F 表示产出 Y 与资本 K 和劳动 N 的函数关系。系数 A 表示使用资本和劳动的整体效率，我们称 A 为全要素生产率（total factor productivity，TFP），或简称生产率，它是指生产技术改进或其他变化使给定投入所生产出的产出更多。

总生产函数具有两个特性：第一，对于给定的 A 和 K，产出会随着劳动投入的增加而增加。第二，可变投入的边际产量递减：在其他投入要素不变的情况下，随着某种要素投入量的持续增加，产出的增加越来越少，这就是要素的边际产量递减规律，也称为边际生产力递减规律。

我们可以用图 2－1 说明总生产函数的性质。当资本存量不变时，总产出随着劳动投入量的增加而增加，生产函数曲线向上倾斜，并变得越来越平坦，这表明劳动边际产量（MP_N）递减。同样，当劳动存量不变时，总产出随着资本投入量的增加而增加，资本边际产量（MP_K）递减。

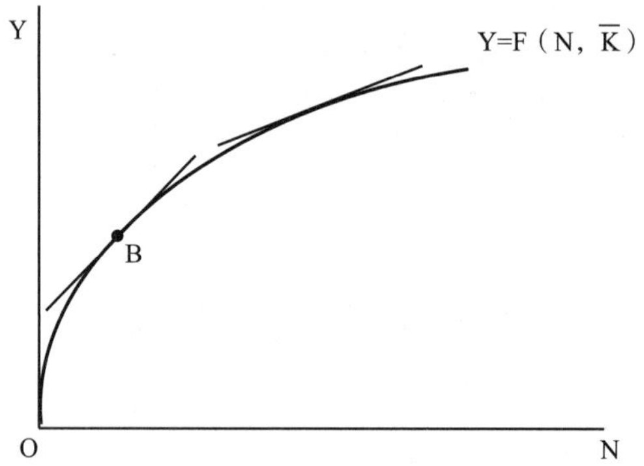

图 2－1　总生产函数

大多数生产函数还具有规模报酬不变的性质。规模报酬不变是指所有投入要素同比例增加时，产出也按同比例增加。用数学公式表示：

$$\lambda Y = F(\lambda N, \lambda K), \lambda > 0$$

在长期中，我们假定劳动和资本的数量以及技术都是固定不变的，还假定生产要素得到充分利用，即不存在失业和资本闲置。这样总产出也是固定不变的，从而有：

$$Y = F(\bar{N},\ \bar{K}) = \bar{Y}$$

经济中的产出 $\bar{Y}$ 称为潜在产出，或潜在 GDP（potential GDP）——资源得到充分利用时的最大产出。

延伸阅读：萨伊定律

2.1.2　消费与储蓄

从大多数国家的统计资料来看，家庭的消费支出占总支出的比例最大，消费占 GDP 的 60% 以上，美国的家庭消费支出占其总支出的 2/3 以上。在现实生活中，影响家庭消费支出的因素很多。收入、利率、人们的实际财富、消费者的年龄构成、价格水平、可提供的消费信贷状况、社会保障制度等都会影响消费行为。但是在长期中，对于既定的收入水平，消费支出主要取决于实际利率水平。

对于既定的收入水平，消费决策和储蓄决策是完全一样的，就如同一枚硬币的两面：给定可支配收入，消费者一旦选定了消费，那么储蓄也就决定了，反之则相反。

对于既定的收入水平，消费者必须在现期消费和储蓄做出取舍。消费者在现期消费和储蓄之间的选择取决于实际利率。为了简单起见，假定消费者储蓄和借贷货币的实际利率相同。如果实际利率上升，消费者如何调整现期的消费与储蓄呢？实际利率上升将对消费者的储蓄产生两种相反的效应：收入效应和替代效应。

实际利率对储蓄的替代效应是指实际利率上升导致现期消费减少和现期储蓄增加的倾向。因为利率的上升提高了现期消费相对于未来消费的价格（1 单位的现期消费等于 $1 + r$ 单位的未来消费），消费者会减少现期消费而增加未来消费，即用未来消费替代现期的消费。现期消费减少意味着现期储蓄增加。因此，替代效应意味着现期储蓄随着实际利率的上升而增加。

实际利率对储蓄的收入效应是指实际利率上升使消费者变得更富有或更贫困，从而对现期消费产生的影响。收入效应对现期消费的影响，取决于消费者是一个储蓄者还是一个借款者。如果消费者是一个储蓄者，利率上升提高了消费者的储蓄收益，使消费者变得更富有，则现期消费增加、现期储蓄减少；如果消费者是一个借款者，利率上升会使消费者支付的利息增加了，借款者承担不起现期和未来的消费水平。利率上升如同减少了借款者的财富，这就使其变得更贫穷，借款者同时降低了现期消费和未来消费。现期消费减少意味着现期储蓄增加，对于借款者来说，利率上升的收入效应使储蓄增加。

利率如何影响消费者的储蓄，要看替代效应和收入效应的总和而定。就储蓄者来说，利率上升的收入效应与替代效应相反。替代效应使储蓄增加，而收入效应使储蓄减少，利率上升对储蓄的影响是不确定的，即储蓄者可能增加也可能减少储蓄。对于借款者来说，替代效应和收入效应都使储蓄增加。

宏观经济数据的大量实证研究表明，实际利率上升会减少现期消费并增加储蓄，但这种影响十分微弱。

对于包括借款者和储蓄者的经济总体而言，实际利率上升究竟会增加还是减少总储蓄呢？古典主义通常认为，储蓄与实际利率呈正方向变化。

我们把储蓄与实际利率之间的关系表示为：

$$S=S(r)$$

图2－2说明了储蓄函数。纵轴代表实际利率，横轴代表储蓄，储蓄曲线向右上方倾斜，表示利率上升使消费减少而储蓄增加。

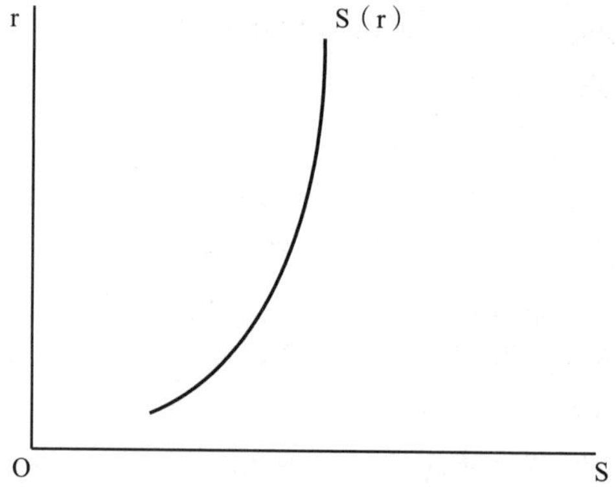

图2－2　储蓄与利率正相关

2.1.3　投资

投资支出也是总支出中的重要部分。企业可以通过向银行借款或发行股票、债券等方式来增加投资，但无论采用哪种方式筹集资金，都要为这些资金支付一定的报酬，是企业生产过程中使用资本所付出的成本。即使企业使用的是企业自有资本，也会因为这些资本不能用于其他用途获利而产生了使用这些资本的机会成本。企业在决定是否投资时，会比较新增投资的收益和成本，有利可图才会增加新投资。

企业增加1单位资本的收益，如果用实际量来衡量，即是资本的边际产量 MP_K，MP_K 随资本存量的增加而递减。由于获得或建造新资本具有滞后性，增加1单位资本所带来的投资增量的收益，更准确地说是预期边际产量。企业增加1单位资本的成本用利率来衡量。利率越高，则企业使用资本的成本越高，企业的意愿投资越少。反之，利率越低，企业的意愿投资就越多。

投资和实际利率之间是反向变化的关系。实际利率水平上升，投资支出下降；实际利率水平下降，投资支出上升。我们把投资支出和实际利率水平之间的这种反方向变动关系表示为：

$$I = I(r)$$

上式表明投资是实际利率的函数。I代表投资支出，r代表实际利率。

我们也可以用几何图形来描绘投资函数。在图2-3中，横轴代表投资支出，纵轴代表实际利率。投资曲线是一条向右下方倾斜的线。

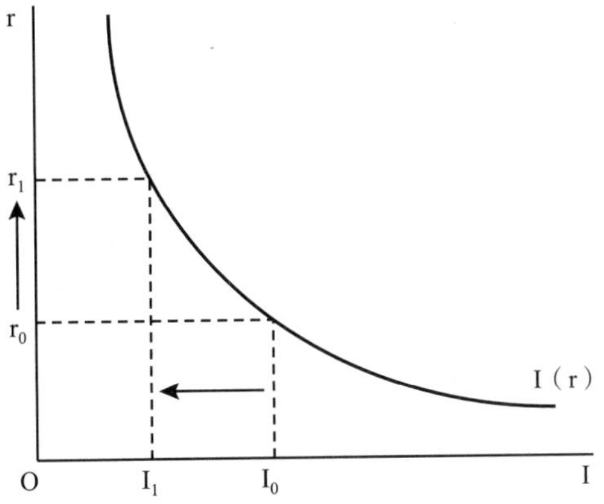

图2-3　投资函数

2.1.4　产品市场均衡

一个封闭经济体的产品的总需求量（总支出AE）等于消费、投资和政府购买之和：

$$AE = C(r) + I(r) + G$$

消费和储蓄取决于利率，政府购买和税收是由财政政策制定者设定的外生变量。

由于我们假定生产资源已经得到充分利用，总供给量是固定不变的，即：

$$Y = F(\bar{K}, \bar{N}) = \bar{Y}$$

当产品总供给量等于总需求量时，产品市场达到均衡。一个封闭经济体的均衡条件为：

$$\overline{Y} = C(r) + I(r) + G$$

产品市场均衡条件与封闭经济的国民收入核算恒等式虽然形式上相同，却有很大区别。国民收入核算恒等式描述的是实际收入（产出）和实际支出（需求）的关系，它由会计定义而来，并且总是恒等的。产品市场均衡条件中的支出是指家庭、企业和政府愿意购买或计划购买的商品和服务的数量。产品市场均衡条件并非总能得以满足。例如，假设企业过高地估计了需求，他决定生产 1 000 万元的产品，并期望能卖掉这些产品。然而，社会意愿需求量仅为 800 万元，于是，企业卖掉 800 万元的产品。但他们余下 200 万元的产品，他们不得不把这部分加到存货上去。在国民收入账户中，存货的增加量被记为存货投资。当然，这不是计划的或意愿的投资，但尽管如此，由于这些非意愿的存货变化被定义为企业投资支出，因而收入核算恒等式仍然成立。但产品市场处于非均衡状态，实际产出大于意愿支出。

产品市场的均衡是通过实际利率的充分调整实现的。实际利率下降会增加消费需求和投资需求，实际利率上升会减少消费需求和投资需求。当实际产出大于意愿需求时，实际利率下降使得消费需求和投资需求增加，从而抵销了产品供给超过产品需求的部分。在均衡利率上，产品市场达到均衡。

为了说明产品市场是如何达到均衡的，我们把产品市场均衡条件变形为：

$$\overline{Y} - C(r) - G = I(r)$$

等式左边是总收入减去消费和政府购买的剩余部分，称为国民储蓄 S①。因此，产品均衡条件变为：

$$S(r) = I(r)$$

上式说明当意愿国民储蓄等于意愿投资时，产品市场达到均衡。

为了说明储蓄等于投资的实现过程，我们可以用可贷资金市场的供求来解释。储蓄是可贷资金的供给：家庭把自己的储蓄贷给企业，或者存入银行并通过银行贷给企业。投资是可贷资金的需求：企业通过出售债券直接向家庭借贷，或者通过银行间接向家庭借贷。可贷资金的“价格”就是利率。

---

① 国民储蓄分为私人储蓄和公共储蓄两个部分：

$$Y - C - G = (Y - T - C) + (T - G)$$

（Y－T－C）是个人可支配收入减去消费的剩余部分，这是私人储蓄。（T－G）是政府收入减去政府支出的剩余部分，称为公共储蓄。

利率的灵活调整会实现可贷资金市场的均衡。如果实际利率水平太低，投资需求大于储蓄，即可贷资金的需求量大于供给量，引起利率上升。相反，如果利率太高，家庭的储蓄量大于企业想要的投资量，利率下降。利率一直调整到企业想要的投资量等于家庭想要的储蓄量时为止。

图2－4描述了利率的调整实现可贷资金市场均衡的过程。纵轴表示实际利率，横轴表示国民储蓄和投资。储蓄曲线表示国民储蓄和实际利率之间的关系。实际利率上升使储蓄增加，即储蓄曲线向上倾斜。投资曲线表示投资和实际利率之间的关系。投资曲线向下倾斜是因为较高的实际利率增加了资本使用成本进而减少了投资。

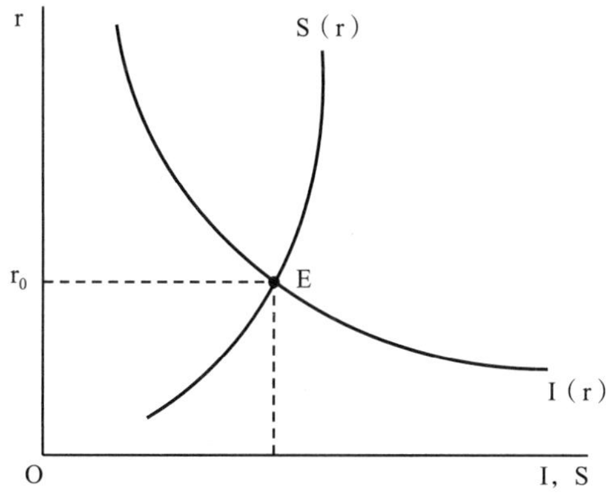

图2－4　产品市场均衡

均衡利率 r_0 位于两条曲线的交点E。此时意愿储蓄等于意愿投资，即可贷资金的供给量等于需求量，即市场出清。

2.1.5　财政政策的效应

我们可以运用储蓄—投资模型分析财政政策对经济的影响。对于给定的产出水平，我们考虑政府购买量增加（ΔG）的效应。当政府购买增加ΔG时，我们假设税收水平不变，政府通过发行公债为政府增加的开支融资，这时国民储蓄减少。因为政府的收入没有增加而支出增加了，所以政府储蓄减少了，这使得总的国民储蓄（Y－C－G）减少了。可贷资金市场的储蓄—投资图描述了政府购买增加的效应，如图2－5所示。

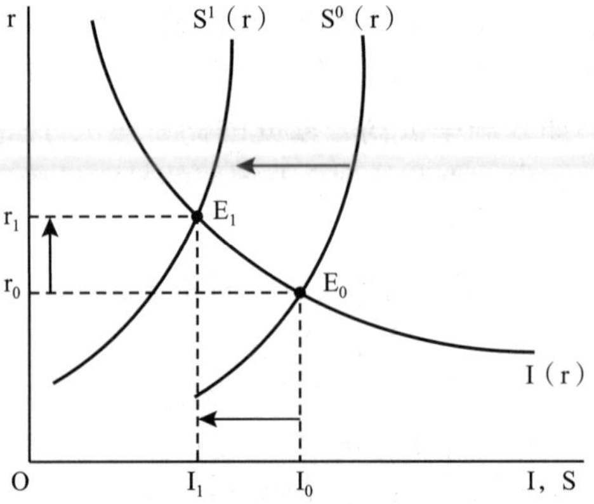

图 2-5　政府购买增加

我们假设政府购买水平的变化不受利率的影响，是一个固定值 ΔG。政府购买增加引起的国民储蓄降低使储蓄曲线向左移动，由 $S^0(r)$ 移至 $S^1(r)$，这意味着可为投资所用的可贷资金的供给减少。在初始的均衡利率水平上，可贷资金的需求大于供给。可贷资金市场竞争的结果是均衡点由 E_0 上移至 E_1，利率由 r_0 提高到 r_1，投资水平由 I_0 下降到 I_1。利率上升使家庭消费减少而私人储蓄增多，从而抵销了部分国民储蓄下降。投资减少是由于较高的利率提高了资本使用成本。投资减少和消费减少之和，恰好等于政府支出的增加额 ΔG。

由于政府购买增加引起利率上升而导致投资的减少，经济学家称为挤出（crowding out）。政府挤出投资实际上是因为政府使用了原本用于投资的资金来源。

2.2　劳动市场

2.2.1　劳动市场的均衡

在一个竞争性的要素和产品市场上，假定一个企业使用两种投入要素：劳动 N 和资本 K，生产一种产品，产品的市场价格为 P，企业以工资 W 雇用工人，以租金 R 租用资本。我们用生产函数代表企业的生产技术：

$$Y=F(N,\ K)$$

企业生产的目的是使利润 π 最大化。利润等于收益减去成本，企业的收益等于产量 Y 乘以产品价格 P，企业的总成本由劳动成本和资本成本两部分组成，其中劳动成本等于劳动数量 N 乘以工资 W，资本成本等于资本数量 K 乘以租金 R。企业的利润函数为：

$$\pi=PF(N,\ K)-(WN+RK)$$

假定资本存量不变，为了确定利润最大化的工人数量，竞争性的企业会比较额外雇用一个工人所带来的成本和收益。额外雇用一个工人的成本等于支付给他的工资 W，而额外的收益则等于劳动的边际产量 MP_N 乘以产品价格 P。只要增加一个工人所带来的收益大于成本，企业就会多雇用工人以增加他的利润，一直到新增工人的收益 $P\times MP_N$ 等于成本 W 为止。竞争性企业对劳动的需求可以写作：

$$P\cdot MP_N=W$$

我们把上式改写为：

$$MP_N=\frac{W}{P}$$

$\frac{W}{P}$是实际工资，即用产品来衡量而不是用货币衡量的工资。为了实现利润最大化，企业雇用的劳动数量必须使劳动的边际产量等于实际工资。

我们可以用图 2－6 说明追求利润最大化的企业会雇用多少工人。

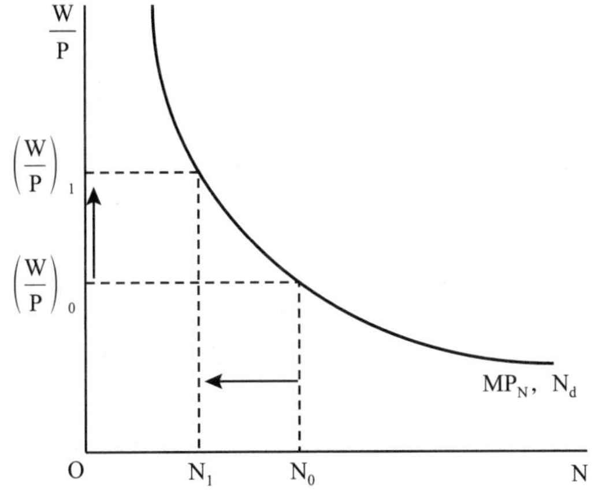

图 2－6　劳动需求曲线

劳动的边际产量取决于劳动数量。由于劳动的边际产量随着劳动量的增加而递减，MP_L 曲线是向下倾斜的。对于任何给定的实际工资，企业雇用工人直到 MP_N 等于实际工资为止。因此，MP_N 曲线也是企业的劳动需求曲线。如果用 N_d 表示劳动需求量，劳动需求函数可以写为：

$$N_d = N_d\left(\frac{W}{P}\right)$$

该式说明，企业的劳动需求是实际工资的减函数。实际工资降低，劳动的需求量增加；实际工资上升，劳动的需求量减少。

将所有企业的劳动需求加总，可以得到劳动总需求。劳动总需求也是实际工资的减函数。以 W 代表整个经济中的平均货币工资，P 代表价格总水平，劳动总需求函数可以表示为：

$$N_D = N_D\left(\frac{W}{P}\right)$$

劳动供给来自家庭或个人，劳动总供给是所有劳动者提供的劳动总和。劳动供给涉及劳动者对其拥有的时间资源的分配。我们将个人拥有的全部时间分为两部分：一部分是工作时间，他从工作中获取货币收入，收入可以用来购买消费品；另一部分是闲暇时间，用于休息、饮食、娱乐、旅游等。每个劳动适龄人口都要考虑将多少时间分配于工作与闲暇：为了获得较多的消费，他必须多赚取一些货币收入；为了获取较多收入就必须多工作，而这又减少了他的闲暇。因此，为了实现效用最大化，家庭或个人必须在收入和闲暇之间做出最优选择。

在经济中的制度因素和劳动者对收入与闲暇的偏好既定不变的条件下，实际工资提高从两个方面影响劳动供给决策。一方面，实际工资提高，闲暇变得更昂贵了，人们以消费（收入）替代闲暇，换言之，就是劳动供给增加。这是实际工资的替代效应。另一方面，实际工资的提高增加了消费者的实际收入，人们会用增加的收入购买更多的闲暇，对闲暇的需求就会增加，从而劳动供给就减少了。这是实际工资的收入效应。实际工资上升带来替代效应和收入效应的作用是相反的：实际工资上升的替代效应鼓励多工作少休闲，而收入效应则是鼓励多休闲少工作。实际工资的提高究竟将增加还是减少劳动供给，取决于替代效应和收入效应的相对强度。

劳动供给的经验证据证实了替代效应的作用：暂时性的实际工资增加使劳动总供给量增加，而持久性的实际工资增加使劳动总供给量减少。

古典经济学假定替代效应大于收入效应，即实际工资增加使劳动供给增加。如果用 N_S 代表劳动总供给，劳动总供给函数可以表示为：

$$N_S = N_S\left(\frac{W}{P}\right)$$

我们用图 2－7 表示劳动供给量与现期实际工资之间的关系。纵轴表示现期实际工资，横轴表示劳动供给量，由于实际工资上升导致劳动供给量增加，因此劳动供给曲线向上倾斜。

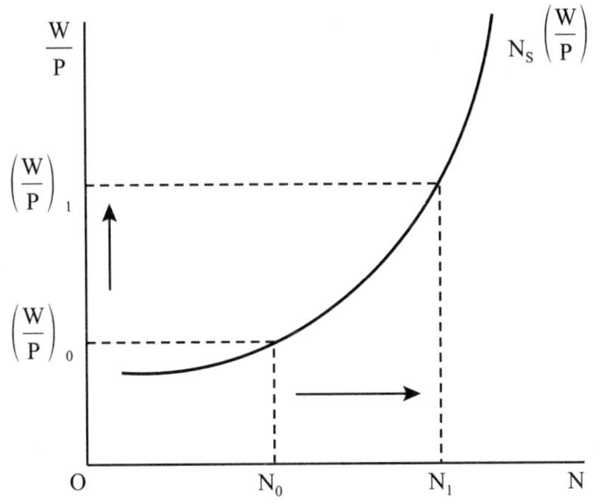

图 2－7　劳动供给曲线

劳动市场的均衡是指劳动总需求和劳动总供给相一致的状态。古典主义假设实际工资会快速调整以使劳动供给等于劳动需求。如果劳动总供给大于劳动总需求，实际工资水平会迅速下降，实际工资下降会使劳动需求增加；如果劳动总供给小于劳动总需求，实际工资会迅速上升。当劳动总供给量等于总需求量时，劳动市场达到均衡。

均衡条件方程为：

$$N_D\left(\frac{W}{P}\right) = N_S\left(\frac{W}{P}\right)$$

劳动市场均衡出现在劳动总供给曲线和劳动总需求曲线的交点处，即图 2－8 中的 E 点。我们把实际工资经过充分调整后达到均衡的就业水平称为充分就业（full-employment），用 $\bar{N}$ 表示，均衡的实际工资水平为 $(W/P)_e$。这时，所有企业所雇用的人数恰好等于他们在实际工资水平上愿意雇用的人数，所有愿意工作的工人在均衡实际工资水平上都能找到工作。

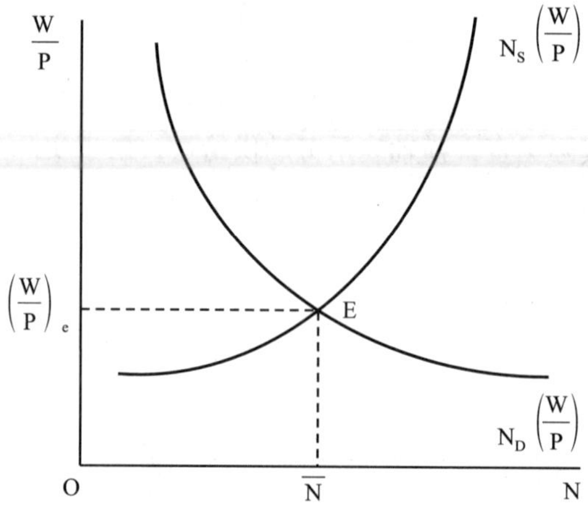

图 2-8　劳动市场的均衡

2.2.2　长期失业的原因

劳动市场的流动性

劳动市场的古典模型是以实际工资水平具有充分伸缩性为前提的，实际工资的灵活变动最终会趋向一个使劳动市场出清的水平。在均衡实际工资水平下，所有愿意工作的工人都能找到工作。但是，在现实中并不是劳动力中的每个人都能得到一份工作，而是总存在着某种失业。换言之，失业率从未降至零。

1. 摩擦性失业

按照古典劳动市场模型假设，在一个完全竞争的劳动市场中，所有工人和所有工作都是相同的，所有工人都可以同样适应于所有工作岗位，劳动供求双方对市场具有完备的信息，工人的流动也不会花费时间和成本。因此岗位空缺和失业是不可能同时存在的。

实际上，工人的天赋、技能、经验、偏好、所处的地理位置以及他们搬家的意愿、为工作所付出的时间和精力都存在差异。同样，工作所要求的技能和经验、工作环境、地理位置、时间和工资也各不相同。劳动供求双方对市场的信息交流是不完善的。求职者并不知道所有空缺职位的信息，有职位空缺的企业也不十分清楚每个求职者的才能。在缺乏完全信息的情况下，工人和企业都会陷入搜寻过程中，而这个过程需要他们付出搜寻成本：失业者在找到最适合自己的工作之前可能需要耗费几周甚至更多的时间和费用；企业在雇用到合适的工人之前也同样会花费很长时间和成本。因此，工人与工作岗位之间不能及时有效匹配。这种使工人与工作相匹配的过程所引起的失业称为摩擦性失业（frictional unemployment），有时也称为搜寻性失业

(search unemployment)。

在任何动态经济中，当工人寻求通过改换工作来提高他们的经济福利时，总是存在一些摩擦性失业。摩擦性失业通常用来解释大多数失业期持续时间较短的失业者，在2~3个月以内。

2. 结构性失业

我们将摩擦性失业归因于使工人与工作岗位相匹配所需要的时间，解释了大多数失业期持续时间较短的失业者。那些经历较长失业期的失业者不能归因于工作匹配过程。在某些劳动市场上，愿意工作的人数与可以提供的工作岗位数量不匹配，劳动供给量大于需求量。这种类型的失业被称为结构性失业（structural unemployment）。某些劳动市场的劳动需求量与供给量之间的不匹配，取决于经济中的各类结构性因素。

对失业持续时间延长的一个原因是技术或经济结构变化导致特定地区或行业就业机会减少。结构性失业通常是由于产品需求变动所引起的劳动需求变动的结果。在一个动态的经济中，产品需求在不断变化，企业对劳动力数量和技能的需要也就在不断变化。例如，个人电脑的发明减少了对打字机的需求，导致对生产打字机的劳动力需求减少。同时，电子行业的劳动力需求增加了。由于不同地区生产不同产品，产品价格的变动可能引起某些地区劳动力需求增加而其他地区劳动力需求减少。为了适应处于成长期产业的工作，衰退产业中的失业者可能要付出较大的转移成本——地区之间的搬迁或再培训。这种匹配过程需要花费较长时间，并带来长期的失业。

经济结构的变动使得许多工作岗位被永久淘汰了，那些从衰退产业或萧条地区离职的工人无法重返他们原来的工作岗位或者在其他企业找到相似的工作，许多工人只是在等待招工。一般来说，已经被搁置的工人将重返以前的工作岗位，而不会花费太多时间寻找另一份工作。因为一个工人在一家企业内工作很长时间后，已掌握了适用于该企业的专门技能，因而他不太可能寻找另外一份支付更高薪酬的工作，最好的策略就是等待被重新召回。其结果是，失业持续时间延长了。

对失业持续时间延长的另一个原因是低技术的工作不会持续太久，非技术或者低技术的工人很少能够找到稳定的、长期的工作。而提供给他们的工作所得到的工资一般较低，而且他们很少有机会得到培训和晋升。由于教育不足、歧视、语言障碍等原因，一些低技术工人可能永远不会找到长期工作，在大部分时间处于失业状态。处于这种状态的人通常不会投入全力寻找工作。

3. 自然失业率

在一个动态经济中，产出的构成在不断变化，各个企业对劳动力数量和技能的需要也在不断变化，劳动力市场供求信息的传递也不完全，因此，摩擦性失业和结构性失业的存在是不可避免的，也就是自然的。自然失业率（natural rate of unemployment）是指在没有货币因素干扰的情况下，让劳动力市场和产品市场的供求力量自发起作用时，劳动市场处于均衡状态下的失业率。它是长期中经济的平均失业率。自然失业率是摩擦性失业率和结构性失业率之和。

自然失业率不是“自然”的常数，它会随着时间发生变化。在20世纪50年代美国的自然失业率为4.5%，60年代为4.7%，70年代为6.2%，80年代为7.3%，到90年代初大约为5.9%。实际失业率围绕自然失业率逐年波动。美国的年失业率在3%～10%之间波动。图2－9显示了美国1948年以来每年的自然失业率情况。

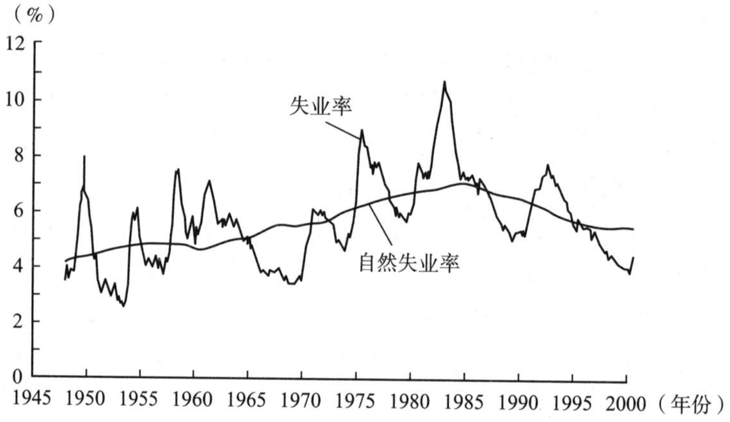

图2－9　美国的失业率和自然失业率

资料来源：格里高利·曼昆：《宏观经济学》（第五版），中国人民大学出版社2005年版，第148页。

实际失业率u与自然失业率$\bar{u}$之差被称为周期性失业（cyclical unemployment）。周期性失业与经济衰退和扩张密切相关。在经济扩张时失业量明显减少，周期性失业率为负；在经济衰退时失业量急剧增多，周期性失业率为正。导致经济衰退的生产率冲击或需求冲击会使失业率陡然上升，因为在通常的经济衰退中，消失的岗位多于新创造的岗位。在经济复苏中，失业工人或者重返他们原来的工作岗位，或者在其他企业找到了相似的工作，或者经过培训后走上了新创造的岗位，失业率会大幅度下降。

古典主义对经济中的失业还有另外一种解释。在岗位搜寻的失业过程中，在现行工资率下，失业者也并不是没有找到任何工作机会，而是在很多场合下自愿放弃了某些工作机会。他们之所以愿意放弃工作机会，可能是因为他们不满意已经得到的工作机会，始终认为还有更好的工作机会；可能愿意享受福利和失业保险而不全力寻找工作；也可能更偏好闲暇或其他活动而不是工作。由于工人不愿意接受现行工资水平而形成的失业，称为自愿失业（voluntary unemployment）；如果工人愿意按照现行工资水平和工作条件就业，但却找不到工作，称为非自愿失业（involuntary unemployment）。

图2－10表明竞争性的劳动市场出清时的自愿失业。垂直线代表总劳动人口N_T，在$\left(\frac{W}{P}\right)_e$的均衡工资水平上，存在着数量为$(N_T-\bar{N})$的自愿失业。古典主义认为，在一个竞争性的、不断出清的劳动市场中，充分就业与自愿失业并不矛盾。

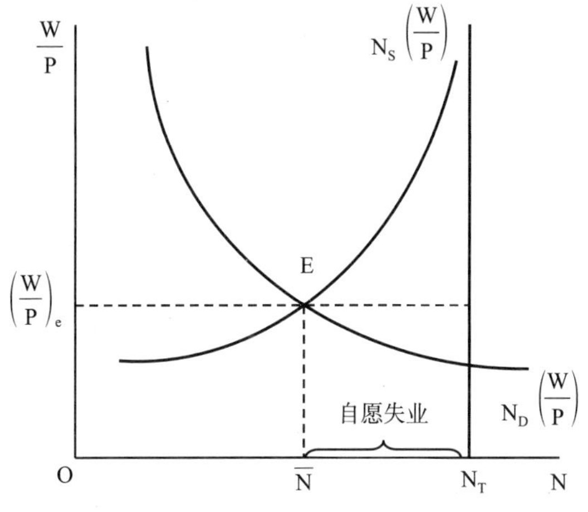

图2－10　充分就业与自愿失业

2.2.3　公共政策与自然失业率

为了降低自然失业率，政府以各种方式促进搜寻工作。一种方法是通过政府管理的就业机构发布有关职位空缺的信息，使工作岗位和工人更有效地匹配。另一种方法是通过公共培训计划，使处于衰落行业的工人更容易转移到新兴行业。如果这些计划能够减少失业工人寻找新工作所需要的时间，就可以降低经济中的自然失业率。

在失业者无法找到工作的情况下，给失业者发放失业救济金或者失业保险是很多国家的一项重要的社会福利政策。根据这一政策，失业工人在失去工作之后，可以在某一时期内得到自己工资的一部分。例如，在美国享有失业保障的失业者，在26周内可以得到相当于自己以前工资50%的补助。在许多欧洲国家，失业保障政策更加优厚。

尽管失业保障减轻了失业者的痛苦，但无意中提高了自然失业率。一方面，失业救济金让人们有更长的时间去寻找工作。失业救济金越高，意味着替代比率越高——失业期间得到的失业金占就业时的税后工资的比例越高，失业者求职的紧迫感就越低；替代率越高，可能会提高工人愿意到新职位所需的工资水平，失业者越可能放弃没有吸引力的职位。这些行为变化都降低了就职率。另一方面，由于工人有了失业保障，工人不太愿意去寻找高度稳定的工作岗位，也不太愿意就工作安全保障去讨价还价，这些行为变化提高了离职率。

统计资料显示，20世纪60年代以来，欧共体（欧盟）主要国家的失业率呈不断上升趋势。70年代欧共体主要国家的失业率平均比60年代的水平高两倍，80年代比70年代的水平也高近两倍，90年代仍然保持在很高的水平。欧盟的长期平均失业率超过9%。欧盟主要国家的自然失业率高居不下与其慷慨的失业救济金不无关系。

尽管失业救济金提高了自然失业率，但这并不意味着应该取消失业救济金。这项政策也许会改进工人与雇主之间的相互适应程度。经济学家对于如何评价失业救济金对经济福利的影响看法并不一致。

2.3 货币市场

2.3.1 货币的含义

货币在经济学上的含义与日常生活不尽相同。人们通常所说的钱（货币）是指财富或收入，比如，一个人有很多钱，或者某份工作可以挣很多钱。然而，在经济学中，货币（money）是指公众普遍接受的、可以方便地用于交易的各类资产。

在历史上，大多数社会都曾经把有内在价值的商品作为货币，诸如黄金、白银，甚至在第二次世界大战期间战俘营中的香烟。这种具有某种内在价值的货币就是商品货币——除了用作交易外还具有其他用途。在当代社会中，最常见的货币形式为纸币和硬币，或合称为通货；另一种常见的货币形式是支票存款，也就是可以开立支票进行支付的银行账户。这类几乎没有内在价值的货币被称为法定货币，它是由政府法令确定使用的货币。在中国，人民币是法定货币。目前在世界范围流通的美元、欧元亦是如此。

1. 货币的职能

货币在经济中有三种职能：交易媒介、计价单位和价值储藏手段。

（1）交换媒介。在没有货币的经济社会中，交易是通过物物交换的方式进行的，人们彼此之间相互交换产品和服务。在物物交易制度下，人们要花费很多时间去寻找交易伙伴。由于交易比较困难，交换仅限于某些简单的产品，对于大部分粮食、衣服以及住房等，人们只能自给自足而别无选择。货币的出现使间接的交换成为可能，因为货币是被普遍接受的交换媒介或交易手段，人们不必再寻找完全匹配的交易伙伴。在一个复杂的现代经济中，生产者能够很容易地用他们的产品或服务换取他们所需要的东西。

（2）计价单位。货币是度量各种产品和服务价值的基本单位。采用统一的计量单位是十分便利的，各种不同的商品和劳务的价值都以货币标价，而不是用产品和服务的数量来衡量，这就便于不同产品之间的价格比较。

（3）价值储藏手段。由于货币被社会普遍接受，人们可以随时用货币交换其他商品和劳务，所以，当人们出售商品获得货币而不需要立即花掉时，可以用持有货币的方法来储藏财富。当然，货币并不是经济中唯一的价值储藏手段，股票和债券及房地产都可以用作价值储藏手段，而只有货币还具有交易媒介和计价单位的功能。

在货币的这三种功能中，最主要的是货币的交易媒介功能，其他功能都可以看作是货币交易媒介功能的延伸。

2. 货币量的衡量

在交易过程中被普遍接受和运用的资产称为货币。但是，在现代经济中，可用于交易的资产多种多样，货币数量的测算也就比较复杂。经济学家根据资产的流动性（一种资产兑换为经济中交换媒介的速度和便利程度）来测量货币存量。

从流动性角度出发，就有不同的货币数量的测算口径。通货或现金是最方便的、可直接用于交易的货币，因而是一种具有高流动性的资产。通货包括人们手中持有的纸币和硬币。很多日常交易活动都是通过通货来进行的。除了通货之外，活期存款也是常用的交易支付手段。活期存款是指那种可开列支票，可随时提取的存款。如果在买卖中，卖主愿意接受买主开出的支票，则活期存款几乎与现金一样可以随时用于交易。

一旦承认活期存款也属于货币，则另外几种资产便也有资格进入货币的行列。例如，储蓄账户里的资金，可以较为方便地转为活期存款。证券市场中的一些资产也可以随时转换成活期存款或现金。其他资产转换成交易手段没有现金那么方便。有些小额交易就不需要支票，把储蓄存款转换为活期存款或现金或多或少总是要花费一定的时间和精力。

世界上各个国家的国情不同，货币衡量的口径略有差异。货币依据它的可流动性的强弱，即支付的便利性，从小到大，货币衡量指标分别用 CU、M1、M2 来表示。表 2－1 列出美国货币存量的三种衡量指标。

表 2－1　　美国货币总量（2008 年 10 月）　　单位：10 亿美元

CU	通货	794
M1	通货（CU）＋可用支票提取的活期存款＋旅行支票＋其他支票存款	1 465
M2	M1＋储蓄账户存款（包括货币市场存款账户 MMDA）＋小额定期存款＋货币市场共同基金余额（MMMF）（非机构持有的部分）	7 855

资料来源：Federal Reserve。

美国过去还计算过更广义的货币衡量指标 M3。M3 不仅包括 M2，还包括机构的货币市场共同基金、大额定期存款、欧洲美元存款等其他流动性更差的金融资产，但是在 2006 年 3 月停止计算这一指标了。研究货币对经济影响时最常用的衡量指标是 M1 和 M2。

为了简化分析，我们忽略活期存款与其他存款的差别，用 D 代表活期存款和其他存款。货币供给由现金 CU 加非银行公众在商业银行各种活期存款 D 组成：

$$M = CU + D$$

在宏观经济分析中，我们通常假定货币供给量由中央银行可以直接控制的一个外生变量。

2.3.2　古典的货币数量理论

货币需求是指人们想以流动性形式持有的财富量。人们对货币的需求与货币的交易媒介和价值储藏手段职能密不可分的。

1911 年，美国耶鲁大学的欧文·费雪将价格水平 P、交易数量 T 与货币存量 M 的关系表示为：

$$M \times V = P \times T$$

该式被称为费雪交易方程式。V 称为货币的交易流通速度，它是交易总额（$P \times T$）与货币存量 M 的比率：$V = P \times T/M$。换言之，它衡量在给定时期内每 1 元钞票转手的次数。

由于经济中的产出越多，交易的产品也就越多，交易量大体上与 GDP 成比例。因此，经济学家通常用经济中的总产出 Y 替换交易量 T。数量方程变为：

$$M \times V = P \times Y$$

其中，V 称为货币的收入流通速度，它是名义 GDP 与货币量 M 的比率。古典主义认为，货币流通速度受到社会制度、人们的支付习惯等因素的影响。在长期中，货币流通速度相对比较稳定，可以视为常数。

宏观经济的数据证实，美国在 1960～2001 年，M2 的流通速度仅在 1.5～2.2 之间变化，其流通速度的年平均变化率接近于0。

数量方程是一个恒等式。数量方程表明，假设货币流通速度不变，货币供给 M 决定名义收入（$P \times Y$），即货币供给量与名义 GDP 呈正比例变化。这一数量方程被称作古典的货币数量论（quantity theory of money）。

费雪的交易方程式主要用来解释说明物价水平与货币数量的关系，它只考虑货币的交换媒介功能。以马歇尔和庇古为代表的剑桥学派认为，人们持有货币是因为货币具有价值储藏的功能，人们总是将一定量的现金余额留在手头。剑桥方程式为：

$$M = kPY$$

其中，k 是货币需求量占名义收入的比例，表示对于每 1 元收入人们想持有多少货币。上式表示，人们对货币的需求量取决于价格水平、实际国民收入和参数 k。

剑桥方程式很容易与费雪的交易方程式互相转换。如果将货币流通速度改写为 1/k，由：

$$MV = PY$$

得到：

$$M = kPY$$

这两个方程式的显著区别在于：交易方程式强调的是货币的交易中介功能，而剑桥方程式则重视货币作为一种资产的功能；交易方程式把货币需求与支出流量联系在一起，重视货币支出的数量和速度，而剑桥方程式则是从以货币形式持有资产存量的角度来考虑货币需求，重视存量占收入的比例。

我们将实际货币余额的需求写为$\frac{M^d}{P}=\frac{M}{P}$，就得到古典的货币需求函数：

$$\frac{M^d}{P}=kY$$

其中，k 为常数，这个方程表明，实际货币余额需求量与实际收入成比例。

2.3.3 货币市场均衡

古典的货币数量论以货币需求函数为基础，解释了价格总水平的决定。由于人们持有的货币量总是与名义 GDP 成比例变化，因此，当实际货币供给量等于实际货币需求量时，货币市场实现均衡。其均衡条件为：

$$\frac{M}{P}=kY$$

等式左边为名义货币供给 M 除以价格水平 P，代表实际货币供给；等式右边代表实际货币需求。

在前面的分析中已经指出，当产品市场和劳动市场达到均衡时，生产要素和生产函数决定了经济的充分就业产出 $\bar{Y}$。由于名义货币供给 M 是由中央银行的货币政策来调节的，因而是一个外生变量。假设货币流通速度不变 $V=\frac{1}{k}$，货币市场均衡条件中只剩下价格水平 P 为未知。因此，当货币供给等于货币需求时，均衡的价格水平 P 等于名义货币供给 M 与实际货币需求 kY 之比：

$$P=\frac{M}{kY}$$

是什么因素确保货币供给与货币需求平衡呢？在长期中，价格水平的调整会使得货币需求等于货币供给。如果价格水平高于均衡水平，人们愿意持有的货币需求量就大于中央银行控制的货币供给量，则价格水平必然下降以使供求平衡。如果价格水平低于均衡水平，人们愿意持有的货币需求量就小于中央银行控制的货币供给量，价格水平必然上升以使供求平衡。在均衡的价格水平上，人们愿意持有的货币量正好等于中央银行所供给的货币量。

2.3.4　货币供给增长与通货膨胀

现在我们考虑中央银行改变货币供给对经济的影响。当中央银行增加货币供给时，经济如何趋向新的均衡呢？

中央银行增加货币供给会改变货币市场的均衡，在现行的价格水平下，货币供给量将超过货币需求量。由于流通速度是不变的，所以，货币供给增加使得人们对产品和服务的名义需求量（PY）同比例增加。由于经济中可获得的生产要素和技术已经决定了实际产出，所以，对产出的名义需求增加又会导致价格水平上升。而价格水平上升又增加了货币需求量。当货币市场重新实现均衡时，价格水平与货币供给呈现按比例变化。

由于通货膨胀率是价格水平的百分比变动，因此，古典的货币数量论也就是一种通货膨胀理论。接下来，我们将探讨名义货币供给增长率与通货膨胀率之间的关系。

我们将数量方程 $M \times V = P \times Y$ 两边分别表示为增长率形式：①

$$\frac{\Delta M}{M} + \frac{\Delta V}{V} = \frac{\Delta P}{P} + \frac{\Delta Y}{Y}$$

从而得到通货膨胀率的表达式为：

$$\frac{\Delta P}{P} = \frac{\Delta M}{M} + \frac{\Delta V}{V} - \frac{\Delta Y}{Y}$$

等式左边为价格水平的增长率$\frac{\Delta P}{P}$，也就是通货膨胀率。右边第一项是名义货币供给的增长率$\frac{\Delta M}{M}$，第二项是货币流通速度的增长率$\frac{\Delta V}{V}$，第三项是实际产出（收入）的增长率$\frac{\Delta Y}{Y}$。

宏观经济的实证研究表明，在长期中——例如十几年间，用 M2 衡量的货币增长率和通货膨胀率大致是一起变动的，即快速的货币增长率将导致快速的通货膨胀率，但货币与通货膨胀的关系不是 1∶1。

上式可以用来解释通货膨胀的来源。一个经济中的通货膨胀率与货币供给的增长率、货币流通速度增长率以及实际产出增长率密切相关。如果货币流通速度不变，并且产出处于充分就业水平上，则货币供给的增长率决定了通货膨胀率。换言之，货币供给的增长是通货膨胀的主要原因。正如米尔顿·弗里德曼曾指出的："通货膨胀无论何时、何地都是一种货币现象。"

① 证明如下：将该式取自然对数，得到随时间变化率：$\ln M + \ln V = \ln P + \ln Y$，对时间 t 求微分得到：$\frac{dM/dt}{M} + \frac{dV/dt}{V} = \frac{dP/dt}{P} + \frac{dY/dt}{Y}$，令 $dX/dt = \Delta X$，整理得到增长率形式。

2.3.5　古典二分法和货币中性

古典经济学家把宏观经济变量分为实际变量和名义变量。实际变量是用实物单位或相对价格衡量的变量，如实际 GDP 就是指某一时期生产的产品和劳务的数量，资本存量是在某一时点可以得到的厂房和机器设备的数量。而实际工资则是以相对价格表示的变量，它衡量用产品和服务交换 1 单位劳动的比率。同样，实际利率也是相对价格表示的变量，它衡量用今天 1 单位产出交换未来产出的比率，也是实际变量。名义变量是用货币表示的变量，如名义 GDP、价格水平、名义利率等。这种对实际变量与名义变量的区分称为古典二分法（classical dichotomy）。

为什么要把变量区分为实际变量和名义变量呢？它隐含了古典主义的一个关键假设。在古典经济学家看来，影响实际变量与名义变量的因素不同。经济中的产出取决于生产率和要素供给；实际利率的调整使可贷资金市场的供求均衡；实际工资的调整使劳动的供求均衡。这些实际变量均与货币供给量无关。货币供给的变动只影响名义变量而不影响实际变量，这种货币对实际变量的无关性被称为货币中性（monetary neutrality）。

可以用一个类比来解释货币中性。如果政府把测量距离的度量单位由尺改为寸，测量出的数字变大了，但实际距离仍然相同。同样，当中央银行把货币供给翻一番时，价格水平翻了一番，名义工资翻了一番，而实际变量都没有变动。这意味着，货币只是覆盖在实际变量表面的一层面纱。古典二分法简化了理论分析，它允许我们忽略名义变量而考察经济中实际变量的行为。

2.3.6　通货膨胀的社会成本

在长期中，货币供给的快速增长的确会导致快速的通货膨胀。为了说明通货膨胀的社会成本，需要把通货膨胀区分为预期到的通货膨胀与未预期到的通货膨胀、温和的通货膨胀与恶性通货膨胀。

1. 预期到的通货膨胀

温和的通货膨胀通常指每个月物价水平上升不超过 1%，全年按复利计算的价格水平上升的比例在 10% 以内。预期到的通货膨胀是指实际通货膨胀率和人们预期通货膨胀率完全相同。比如，人们都正确地预期到通货膨胀率为每年 5%。为简化分析，我们假定产品间的相对价格不变，即所有产品和服务的价格都以每年5%的速度上升。①

完全预期到的、温和的通货膨胀的社会成本是很小的。如果每个人都知道通货膨胀率为5%，那么所有的支付合同都将在5%的预期通货膨胀率基础上加以签订。考虑到通货膨胀率因素后，长期劳动合同每年将提高工资5%以抵销通货膨胀，然后在双方同意的任何实际工资变动的基础上签订合同。许多正式的长期劳动合同中包括自动调整生活费用的条款，这种将支付根据通货膨胀率进行自动调整的方法被称为指数化。近几年来，很多需要较长时间来履行的合同都要考虑支付与通货膨胀相挂钩，像社会保障支付、利率和税率也实行指数化以保证实际收益率。因此，指数化使得合同双方都没有受到预期到的通货膨胀的影响。

然而，预期到的通货膨胀并非毫无经济成本的。通货膨胀使持有现金的人付出代价，因为手中的现金随通货膨胀而贬值。较高的名义利率导致持有现金的利息损失增加。为了减少持币成本，人们就要减少货币持有量，不得不以较少的货币应付支出，从而他们就得频繁地去银行或自动柜员机提款。这种为了减少货币持有量而花费的时间和精力成本被称为"皮鞋成本"（shoe leather costs）。据估计这些成本很小，但绝不是微不足道。例如，对于美国来说，10%的预期到的通货膨胀率所带来的皮鞋成本约为GDP的0.3%，也就是每年300亿美元的损失。

预期到的通货膨胀的第二个成本是"菜单成本"（menu cost），即改变名义价格的成本。不断上涨的通货膨胀使得企业要不断地重新印制并向社会发送新的产品价目表。例如，餐馆不得不频繁地印制新菜单。尽管改变价格有时成本是高昂的，但对经济整体而言，菜单成本很微小。

2. 未预期到的通货膨胀

未预期到的通货膨胀是指价格水平上升的速度超出人们的预料。比如，人们预期通货膨胀率每年为5%，而实际通货膨胀率为8%，未预期到的通货膨胀率就是每年3%。公众对通货膨胀的厌恶主要来自变化不定的、未预期到的通货膨胀，因为大多数人是风险厌恶者。未预期到的通货膨胀的代价与预期到的、温和的通货膨胀的代价大不相同。

通货膨胀的一个重要影响是改变了名义价值固定的资产的实际价值，包括货币、债券、储蓄存款、保险合同和一些养老金等。指数化

① 产品间的相对价格保持不变的价格水平上升被称为平衡的通货膨胀。

虽然有助于减轻通货膨胀的损害，但它是不完全的。例如，在美国，大多数金融合同都是在名义量下签订的，并未与通货膨胀挂钩。由于不能完全受到指数化的保护，未预期到的通货膨胀就会引起财富在不同群体间的再分配。

未预期到的通货膨胀在债权人和债务人之间进行财富再分配。很多人把用于养老消费的一辈子积蓄的大部分购买了长期债券或其他能产生固定收入的证券。如果债券到期日的通货膨胀率高于当时购买债券时预期的通货膨胀率，债券持有者事后实际收回的货币价值就会低于借出时的价值。这意味着财富从债权人（债券持有者）手中转移到了债务人（借款者）那里，债务人受益而债权人受损。但是，如果实际通货膨胀率低于预期的通货膨胀率，则债权人受益而债务人受损，因为偿还的价值大于预期值。

未预期到的通货膨胀损害了靠固定养老金和社会保障金生活的人。由于工人缴纳的养老金都是事先制定的，因而养老金是一种延期支付的收入：工人在年轻时向企业提供劳动，但直到退休时才得到全部报酬。当通货膨胀高于预期时，工人受到损害；当通货膨胀低于预期时，企业受到损害。近年来，社会保障补助金中一般都增加了根据通货膨胀率自动进行调整的条款，这部分人在通货膨胀时期蒙受的损失会变小。

通货膨胀经常损害了纳税人。税法中的许多条款没有按通货膨胀率调整，例如，对资本收益和利息收益并没有指数化。所以，通货膨胀对纳税人有很大的损害。以政府对资本收益的税收处理为例。税法是按名义资本收益而不是按实际资本收益来衡量收入的。假设通货膨胀率每年为10%，而一种资产的税前投资收益率正好是10%，投资者并没有赚得实际收入。但是，税收的基础是名义价值。当政府对这一资本收益征税时，投资者税后实际收益率就是负数。在这种情况下，通货膨胀扭曲了税收的征收，将财富从个人和企业手中转移到政府那里。

由未预期到的通货膨胀所产生的不同群体之间的财富再分配的得失，从整体经济来看，基本上可以相互抵销，这种财富再分配并不会带来真正的成本。

未预期到通货膨胀会对整体经济带来损害。未预期到的通货膨胀的一个经济成本与相对价格变动有关。市场经济依靠相对价格来配置稀缺资源。在现实生活中，各种商品和劳务的相对价格上涨幅度往往是不相同的。通货膨胀率越高，产品间的相对价格变动越大。当存在未预期到的通货膨胀，特别是这种不平衡的通货膨胀时，人们很难分清某种产品价格的变化到底是总体价格水平上升的结果，还是源自这种产品本身供求关系的变化。未预期到的通货膨胀扭曲了价格的信号作用，给社会资源的配置带来了实际的扭曲。

未预期到的通货膨胀的另一个经济成本来自风险与不确定性。当实际通货膨胀率存在极大的不确定性时，造成了许多决策上的困难，将会减少企业和消费者之间本来很有吸引力的相互交易。这显然是一种由未预期到的通货膨胀带来的损失和代价。另外，人们用于预测通货膨胀以及保护自己免受未预期到的通货膨胀伤害所消耗的时间和精力本身就代表了额外的成本，尽管它们很难衡量。

3. 恶性通货膨胀

恶性通货膨胀通常被定义为每月超过 50% 的通货膨胀率，或年通货膨胀率超过 1 000%。例如，玻利维亚在 1985 年的年通货膨胀率高达 11 750%。恶性通货膨胀的成本要比温和的通货膨胀的成本大得多。

恶性通货膨胀产生巨大的皮鞋成本。在恶性通货膨胀面前，货币贬值的速度极快，人们将实际货币余额持有量减少到惊人的程度，更加频繁地跑银行取钱。工人的工资发放也是十分频繁的——例如，每天或每小时，而不是每月或每周支付。此时的货币如同烫手的山芋，人们会在价格进一步飞涨之前，尽快将钱花掉或转换成其他形式，如外币、黄金等。企业经理层将不得不把主要精力用于现金管理或投机活动而无暇进行生产和经营管理，从而浪费了资源，影响了生产。

恶性通货膨胀增加了通货膨胀的菜单成本。例如，在恶性通货膨胀期间，企业必须每天甚至每小时变动价格。这也使得居民的生活变得异常忙乱和复杂，大大增加生活成本。

恶性通货膨胀扭曲了政府的征税能力。在大多数税收体系中，征税与纳税之间有一定的间隔时间。在恶性通货膨胀期间，纳税人会尽可能延迟交税时间。纳税人推延的时间越长，政府征收的税收实际价值就越小。因此，恶性通货膨胀会导致政府的实际税收收入大幅度减少。一旦恶性通货膨胀已经发生，政府的财政问题将变得更加严重。政府依赖铸币税的必要性就自我强化了，结果是迅速的货币制造和恶性通货膨胀。

最后，恶性通货膨胀对资源配置的扭曲更加严重。

本章小结

1. 总产出是经济社会的全部可用经济资源用于生产时可能有的产量，它衡量在一定时期内的产品与服务的总产量。要素投入总量与总产出量之间的关系可以用生产函数来反映。

2. 古典主义认为，储蓄和投资都与利率相关。实际利率上升会增加储蓄而减少消费。投资取决于利率，与利率负相关。

3. 利率的调整会使储蓄与投资平衡。政府购买增加使储蓄曲线移动，并改变产品市场均衡的利率水平，挤出私人部门的投资。

4. 实际工资的迅速调整能够使劳动供给等于需求。

5. 自然失业率由摩擦性失业和结构性失业组成。周期性失业率围绕自然失业率波动。

6. 货币是用于交易的资产存量。货币主要有交易媒介、计价单位和价值储藏手段职能。

7. 古典的货币数量论的基本命题是：价格水平与货币量是成比例的。

8. 物价总水平的调整使货币供给和货币需求平衡。货币量的增长率决定了通货膨胀率。

9. 把经济变量分为实际变量与名义变量的方法称为古典二分法。根据古典经济理论，货币是中性的。货币数量的变化只影响名义变量，不影响实际变量。

10. 通货膨胀的成本取决于通货膨胀到底是预期到还是未预期到。预期到的通货膨胀的成本很小，包括皮鞋成本和菜单成本。未预期到的通货膨胀引起财富在不同群体间的任意再分配，未预期到的通货膨胀也会使整个经济受到损害。这种经济成本既与相对价格有关，也与不确定性相联系。

关键概念

全要素生产率	挤出	充分就业
自然失业率	周期性失业	摩擦性失业
结构性失业	自愿失业	非自愿失业
货币	流动性	货币数量论
古典二分法	货币中性	皮鞋成本
菜单成本	恶性通货膨胀	

复习思考题

1. 选择题

（1）在古典理论中，（　　）。

A. 储蓄是收入的函数，投资是利率的函数

B. 储蓄和投资都是收入的函数

C. 储蓄和投资都是利率的函数

D. 投资取决于收入，储蓄取决于利率

(2) 货币最主要的职能是（　　）。

A. 交易媒介　　B. 核算标准

C. 延期支付手段　　D. 财富储藏手段

(3) 古典学派认为劳动供给和劳动需求都是（　　）的函数。

A. 名义工资　　B. 实际工资

C. 合同工资　　D. 货币工资

(4) 由于经济萧条而出现的失业属于（　　）。

A. 摩擦性失业　　B. 结构性失业

C. 周期性失业　　D. 自愿性失业

(5) 自然失业率（　　）。

A. 等于0

B. 是随价格水平的变化而变化的

C. 是经济处于潜在产出水平时的失业率

D. 是没有摩擦性失业时的失业率

(6) 如果某人刚进入劳动力队伍尚未找到工作，这是属于（　　）。

A. 摩擦性失业　　B. 结构性失业

C. 周期性失业　　D. 自愿性失业

2. 简答题

(1) 解释当政府支出增加时，会对利率、投资、消费产生什么影响?

(2) 为什么摩擦性失业和结构性失业是不可避免的?

3. 计算题

(1) 一个经济充分就业情况下的产出是900，政府采购为200。消费函数为 $C=630-10r$，投资函数为 $I=170-10r$。请计算：

①当实际利率为4、5、6时，消费和投资分别为多少?

②为什么消费和投资随实际利率的提高而下降?

③使产品市场均衡的实际利率、储蓄和投资各是多少?

④如果政府采购下降到160，实际利率、储蓄和投资各是多少?

(2) 一个经济充分就业下的产出为12 000，政府采购为2 400。投资函数为 $I=2\ 400-8\ 000r$，消费函数为 $C=7\ 200-4\ 000r+0.1Y$。请计算：

①使产品市场均衡的实际利率、储蓄和投资各是多少?

②如果政府购买增加到2 880，试分析政府购买的“挤出效应”?

第 3 章
IS－LM 模型

本章要点

◇ 了解流动性偏好理论
◇ 掌握收入—支出模型
◇ 理解乘数原理
◇ 理解和掌握 IS 曲线、LM 曲线

在长期中，产出的数量取决于经济供给产品的能力，这种能力又取决于资本、劳动和技术。价格的灵活调整可以确保产出的需求量与供给量相等。但是在短期中，价格是黏性的，产出取决于经济对产品的总需求。本章我们讨论经济的短期行为，介绍凯恩斯总需求理论。本章建立的 IS－LM 模型是对凯恩斯总需求理论的主流解释。

3.1 产品市场：收入—支出模型

3.1.1 计划总支出

凯恩斯认为，在短期中，经济的总产出主要由家庭、企业和政府的支出意愿决定。人们支出的越多，企业可以卖出的物品和劳务就越多。企业可以卖出去的越多，它们选择生产的产出就越多，于是，它们选择雇用的工人也就越多。因此，根据凯恩斯的看法，计划或意愿的总支出不足引起了作为经济衰退特征的低收入和高失业。

现在讨论短期中计划总支出的决定因素。假定经济是封闭的，从而净出口为零。封闭经济中的计划或意愿的总支出 AE 由消费 C、投资 I、政府购买 G 三个部分组成，即：

$$AE = C + I + G$$

延伸阅读：凯恩斯与《就业、利息和货币通论》

凯恩斯认为，在短期中，对家庭消费水平影响最大的因素是收入水平，或者更准确地说，影响消费水平的是个人的可支配收入。可支配收入是指个人从政府那里获取转移支付并扣除所有的税收之后的收入：

$$Y_D = Y - T + TR$$

其中，Y_D 表示可支配收入，Y 表示收入，T 表示税收，TR 表示政府的转移支付。可支配收入越高，消费支出也就越高；可支配收入减少，消费支出减少。消费与收入之间的这种同方向变化关系就是消费倾向或消费函数：

$$C = C(Y_D)$$

我们也可以用简单的线性函数来表示消费函数关系：

$$C = a + cY_D$$

其中，参数 a 为自发消费，即无论收入水平如何变化，保证人们基本生活的必需的消费支出水平。因此，在正常情况下，$a > 0$。cY 是随着收入变化而变化的消费，称为引致消费。c 是收入每增加 1 单位所导致的消费增加量，称为边际消费倾向（marginal propensity to consume，MPC），用公式表示：

$$c = \frac{\Delta C}{\Delta Y}$$

边际消费倾向的数值在 0 ~ 1 之间：当可支配收入增加时，人们会增加消费，但消费增加量小于收入增加量。因为家庭通常只消费新增收入的一部分，而把剩余的部分储蓄起来。例如，给定国民消费函数 $C = 100 + 0.80Y_D$，边际消费倾向为 0.80，即可支配收入每增加 1 元时，消费将增加 0.80 元，人们把剩余的 0.2 元储蓄起来。

我们把线性消费函数用几何图形表示出来。在图 3 - 1 中，纵轴代表消费支出，横轴代表可支配收入，消费曲线可以表示成一条向右上方倾斜的直线。它与纵轴的截距是自发消费 a，是当收入为 0 时也会有的消费支出。直线的斜率是边际消费倾向 c。因为 c 小于 1，所以消费曲线的斜率也小于 1。

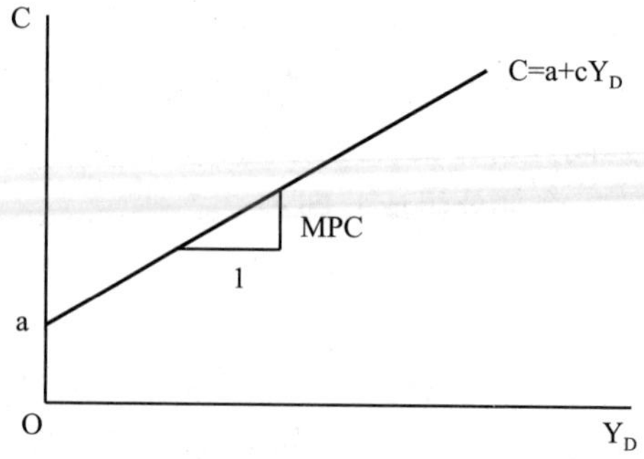

图3-1　消费与收入正相关

计划投资是物质资本存量的增加部分。投资支出受利率等诸多因素的影响，为了简化，我们将计划投资假定为一个外生变量，处于不变的水平 I_0：

$$I = I_0$$

同样，我们假定政府购买 G、税收 T 和政府转移支付 TR 都是固定不变的外生变量，即：

$$G = G_0$$

$$T = T_0$$

$$TR = TR_0$$

综合前面的分析，可以把计划总支出函数写为：

$$AE = a + c(Y - T_0 + TR_0) + I_0 + G_0$$

根据计划总支出函数可以绘出总支出曲线。如图 3-2 所示，横轴表示产出（或收入）水平，纵轴代表总支出。由于较高的收入导致较高的消费从而导致较高的总支出，因此，计划总支出曲线是一条向右上方倾斜的直线，总支出曲线和消费曲线的斜率等于边际消费倾向 c。

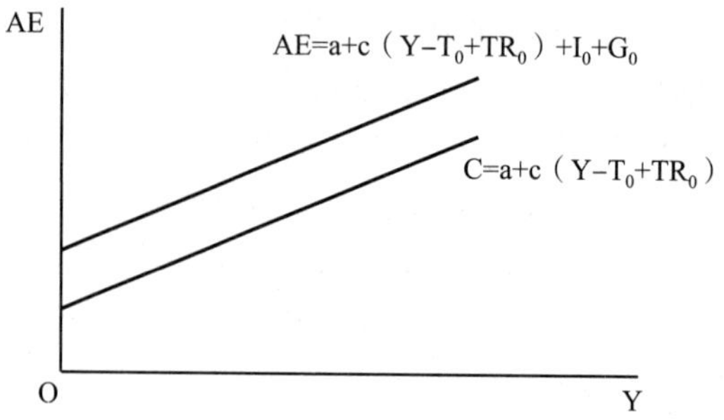

图3-2　计划支出

3.1.2 均衡产出

均衡产出是与计划支出相等的产出，也就是总收入等于计划总支出。产品市场的均衡条件为：

$$Y = AE$$

如图3－3所示，横轴为产出（或收入），纵轴为计划总支出。45°线上的任何一点到两轴的距离都相等，它能把任何一段横轴距离转换成为一段相等的纵轴距离，这意味着在这条线上支出始终与产出相等。总支出曲线AE与45°线形成了凯恩斯交叉。总支出线与45°线的交点E是均衡点，它对应的产出（或收入）水平Y_0就是均衡的国民收入水平。在该点上，所生产的产出量正好等于计划支出的数量，它对应的产出（或收入）水平Y_0就是均衡产出水平。①

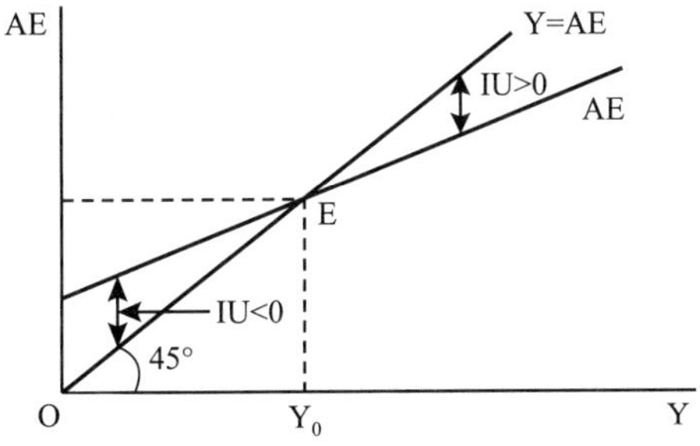

图3－3 计划总支出决定均衡产出

在产品市场达到均衡的过程中，存货调整机制起着重要的作用。我们可以用非计划存货投资的变化说明这一调整过程。非计划存货投资即超出企业存货意愿的存货投资可以用下式表示。即：

$$IU = Y - AE$$

其中，IU代表非意愿的存货量。当人们想要花费的总支出AE不等于实际产出时，便存在非计划存货投资。非意愿存货的变动会

---

① 均衡产出的决定可以用数学模型来说明。

$$Y = C + I + G$$

$$Y = a + c(Y - T_0 + TR_0) + I_0 + G_0$$

得到均衡产出水平Y_0：

$$Y_0 = \frac{a + I_0 + G_0 + cTR_0 - cT_0}{1 - c}$$

改变产出水平。如果企业的产出水平超过 Y_0，企业就无法销售出他们的全部产出，会出现非意愿存货。这表明企业生产的产品超过了市场的需求，于是，企业就会减少存货，引起产出水平减少。直到产出量和总支出相等为止。相反，如果产出小于总支出，企业或者卖光产品，或者缩减存货，使存货降低到意愿存货以下，即非意愿存货为负值，这表明企业生产的产品不能满足市场的需求，于是企业就会增加生产，直到产出和总支出相等为止。只有当企业的非意愿存货投资 IU = 0 时，即实际投资等于计划投资时，产出才会处于一个稳定的均衡水平。这样，在 E 点的均衡产出水平上，企业所销售的数量等于他们所生产的数量，人们买到了他们想要购买的数量，而且产出水平不存在变化的趋势。在其他任何的产出水平上，来自存货增加或减少的压力，都将导致企业改变其产出水平。可见，以非意愿的存货变动为基础的产出的调整过程，使得产出运动到它的均衡水平上。

均衡产出条件还可以用计划投资等于计划储蓄表示。根据定义，私人储蓄等于可支配收入减去消费：

$$S \equiv Y_D - C$$

消费函数和储蓄函数是一个问题的两个方面。储蓄随着收入的增加而增加，也是收入水平的递增函数。给定线性消费函数 $C = a + cY_D$，储蓄函数可以写为：

$$S = -a + (1-c)Y_D$$

其中，$-a$ 是自发储蓄，$(1-c)Y_D$ 是随着收入变化而变化的储蓄，称为引致储蓄。$1-c$ 是收入每增加 1 单位所导致的储蓄增加量，称为边际储蓄倾向（marginal propensity to save，MPS，通常用小写 s 表示），用公式表示：

$$s = \frac{\Delta S}{\Delta Y}$$

消费与储蓄的关系可以用图 3－4 表示。储蓄曲线在纵轴的截距为 $-a$，表示收入为零时，自发消费为 a，储蓄额为 $-a$。当收入为 Y_0 时，储蓄为零，收入全部用于消费。收入低于 Y_0 时，消费支出大于收入，储蓄为负值。当收入超过 Y_0 时，消费支出小于收入，储蓄为正值。在收入为 Y_1 时，消费为 C_1，储蓄为 S_1。$Y_1 = C_1 + S_1$。边际消费倾向与边际储蓄倾向之和等于 1。

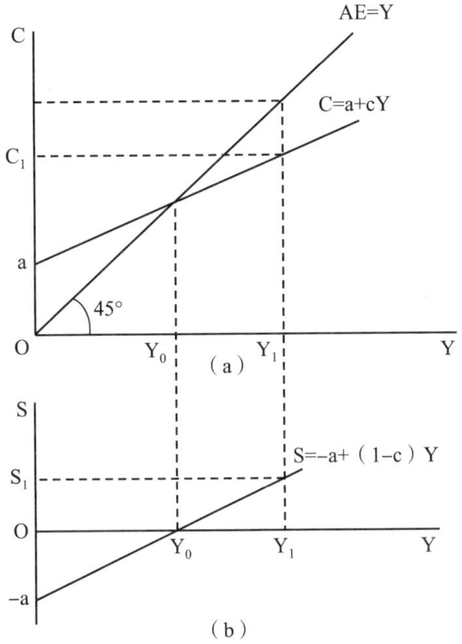

图3－4 消费函数与储蓄函数

现在回到产品市场的均衡方程，产出必须等于计划总支出：

$$Y = C + I + G$$

于是有：

$$Y - C - G = I$$

在本章我们指出，Y－C－G代表国民储蓄。该式表示当国民储蓄等于私人投资时，产品市场达到均衡。

延伸阅读：节俭的悖论

3.1.3 乘数

收入—支出模型说明了在计划投资I、政府购买G、税收T和转移支付TR等既定时，收入Y是如何决定的。当这些因素发生变化时，均衡收入也就会发生变化。乘数（multiplier）描述了总支出变动与均衡收入变动之间的倍数关系。

1. 投资乘数

考虑投资增加对均衡收入的影响。如图3－5所示，在经济最初的均衡点E_0，相应的均衡收入水平为Y_0。如果投资增加了ΔI，则总支出曲线由AE_0向上平移到AE_1，移动距离为ΔI。新的均衡点为45°线与AE_1的交点E_1，均衡收入从Y_0增加到Y_1，国民收入的增加量

为 $\Delta Y = Y_1 - Y_0$。

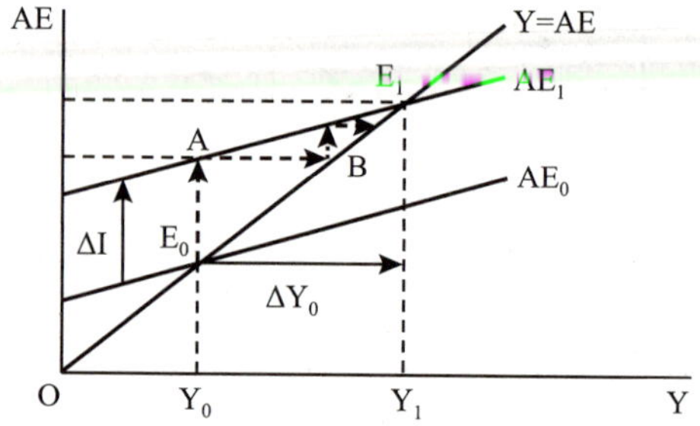

图 3－5　投资增加对收入的影响

图 3－5 表明，均衡收入的增加量大于投资的增加量，也就是说，$\Delta Y/\Delta I > 1$。$\Delta Y/\Delta I$ 这一比率称为投资乘数，它是投资增加所引起的均衡收入增加的倍数。

为什么投资对收入有乘数效应呢？原因在于，投资的最初增加使支出等量增加。在初始的收入水平 Y_0 上，支出增加了 ΔI，计划支出量现在由 A 点给出。投资增加使收入也增加了 ΔI，经济移动到 B 点。然而这一过程并未结束，收入的增加中必然有一部分用于消费，消费提高了 $c \cdot \Delta I$，其中 c 为边际消费倾向。消费的这一增加又提高了支出和收入。这种消费增加与国民收入的增加会不断持续下去，直到经济达到 E_1 为止，这时收入和支出相等，为新的均衡点，最终收入的增加量大于最初投资的增加，使得投资乘数大于 1。

投资乘数的动态作用过程也可以用代数方法描述。第一轮的收入增加了 ΔI，第二轮增加的收入为 $c \cdot \Delta I$，第三轮增加的收入为 $c(c \cdot \Delta I)$。因此在第 n 轮之后，收入增加的总量为：

$$\begin{aligned}\Delta Y &= \Delta I + c \cdot \Delta I + c^2 \cdot \Delta I + c^3 \cdot \Delta I + \cdots \\ &= (1 + c + c^2 + c^3 + \cdots)\Delta I\end{aligned}$$

因为 $c<1$，收入增加的总量为：

$$\Delta Y = \frac{1}{1-c}\Delta I$$

以 α_I 代表投资乘数，投资乘数为：

$$\alpha_I = \frac{\Delta Y}{\Delta I} = \frac{1}{1-c}$$

由于边际消费倾向与边际储蓄倾向之和等于 1，所以，则乘数又可以表示为：

$$\alpha = \frac{1}{1-c} = \frac{1}{s}$$

可见，乘数大小与边际消费倾向有关。边际消费倾向越大，或边际储蓄倾向越小，则乘数就越大。

应当注意的是，乘数是一把“双刃剑”，投资增加会使均衡收入增加，相反投资减少会使均衡收入减少。乘数越大，投资变动所引起的产出的波动就越大，经济就可能越不稳定。

乘数发挥作用是需要一定条件的，这就是经济中存在闲置的资源。如果资源已经充分利用，国民收入的增加将受到资源条件的约束，乘数的作用就受到限制。

2. 政府购买乘数

现在考虑政府购买增加对收入的影响。如图 3－6 所示，在初始的均衡收入水平 Y_0 上，政府购买增加 ΔG 使总支出曲线 AE_0 向上移动 ΔG。更高水平的支出导致收入增加。在新的均衡点 E_1，支出等于收入，均衡收入的增加量 ΔY 必然等于支出的增加量：$\Delta AE = \Delta Y$。支出的增加量可以分解为政府支出的增加量 ΔG 和由收入变化所引致的支出的变化量 $c\Delta Y$。于是，我们得到：

$$\Delta Y = \Delta AE = \Delta G + c\Delta Y$$

政府购买乘数是指均衡收入的变动与引起这种变动的政府购买变动的比率。以 α_G 表示政府购买乘数，则：

$$\alpha_G = \frac{\Delta Y}{\Delta G} = \frac{1}{1-c}$$

可见，私人部门投资支出和政府购买增加相同的数量，其乘数相同，即均衡收入水平将增加相同的倍数。

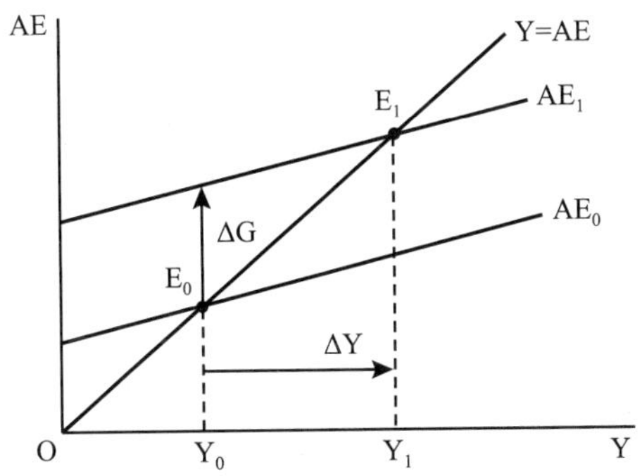

图 3－6 政府购买乘数

3. 税收乘数

考虑税收减少对经济的影响。税收减少，会增加个人可支配收入，从而使总支出增加和均衡收入增加。税收减少所引起的支出的增加包含两部分：政府税收的减少量 ΔT 所引起的支出增加量为 $c\Delta T$，以及由收入增加所引致的支出增加量 $c\Delta Y$。于是，均衡收入的增加量为：

$$\Delta Y = \Delta AE = -c\Delta T + c\Delta Y$$

税收乘数指均衡收入变动与引起这种变动的自发税收变动的比率。以 α_T 表示政府税收乘数，则：

$$\alpha_T = \frac{\Delta Y}{\Delta T} = \frac{-c}{1-c}$$

税收乘数为负值，说明税收与均衡收入反方向变化。政府税收增加，均衡收入就减少，反之，政府税收减少，均衡收入就增加。同时，减税 1 元对收入变化的作用，没有增加政府购买支出 1 元对收入变化的作用大。这是因为，政府购买支出增加 1 元，一开始会使总支出增加 1 元。但是减税 1 元只能使可支配收入增加 1 元。在增加的 1 元中，只有 $c\Delta T$ 部分用来增加消费而不是全部。

4. 政府转移支付乘数

政府转移支付乘数是指均衡收入变动对引起这一变动的政府转移支付变动的比率。在其他条件不变的情况下，政府转移支付增加，会增加个人可支配收入，均衡收入水平就增加；反之，政府转移支付减少，均衡收入就减少。在其他条件不变的情况下，政府转移支付增加 1 单位，均衡收入的增加量是：

$$\Delta Y = c\Delta TR + c\Delta Y$$

以 α_{TR} 代表政府转移支付乘数，即：

$$\alpha_{TR} = \frac{\Delta Y}{\Delta TR} = \frac{c}{I-c}$$

显然，增加转移支付和减少税收的效果相同，但是，增加同样数量的政府购买对均衡收入的影响大于转移支付，因为转移支付增加量中的一部分被用于储蓄。

5. 平衡预算乘数

平衡预算是指政府购买支出和税收增加的数量相同，并使政府预算盈余 BS 或预算赤字 BD 保持不变。平衡预算乘数是指政府购买支出和税收增加相同数量时，均衡收入的变动与引起这种变动的政府购买（和政府税收）变动的比率。

如果政府购买与税收的增加相同，对收入有什么影响呢？从表面上看，政府增加的购买与增加的税收相同，均衡收入不受影响，但事实并非如此。因为政府购买增加 1 元，总需求就增加 1 元。而政府税收增加 1 元，总需求只减少 c 元，$c<1$，所以税收增加所引起的总需

求减少要小于 1 元。

总支出 ΔAE 的变化等于政府购买支出的变化 ΔG 加上消费支出的变化 $c\Delta Y_D$。因此，均衡收入的增加量是：

$$\begin{aligned}\Delta Y &= \Delta AE = \Delta G + c\Delta Y_D \\ &= \Delta G + c(\Delta Y - \Delta T)\end{aligned}$$

由于 $\Delta T = \Delta G$，所以，

$$\Delta Y = \Delta G + c\Delta Y - c\Delta G$$

$$\alpha_B = \frac{\Delta Y}{\Delta G} = \frac{1-c}{1-c} = 1$$

从上式表明，政府购买支出与税收等量增加 1 单位时，均衡收入增加也增加 1 单位，平衡预算乘数 α_B 等于 1。

3.2 产品市场与 IS 曲线

3.2.1 IS 曲线的推导

在收入—支出模型中，我们一直假定投资支出是一个外生变量。实际上投资与利率是相关的，利率的变动会影响到投资。当我们把利率因素引入收入决定模型时，投资支出也就成为一个由利率决定的内生变量。

在一般情况下，利率水平上升，投资支出下降；利率水平下降，投资支出上升，投资支出和利率水平反方向变动。可以把投资函数写为：

$$I = I_0 - br \quad (b > 0)$$

其中，I 代表投资支出，r 代表市场利率，I_0 代表自发投资，即利率为零时的投资支出，b 是利率变动 1 单位所引起的投资变动量。如果 b 越大，则利率相对较少量的增加就会引起投资支出的大量下降。如图 3－7 所示。

为了确定当利率变化时收入如何变动，我们可以把投资函数与凯恩斯交叉相结合起来。也就是说，在任何既定的利率水平上，可以用收入等于支出的方法，确定均衡收入和产出水平。当利率变动时，均衡收入水平也变动了。我们利用图 3－8 来考虑产品市场均衡情况。假定市场利率为 r_1，总支出曲线 AE_1 与 45°线的交点 E_1 决

定的均衡国民收入为 Y_1。由于均衡收入水平是在给定利率 r_1 上得出的，我们可以在该图下半部分找出利率与收入组合（Y_1，r_1）点，以 F_1 表示。

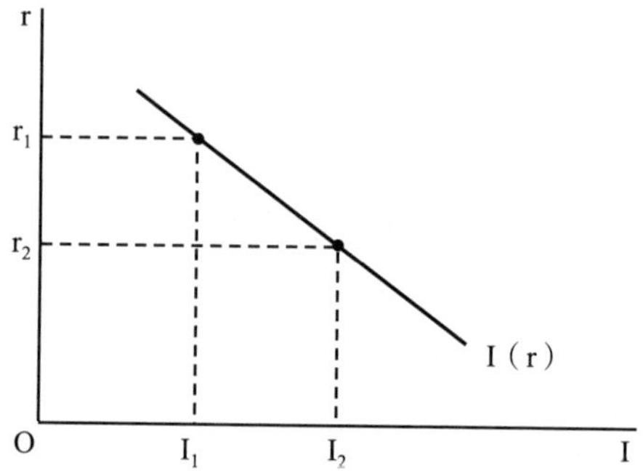

图 3－7　投资与利率的关系

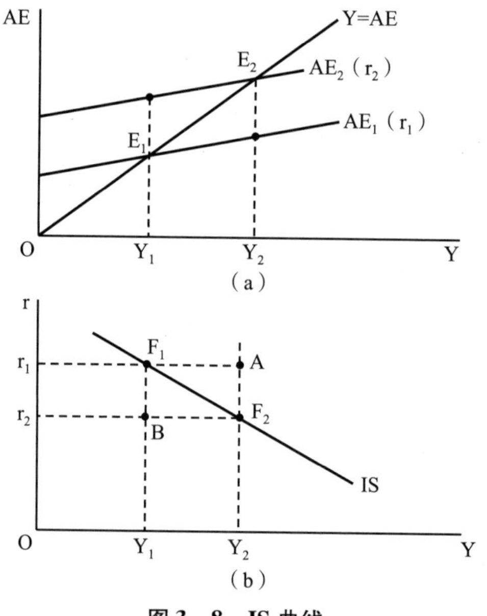

图 3－8　IS 曲线

当利率从 r_1 下降到 r_2 时，投资增加使总支出曲线由 AE_1 向上移动到 AE_2。均衡位置移动到点 E_2，与该点相应的均衡收入水平为 Y_2。这样在该图下半部分就可以找出与利率 r_2 相对应的均衡收入 Y_2，其组合点为 F_2。我们可以把与利率变动所对应的均衡收入的各种可能组合点联结起来，就得到 IS 曲线。IS 曲线表示使产品市场均衡的利率与收入（产出）的各种可能的组合。①

IS 曲线的推导

既然 IS 曲线上的点均表示产品市场均衡时的收入与利率的所有组合，那么，偏离 IS 曲线的任何一点所对应的收入与利率的组合都不能使产品市场实现均衡。例如，在图 3-8（b）中的 A 点，收入为 Y_2，利率为 r_1。从图 3-8（a）中可以看出，给定利率 r_1 时，使产品市场均衡的总支出曲线应该是 AE_1，但是对于给定收入 Y_2，A 点的利率水平偏高（$r_1 > r_2$），从而导致投资需求小于产品市场均衡所要求的投资水平，$AE_1 < AE_2$，所以在 A 点时存在着总支出不足，过度供给。由此可见，在 IS 曲线之右上方任何一点的利率与收入的组合都表示产品的过度供给。

在图 3-8（b）中的 B 点，收入水平 Y_1 与均衡点 F_1 相同，但是利率偏低 r_2，$r_2 < r_1$，从而导致投资需求大于产品市场均衡所要求的投资水平，总支出曲线为 AE_2，$AE_2 > AE_1$。这意味着对产品的需求超过均衡收入水平，在 B 点存在着过度需求，或者说供给不足。因此，在 IS 曲线之左下方任何一点都表示存在着产品的过度需求。

3.2.2 IS 曲线的移动

IS 曲线的位置取决于自发支出（a、I_0），以及财政政策参数（G、TR、T）。如果这些外生变量变动了，总支出曲线就会移动，从而 IS 曲线就会移动。图 3-9 说明了政府购买增加 ΔG 如何使 IS 曲线移动。图 3-9（a）表示政府购买增加 ΔG 提高了总支出，在给定利

---

① 推导 IS 曲线的代数表达式。总支出由消费支出、投资支出和政府购买所组成：

$$AE = C + I + G$$
$$C = a + cY_D$$
$$Y_D = Y - T + TR_0$$
$$T = T_0$$
$$I = I_0 - br$$
$$G = G_0$$

从而 $$AE = a + cTR_0 + G_0 + I_0 - cT_0 + cY - br$$

令 $A_0 = a + cTR_0 + G_0 + I_0 - cT_0$，则有：

$$AE = A_0 + cY - br$$

产品市场的均衡条件要求收入等于总支出，则有：

$$\begin{aligned} Y &= AE \\ &= A_0 + c(1-t)Y - br \end{aligned}$$

$$Y = \frac{1}{1-c}(A_0 - br) = \alpha(A_0 - br)$$

整理得到 IS 曲线方程： $$r = \frac{A_0}{b} - \frac{1}{\alpha \cdot b}Y$$

率水平 r_1 上，总支出曲线向上移动 ΔG 使均衡收入增加，收入增加量恰好等于乘数 α_G 与 ΔG 的乘积：$\Delta Y = \alpha_G \cdot \Delta G$。在图 3－9（b）中，IS 曲线向右移动的距离等于乘数 α_G 乘以 ΔG。

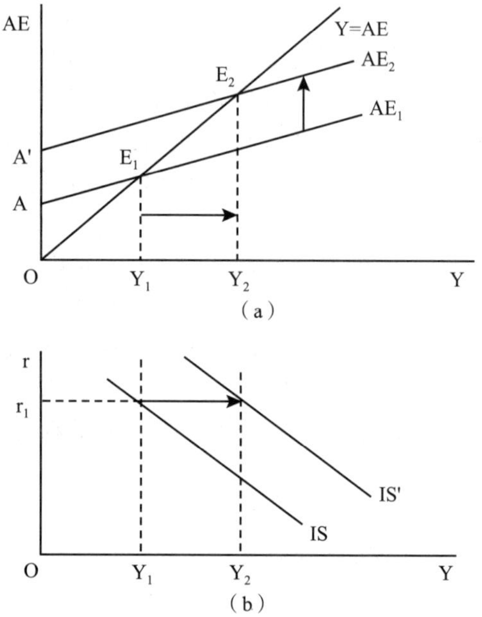

图 3－9　IS 曲线的移动

3.3　货币市场与 LM 曲线

LM 曲线描述了货币市场均衡时的利率与收入水平之间的关系。在短期中，利率是如何决定的呢？我们从流动性偏好理论的利率理论开始，然后推导货币市场均衡曲线，即 LM 曲线。

3.3.1　流动性偏好理论

人们对货币的需求又称为流动性偏好。凯恩斯在《就业、利息和货币通论》中提出，短期利率是由货币市场的供给与需求决定的。也就是说，利率的调整使货币供给和货币需求达到平衡。这种观点被称为流动性偏好理论（theory of liquidity preference）。

我们首先从实际货币余额的需求开始。凯恩斯把人们对实际货币余额的需求归结为以下三个动机。

（1）交易动机，是指人们为了进行日常的交易活动需要持有一定数量货币。

（2）预防动机，是指人们为了应付意外事件（如失业、事故、生病等）所需要持有的货币数量。交易动机和预防动机的实际余额需求量主要取决于实际收入水平，是实际收入水平的增函数。这是因为，实际收入水平越高，人们用于交易和应付意外支出的实际货币余额就越多。这两种动机的实际货币余额的需求量大体与实际收入水平成比例。

如果以$\frac{L_1}{P}$代表交易动机和预防动机所需要的实际货币余额的需求量，Y 代表实际收入，则这种实际货币余额需求函数为：

$$\frac{L_1}{P}=L(Y)=kY,\ k>0$$

其中，k 为实际货币余额需求量与实际收入的比例。例如，实际收入增加 10 元，会增加 $k\times 10$ 元的实际货币需求。

（3）投机动机，是指人们持有的准备用于购买债券，进行投机活动的那部分货币。它是由于个人可以持有的其他资产的货币价值的不确定性引起的货币需求。持有货币没有利息收益，但也没有风险，而持有债券可以获得利息收益，但也有风险。在什么情况下人们会放弃生息的债券而转向持有货币呢？它取决于债券市场价格、利率水平和债券收入之间的关系。债券价格 P_b、债券收益 R 和市场利率 r 之间的关系可以用下列公式来表述：

$$r=\frac{R}{P_b}\quad \text{或}\quad P_b=\frac{R}{r}$$

这就是说，债券价格与债券收益同方向变动，与利率反方向变动。债券价格的变动引起债券价值的变动，财产持有者可以从这种债券价格的变动中获利。假定债券的名义收益 R 为不变（许多国家的公债每年支付的利息是不变的，从而这种公债的收益就是不变的），债券的市场价格与利率反方向变动，即利率上升，债券价格下降，利率下降，债券价格上升。

投机需求的产生正在于债券价格与利率的这种关系。投机需求产生的必要条件是人们对未来利率的预期具有不确定性，即未来利率如何变化，对财产持有者来说是不确定的。财产持有者对未来利率预期都有一个临界利率水平——安全水平的概念。如果现期利率低于预期的安全水平，财产持有者就会预期未来的利率将向着安全水平上升，即由于要恢复到安全水平而上升。这样，当利率水平上升时，债券价格下跌，持有的债券价值减少而引起资产损失，从而就要抛售债券，持有货币。因此，现期利率低，用于投机动机的货币需求就大。假如现期利率足够低时，所有的人都会以货币的形式持有其全部的金融资产。这时的投机性货币需求达到极大化。相反，如果现期利率高于预期的安全水平，财产持有者就会预期未来的利率将向着安全水平下跌。这样，当利率水平下降时，债券价格就要上升。于是，人们就会及时买进债券，人们手中持有的货币量就会减少。如果现期利率水平足够高时，所有的投机者都会以债券的形式持有其全部金融资产，这时的投机性货币需求为零。因此，现期利率较高，用于投机的货币需求较少。

可见，投机动机的货币需求是利率的函数，实际货币需求与利率呈反方向关系。如果以$\frac{L_2}{P}$表示投机性实际货币需求，用 r 表示市场利率，则投机性货币需求与利率的关系可表示为：

$$\frac{L_2}{P} = L(r) = -hr,\ h > 0$$

其中，h 表示利率提高 1 个百分点所减少的实际货币需求量。

把交易性货币需求、预防性货币需求和投机性货币需求加总，就可以得到总的实际余额需求函数，即：

$$\left(\frac{M}{P}\right)^d = L(Y,\ r) = kY - hr$$

实际货币余额需求函数表明，在收入水平既定的条件下，实际余额的需求量是利率的减函数。图 3－10 中的实际余额需求曲线向右下方倾斜。

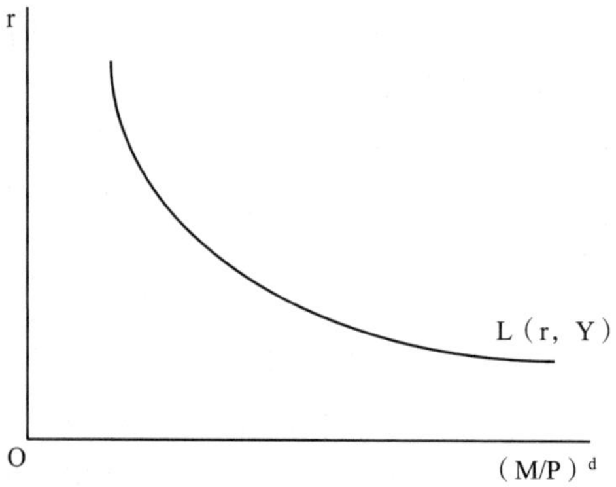

图 3－10　货币余额需求曲线

现在我们讨论货币供给。流动性偏好理论假定，货币供给量由中央银行加以控制，为一个固定不变的值 M_0，与利率无关。并且假定价格水平固定在 P_0 上，这样，实际货币余额的供给可以表示为：

$$\left(\frac{M}{P}\right)^s = \frac{M_0}{P_0}$$

根据流动偏好理论，在短期中实际货币余额的供给与需求决定利率水平。货币市场的均衡条件为：

$$\frac{M_0}{P_0} = kY - hr$$

如图 3－11 所示，横轴代表实际货币需求和实际货币供给，纵轴代表市场利率。货币供给曲线是一条垂直于横轴的直线，货币供给曲线和货币需求曲线的交点 E 决定了均衡的利率水平 r_0。

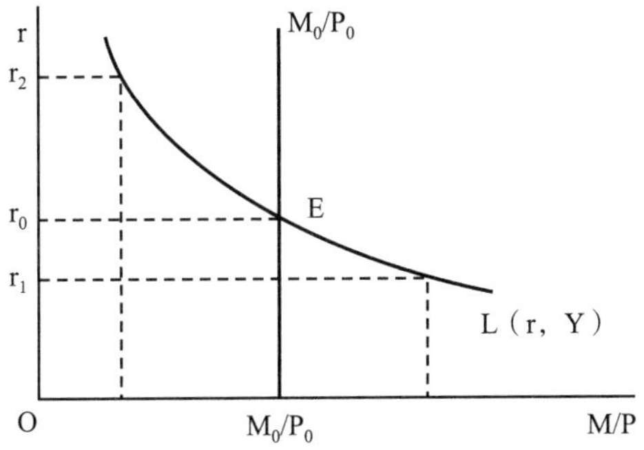

图 3－11　均衡利率的决定

货币供求如何趋于均衡的呢？在实际收入水平和货币供给量固定不变的条件下，如果市场利率低于均衡利率，即 $r_1 < r_0$。货币需求超过供给，在只有货币和债券两种金融资产的经济中，过度货币需求意味着债券的过度供给。这时人们感到手中持有的货币太少，就会卖出手中的债券而持有货币，导致债券价格下降，从而债券的收益即利率上升。在为了获取更多货币的努力过程中，利率将持续上升，一直要持续到货币供求相等时为止。相反，当利率高于均衡利率 r_0 时，货币供给超过货币需求，这时人们感到手中持有的货币太多，于是，人们将试图利用他们的多余货币去买进债券，从而提高了债券的价格，降低了债券的收益即市场利率。这种情况也一直要持续到货币供求相等时为止。只有当货币供求相等时，利率才不再变动。由于货币市场能够通过买进和卖出债券来调整，所以，利率能得到迅速调整，货币市场将总是有效地处于均衡状态。

在货币需求不变的情况下，货币供给量的变动也会影响到利率水平。假定中央银行突然增加了货币供给。如果价格水平是固定的，实际货币余额的供给向右移动，导致利率水平下降，如图 3－12 所示。当货币供给量由 M_0/P_0 增加到 M_1/P_0 时，货币供给曲线向右移动。均衡的利率水平也由 r_0 下降到 r_1。利率的降低使人们愿意持有更多的实际货币余额，从而增加的实际货币余额需求与供给在 E_1 点达到新的均衡。

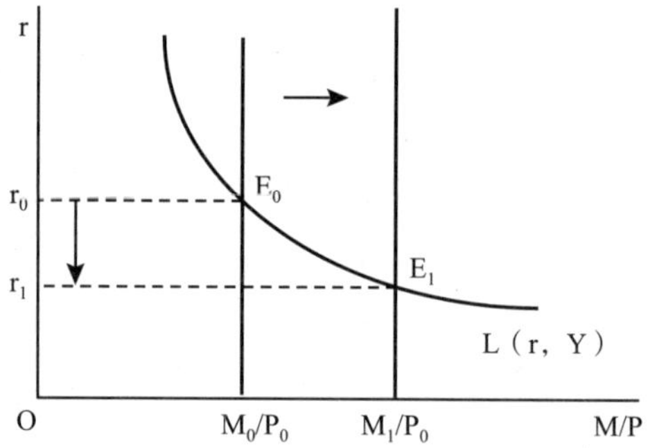

图 3－12　货币供给增加

3.3.2　LM 曲线的推导

根据凯恩斯的流动性偏好理论，实际货币余额需求既取决于利率，又取决于收入水平。当收入水平发生变动时，实际货币余额需求也将发生变化。下面通过考察实际收入的变化对货币市场均衡的影响，说明货币市场均衡时的实际收入水平与利率的关系，推导出 LM 曲线。

LM 曲线的推导

可以用图 3－13 来说明。在图 3－13（b）中，实际货币供给曲线仍为垂线 M_0/P_0，当初始收入水平为 Y_1 时，实际货币需求曲线为 $L(r,\ Y_1)$，$L(r,\ Y_1)$ 与垂线 M_0/P_0 相交于 E_1，决定了均衡利率为 r_1。这在图 3－13（a）中找到收入为 Y_1、利率为 r_1 的组合点 E_1。当收入水平 Y_2 时，$Y_2 > Y_1$，与较高的收入水平相对应的实际货币需求曲线为 $L(r,\ Y_2)$，$L(r,\ Y_2)$ 与 M_0/P_0 相交于 E_2 点，均衡利率为 r_2，从而产生了图 3－13（a）中的均衡收入—利率组合点 E_2。连接 E_1E_2 点就可以得到 LM 曲线。LM 曲线描述了所有使实际货币余额的需求等于供给的利率与收入的组合①。

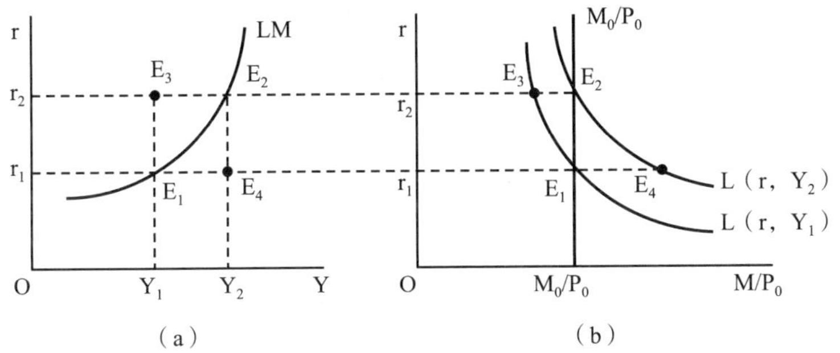

图 3－13 LM 曲线的推导

在 LM 曲线上的任何一点均为货币市场均衡时的利率与国民收入的组合点，而在 LM 曲线以外任一点上利率与国民收入的组合都意味着货币市场的失衡。在图 3－13 中的 E_3 点，该点所对应的国民收入为 Y_1，利率为 r_2。此时 E_3 点的利率水平偏高，而导致货币需求偏低，无法达到货币市场均衡。换言之，当利率为 r_2 时，要使货币市场实现均衡，国民收入水平就必须高于 Y_1。因此，在图 3－13（b）中，E_3 点所表示的国民收入和利率的组合上，货币市场存在着距离为 E_3E_2 的过度货币供给。相应地，图 3－13（a）中的 E_3 点为过度货币供给点。不难推知，在 LM 曲线左上方的点所对应的收入和利率的组合都是货币市场存在过度货币供给的情况。

在图 3－13 中的 E_4 点所对应的国民收入为 Y_2，利率为 r_1，r_1 低于均衡利率水平 r_2。因此，当国民收入为 Y_2 时，在 r_1 的利率水平上，货币需求偏高。这时，在图 3－13（b）中出现了等于距离 E_1E_4 的过度货币需求。相应地，在图 3－13（a）中的 E_4 点为过度货币需求点，对于货币市场出清来说，利率太低而收入太高。不难推知，在 LM 曲线右下方的所有的点所对应的收入和利率的组合都是货币市场存在过度货币需求的情况。

---

① 推导 LM 曲线的代数表达式：

$$(M/P)^d = kY - hr$$

$$M_0/P_0 = L/P_0$$

$$M_0/P_0 = kY - hr$$

LM 曲线方程为：

$$r = \frac{1}{h}\left(kY - \frac{M_0}{P_0}\right)$$

3.3.3　LM 曲线的移动

LM 曲线描述了在任何收入水平上使货币市场实现均衡的利率水平。在 LM 曲线斜率不变的条件下，LM 曲线的位置取决于实际货币供给量 M/P，这意味着，如果中央银行改变货币供给量，将会引起 LM 曲线位置的移动。

可以通过图 3－14 来考察这种货币政策所导致的 LM 曲线的移动。在图 3－14（b）中，对应于实际收入水平 Y_1，实际货币需求曲线为 L。在初始实际货币供给水平 M_0/P_0，货币市场均衡点位于 E_1 点，均衡利率为 r_1。在图 3－14（a）的 LM_1 曲线上的对应点为 E_1。如果实际货币供给量增加到 M_0/P_0，实际货币供给曲线就会向右移动。为了恢复在收入水平 Y_1 的货币市场均衡，利率水平必须下降到 r_2，因而均衡点为 E_2。相应地，在图 3－14（a）中的 LM_1 曲线将向右移动到 LM_2。在每一收入水平上，均衡利率必须下降，以诱导人们持有更多的实际货币供给量，或者说，在每一利率水平上，收入水平必须上升，以增加货币的实际交易需求从而吸纳更多的货币供给量。

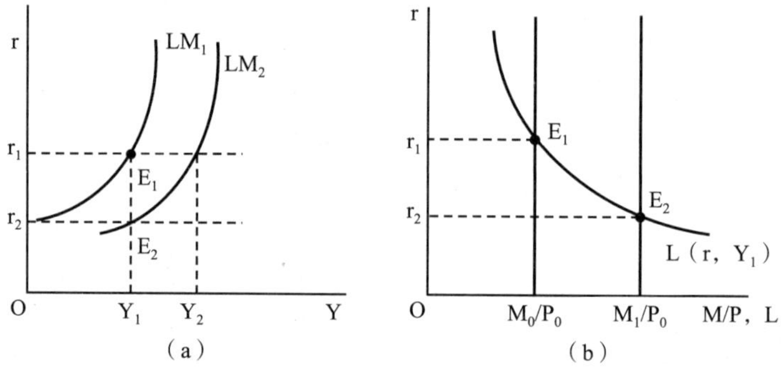

图 3－14　LM 曲线的移动

3.4　短期均衡：IS－LM 模型

把表示产品市场均衡条件的 IS 曲线和表示货币市场均衡条件的 LM 曲线结合在一起，就可以得到 IS－LM 模型。

3.4.1 均衡收入与利率

货币市场所决定的利率会影响产品市场的投资行为，进而影响总需求和国民收入。而产品市场上所决定的国民收入会影响到货币市场上的货币需求，从而也会影响到利率。可见，利率和国民收入是由产品市场和货币市场的均衡共同决定的。

如图3－15所示，由于在IS曲线上的利率和收入的组合能够保持产品市场的均衡，而LM曲线上的利率和收入组合能够保持货币市场的均衡，因此，IS曲线和LM曲线的交点E所代表的利率和收入组合（r_0，Y_0）既满足产品市场均衡条件又满足货币市场均衡。① 换言之，在这个交点，实际支出等于计划支出，对实际货币余额的需求等于供给。

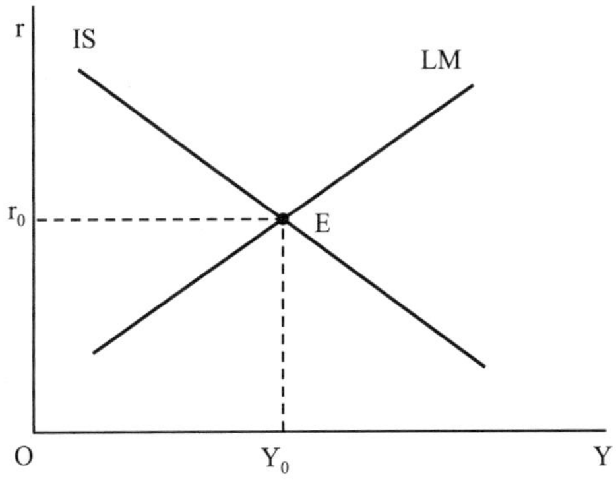

图3－15 IS－LM模型

① 可以通过联立IS曲线方程和LM曲线方程来求解两个市场同时实现均衡的利率和收入。

IS曲线方程：

$$Y = \alpha \cdot (A - br)$$

LM曲线方程：

$$r = \frac{1}{h}\left(kY - \frac{M_0}{P_0}\right)$$

解得均衡收入和利率：

$$Y_0 = \frac{h\alpha}{h + kb\alpha} \cdot A + \frac{b\alpha}{h + kb\alpha} \cdot \frac{M_0}{P_0}$$

$$r_0 = \frac{k\alpha}{h + kb\alpha} \cdot A - \frac{1}{h + kb\alpha} \cdot \frac{M_0}{P_0}$$

3.4.2 趋于均衡的调整

给定IS曲线和LM曲线，使得产品市场和货币市场同时实现均衡的利率与收入的组合点必然位于IS曲线和LM曲线的交点。那么，那些既不在IS曲线上，也不在LM曲线上的利率与收入的所有组合点，则意味着产品市场和货币市场均处于一种非均衡状态。现在的问题是，这些非均衡位置点是如何趋向于均衡位置点 E_0 的呢？下面将描述经济趋向均衡位置的自动调整过程。

在图3－16中，IS曲线和LM曲线将一个r－Y空间分为四个区域，依次标为Ⅰ、Ⅱ、Ⅲ、Ⅳ区域。假设现实经济中的实际收入和利率组合点位于Ⅰ区域的a点，a点所对应的产品市场和货币市场都处于非均衡状态。具体说来，a点位于IS曲线的右侧，产品市场存在着产品的过度供给，或者说产品总支出低于产出水平，厂商的非意愿的存货持续增加。这时，厂商对存货累积的反应将首先是消减产出，从而国民收入水平趋于下降。下降的产出或收入用向左的箭头表示。a点还位于LM曲线的左侧，货币市场存在着过度货币供给。这时，人们将试图把多余的货币用于买进债券，从而将提高债券的价格和降低利率水平。利率的下降用向下的箭头表示。可见，在非均衡点a，国民收入存在着减少的趋势，利率存在着下降的趋势。收入和利率的不断调整，将最终导致a点趋向于均衡位置点 E_0。

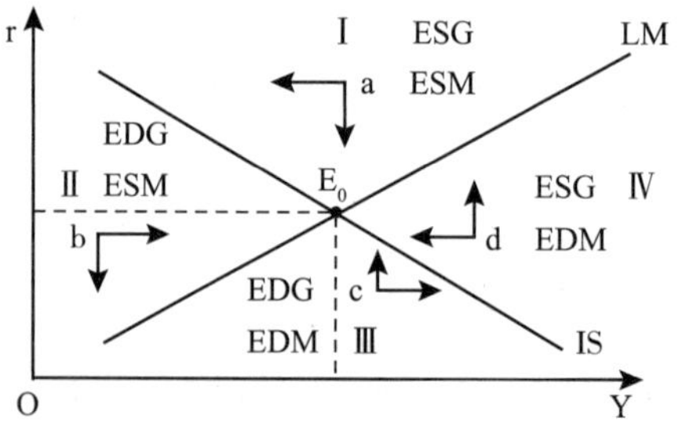

图3－16 产品和货币市场的非均衡和调整

从图3－16中可以看到，在区域Ⅰ中任何一点存在着过度产品供给和过度货币供给，分别标以ESG和ESM。在该区域，国民收入有减少的趋势，利率有下降的趋势；在区域Ⅱ中，产品市场存在着过度的产品需求EDG，而货币市场则存在着过度的货币供给ESM。在该区域，国民收入有增加的趋势，利率有下降的趋势；在区域Ⅲ中，存在着过度的产品需求 EDG 和过度的货币需求 EDM。在该区域，国民收入有增加的趋势，利率有上升的趋势；在区域Ⅳ中存在着过度货币需求 EDM 和过度产品供给 ESG。在该区域，国民收入有减少的趋势，利率有上升的趋势。这四个区域的特征如表 3－1 所示。

表 3－1　　产品市场与货币市场的非均衡及调整

产品市场			货币市场	
区域	非均衡	产出调整	非均衡	利率调整
Ⅰ	ESG	下降	ESM	下降
Ⅱ	EDG	上升	ESM	下降
Ⅲ	EDG	上升	EDM	上升
Ⅳ	ESG	下降	EDM	上升

当产品市场和货币市场均未实现均衡时，两个市场向均衡调整的过程具有不同的特点，货币市场调整快，而产品市场调整慢。因为利率时刻在变化，可以迅速调整货币需求，使货币供求很快实现相等，因而货币市场调整快。而产品供给的增加和减少都是比较缓慢的，因为利率变化引起企业调整投资计划需要一定时间：选择投资项目，建设厂房，直到投产，周期较长，因此，产品市场趋向均衡的调整较慢。

本章小结

1. 当商品的总支出等于产出水平时，产出处在其均衡水平上。当产出处于其均衡水平时，没有非意愿的库存变动，所有经济单位购买的数量恰恰是他们所计划购买的数量。根据库存的积压或减少所进行的产出水平调整过程，会导致经济达到均衡的产出水平。

2. 短期消费函数将消费支出与收入联系起来。收入中未用于消费的部分就是储蓄。消费和储蓄是一个问题的两个方面。

3. 乘数是指自发总支出增加所引起的国民收入增加的倍数。

4. IS 曲线表示使产品市场均衡的利率与收入（产出）的各种可能的组合。政府财政政策的变动将使 IS 曲线发生移动，改变了均衡收入水平。

5. 流动性偏好理论认为短期利率决定于货币需求和供给，利率调整使货币市场供给和需求平衡。

6. LM 曲线描述了使货币市场均衡时所有使得实际货币余额需求

等于货币供给的利率与收入的组合。LM 曲线的位置取决于实际货币供给量。

7. IS 曲线和 LM 曲线的交点所代表的国民收入和利率组合能够同时使产品市场和货币市场实现均衡。

关键概念

计划总支出	边际储蓄倾向	平均储蓄倾向
均衡产出	乘数节俭悖论	投资乘数
政府购买乘数	税收乘数	转移支付乘数
平衡预算乘数	IS 曲线	LM 曲线
流动性偏好理论		

复习思考题

1. 选择题

（1）如果政府支出增加（　　）。

A. 对 IS 曲线无响应　　B. IS 曲线向右移动

C. IS 曲线向左移动　　D. 以上说法都不正确

（2）政府税收的增加将（　　）。

A. 对 IS 曲线无响应　　B. IS 曲线向右移动

C. IS 曲线向左移动　　D. 以上说法都不正确

（3）位于 IS 曲线左下方的收入与利率的组合，都是（　　）。

A. 投资大于储蓄　　B. 投资小于储蓄

C. 投资等于储蓄　　D. 无法确定

（4）自发投资增加 10 亿元，会使 IS 曲线（　　）。

A. 右移 10 亿元　　B. 左移 10 亿元

C. 右移 10 亿元乘以支出乘数　　D. 左移 10 亿元乘以乘数

（5）在以下情况中，投资乘数最大的是（　　）。

A. 边际消费倾向为 0.7　　B. 边际储蓄倾向为 0.2

C. 边际储蓄倾向为 0.4　　D. 边际储蓄倾向为 0.3

（6）如果货币需求与收入的比例（L_1/Y）为 0.25，货币供给量增加 60 亿元将把 LM 曲线向右移动的水平距离是（　　）亿元。

A. 15　　B. 60

C. 120　　D. 240

2. 简答题

用 IS－LM 曲线说明产品市场和货币市场的自动调整过程。

3. 计算题

(1) 设一两部门经济的消费函数为 $C=500+0.5Y$，投资函数为 $I=1\,250-250r$。货币需求为 $L=1\,000+0.5Y-250r$，货币供给为 $M=1250$。

①求该经济产品市场和货币市场同时均衡时的均衡收入和利率。

②若货币供给增加 1 000，这种情况对均衡收入和利率会产生什么影响。

(2) 假设一个三部门经济，$C=100+0.8Yd$，$I=100-40r$，其中税收 $T=0.25Y$，政府支出 $G=200$，货币需求为 $L=0.2Y-200r$，实际货币供给为 100，求 IS、LM 曲线及均衡利率和收入。

第 4 章
货币政策与财政政策

本章要点

- ◇ 了解货币政策工具和货币政策的传递机制
- ◇ 理解并掌握货币政策效应
- ◇ 理解财政制度自动稳定器
- ◇ 理解财政政策的挤出效应

在短期内，国民收入波动的主要原因被认为是来自需求方面，IS – LM 模型是分析宏观经济政策的理论基础。财政政策和货币政策是国家进行总需求管理的两大基本经济政策，这两大经济政策的作用和效果可以应用 IS – LM 模型得到清楚的说明。

4.1 货币政策

4.1.1 部分准备金银行制度下的货币创造

在第 3 章中，我们假定货币供给量是中央银行可以直接控制的政策变量。实际上，中央银行并不直接控制货币供给量。

经济活动中的货币供给量是由商业银行、公众和中央银行的行为共同决定的。

商业银行是指可以直接从公众手中吸收存款并把存款发放给想要

借款的个人或企业的金融中介机构。商业银行与其他金融中介机构的主要差别在于它的存款创造货币的能力。商业银行的主要工作是从公众手中吸收存款，并把存款发放给想要借款的个人或企业。商业银行对存款人的存款支付利息，并对借款人收取略高一点的利息。这两种利率的差额弥补了银行的成本，并给银行所有者带来利润。

为了满足存款人提款或通过支票从其账户取款的要求，商业银行不能将全部的存款贷放出去，必须经常保持一定数量的现金。银行按照存款的一定比例留存的、不能贷放出去的资金，称为准备金。如果新存款的数量与提款数量大体相同，银行就只需把它的一部分存款作为准备金。这种制度被称为部分准备金银行制度，准备金占存款的比率则被称为存款准备金率（reserve-deposit ratio）。存款准备金率最初是由商业银行的经营政策决定的，在现代银行制度中，国家（中央银行）以法律形式规定商业银行在每种类型存款中所必须持有的作为准备金部分的最小比例，称为法定准备金率。如果商业银行实际持有的准备金率高于这一最低比例，则超出部分称为超额准备金率。

银行准备金一部分是由商业银行以现金形式持有的，称为库存现金，当客户在需要现金时可以提取；另一部分则保存在中央银行的对应账户之中，主要用于商业银行之间的支付。例如，我在甲银行有活期存款，我购买你的物品，并以我在甲银行的存款向你开出支票作为支付，你把这张支票存入你的开户银行乙，这样，甲银行就欠了乙银行的债务。银行之间的这种结算可以通过中央银行进行，甲银行将其在中央银行账户上的存款转移到乙银行在中央银行的账户上，从而完成支付。

商业银行根据法定准备金率留足准备金后，剩下的部分则可贷放出去。商业银行依托较小比例的准备金支撑起整个活期存款的放款活动，从而具有了多倍的货币创造功能。

为了分析方便，首先我们假定：（1）公众不保留现金，公众将所有收入都以活期存款的形式存入银行；（2）商业银行的存款准备金率为20%。

当公众将1 000美元存入甲银行时，甲银行增加存款1 000美元。其中的200美元（=1 000×20%）作为准备金，其余的800美元（=1 000－1 000×20%）全部贷出。甲银行的资产负债状况可用T型账户表示。在表4－1中，负债是公众的存款，而资产包括准备金和贷款。

表 4－1　甲银行的资产负债表　单位：美元

资产		负债	
准备金	200	存款	1 000
贷款	800		

需要注意的是，在甲银行发放贷款之前，经济体系中的货币供给是1 000美元，它等于甲银行中的存款。而在发放贷款之后，经济中的货币供给增加了800美元，变成了1 800美元：存款人仍然有1 000美元活期存款，而借款人现在持有800美元通货。于是，在一个部分准备金银行体系中，银行创造了货币。

货币的创造不会就此停止。如果借款人把800美元存入另一家银行如乙银行中，货币创造的过程就会继续下去。这时，乙银行得到存款800美元，把20%即160美元留做准备金，然后贷出640美元。这样，乙银行又创造了640美元的货币。乙银行的资产负债表如表4－2所示。

表 4－2　乙银行的资产负债表　单位：美元

资产		负债	
准备金	160	存款	800
贷款	640		

如果这640美元又被存入丙银行，丙银行会把20%即128美元作为准备金，并贷出512美元，这样，丙银行又创造了512美元的货币。丙银行的资产负债表如表4－3所示。

表 4－3　丙银行的资产负债表　单位：美元

资产		负债	
准备金	128	存款	640
贷款	512		

这个过程会一直继续下去。随着每一次存款和贷款，更多的货币被创造出来了。当然，它并不能创造无限数量的货币。初始的1 000美元货币带来的以活期存款形式D增加的货币供给量M为：

$$
\begin{aligned}
M &= D \\
&= 1\,000 + 1\,000 \times (1 - 20\%) + 1\,000 \times (1 - 20\%)^2 + \cdots \\
&= 1\,000 \times [1 + (1 - 20\%) + (1 - 20\%)^2 + \cdots] \\
&= 1\,000 \times \frac{1}{1 - (1 - 20\%)} \\
&= 1\,000 \times \frac{1}{20\%} \\
&= 5\,000\ (\text{美元})
\end{aligned}
$$
①

商业银行的准备金 RE 增加额为：

$$
\begin{aligned}
RE &= 1\,000 \times 20\% + 1\,000 \times 20\% \times (1 - 20\%) + 1\,000 \times 20\% \\
&\quad \times (1 - 20\%)^2 + \cdots \\
&= 1\,000 \times 20\% \times [1 + (1 - 20\%) + (1 - 20\%)^2 + \cdots] \\
&= 1\,000 \times 20\% \times \frac{1}{20\%} \\
&= 1\,000\ (\text{美元})
\end{aligned}
$$

由此可见，在部分准备金银行制度下，在贷款和存款的多倍扩张过程之后，银行体系的准备金增加量正好等于最初存款量，而最初的 1 000 美元存款最后变成了 5 000 美元，即总存款额。这就是银行体系的货币创造。

应当注意，尽管部分准备金银行制度体系创造了货币，但它并没有创造财富。当银行把一部分存款贷出时，只是增加了借款人进行交易的能力，从而增加了货币供给。但是，这些贷款是借款人对银行的负债，因此贷款并没有使他们变得更富有。

到此为止，我们一直假定经济中的一切支付均使用支票账户，并不使用通货。通货全部成为银行体系新增的存款准备金，新增的货币供给全部是以存款形式存在。

在现实经济中，公众都持有一定的通货用于交易。如果公众按活期存款的一定比例持有通货时，流通中的货币也会随着存款的增加而相应增加，银行的准备金就会相应减少。例如，对于每 1 美元的可开列支票存款，公众想持有 5 美分的现金，那么，存款机构对于公众的每 1 美元新增存款就要多付 5 美分，这 5 美分不会进入存款创造过程，是吸收初始准备金的一种漏出，但作为通货的每 5 美分都正好增

---

① 存款额的变化构成一个无穷递减等比数列。如果 x 是一个介于 -1 和 1 之间的数，则：

$$1 + x + x^2 + x^3 + \cdots = 1(1 - x)$$

在这里，$x = 1 - 20\%$。

加了 5 美分货币供给。

假定存款准备金率仍为 20%。当甲银行吸收 1 000 美元的存款时，扣除 200 美元的法定准备金，还将支付 5% 即 50 美元的通货给存款者，因此，该银行只能将剩下的 750 美元贷出。其他银行也将像甲银行一样做出类似的调整。最初投入 1 000 美元货币创造出来的存款货币总量 D 为：

$$D = 1\ 000 \times \frac{1}{20\% + 5\%} = 4\ 000\text{（美元）}$$

公众持有的通货总量 CU 为：

$$CU = 1\ 000 \times 5\% \times \frac{1}{20\% + 5\%} = 200\text{（美元）}$$

经济中新增的货币供给包括两部分：新增的存款货币和公众持有的通货增加量。货币供给 M 为：

$$M = CU + D = 4\ 000 + 200 = 4\ 200\text{（美元）}$$

在了解商业银行的存款创造过程后，下面我们利用代数公式说明哪些因素决定货币供给量。在部分准备金银行制度和公众持有通货的情况下，货币供给公式有三个外生变量：

基础货币（base money）是指商业银行的准备金和非银行公众所持有的通货之和，是银行体系创造货币的基础。由于它会派生出货币供给，是一种高能量的货币，故又称高能货币（high-powered money）。以 B 代表基础货币，RE 代表准备金，则有：

$$B = CU + RE$$

通货存款比率（currency-deposit ratio）是指公众持有的通货量占活期存款量的比例，它反映了公众对通货与存款的偏好。用 cu 代表通货存款比率，则有：

$$cu = \frac{CU}{D}$$

存款准备金率是银行持有的准备金占存款的比率。用 re 代表存款准备金率，则有：

$$re = \frac{RE}{D}$$

货币供给等于非银行公众持有的通货和银行存款之和，即：

$$M = CU + D$$

我们用货币供给除以基础货币，得到：

$$\frac{M}{B}=\frac{CU+D}{CU+RE}$$

将上式右边的分子和分母同时除以 D，得到：

$$\frac{M}{B}=\frac{CU/D+1}{CU/D+RE/D}$$

在上式中，用 cu 替代 CU/D，re 替代 RE/D，两边再同乘以 B，得到：

$$M=\frac{cu+1}{cu+re}\times B$$

上式说明货币供给是基础货币的倍数，货币供给取决于基础货币、存款准备金率和通货存款比率。系数（cu + 1）/（cu + re）是货币供给量与基础货币量的比例，称为货币乘数（money multiplier），是指 1 单位基础货币能创造的货币供给数量。用 m 代表货币乘数，我们写出：

$$M=m\times B$$

由于 cu、re 都是小于 1 的，所以货币乘数 $m>1$。存款准备金率 re 越小，作为银行储备持有的每 1 单位基础货币就能创造出越多的存款，货币乘数就越大。同样，通货存款比率 cu 越小，基础货币中被用作准备金的比例越大，货币乘数就越大。

如果公众不持有通货，即 $cu=0$，那么货币乘数 $m=1/re$。当存款准备金率为 20% 时，货币乘数等于 5。如果存款准备金率为 10% 时，货币乘数等于 10。如果存款准备金率为 100%——称为完全准备金银行制度，货币乘数是 1。换言之，该银行体系不进行贷款也不能创造货币，银行只能对人们的通货进行保管。

4.1.2　中央银行控制货币供给的工具

中央银行是为了监管银行体系、制定并实施货币政策而设计的政府机构。当今世界几乎所有的国家和地区都设立了中央银行。世界主要的中央银行包括美国联邦储备体系（简称美联储，Fed）、英格兰银行、日本银行、欧洲中央银行和中国人民银行等。

中央银行具有三个职能：第一，它是发行的银行。法律约束赋予中央银行发行货币的垄断权。第二，它是银行的银行。它既为商业银行提供贷款，又为商业银行集中办理全国的结算业务，还为商业银行集中保管法定存款准备金，并充当商业银行的最后贷款人。第三，它是国家的银行。监督、管制金融市场活动以确保银行体系的正常运行。代理国库即经办政府的收支，为政府财政赤字融资，管理国家的外汇，制定和实施国家的货币政策。

中央银行直接控制基础货币。基础货币等于非银行公众持有的通货加上银行准备金。中央银行的负债主要是发行在外的通货总量（包括非银行公众持有的通货和商业银行的库存现金）和商业银行在中央银行的存款。中央银行的主要资产是债券。当中央银行通过创造其资产负债表中的负债购买资产时，就产生了基础货币。中央银行的资产负债表如表 4 -4 所示。

表 4 -4　　　　中央银行的资产负债表

资产	负债
债券	准备金 + 通货

中央银行是如何改变整个经济中的货币供给量呢？中央银行可以通过控制基础货币和存款准备金率来间接控制货币供给量。中央银行通过控制货币供给进而影响经济运行的政策被称为货币政策。

一般而言，中央银行有三种货币政策工具可以用于控制货币供给：公开市场业务、法定准备金率以及贴现率。

1. 公开市场业务

公开市场业务是指中央银行通过买卖政府债券来改变经济中的货币供给量。之所以这样称呼，是因为这些业务均发生在债券的"公开市场"中。公开市场业务是中央银行主要的货币政策工具。当中央银行在公开市场上购买政府债券时，经济中的基础货币也会增加相同的数额。如果中央银行是从公众手中买进债券的，这些新增货币的一部分被公众作为通货持有，一部分存入商业银行，增加了商业银行的准备金；如果中央银行是从商业银行手中买入政府债券，则直接增加商业银行的准备金。因此，不论中央银行是从谁手中买入债券的，都会增加基础货币，从而增加了银行体系可以创造的货币供给量。相反，如果中央银行在公开市场上卖出政府债券，就会减少经济中的基础货币数量，减少了银行体系可以创造的货币供给量。

2. 法定准备金率

中央银行有权规定商业银行在每种类型存款中所必须持有的作为准备金部分的最小比例。如果中央银行提高法定准备金率，就会迫使商业银行持有更多的准备金，削弱商业银行的贷款能力，并减小货币乘数，缩小货币扩张的规模；反之，如果中央银行降低法定准备金率，将减少商业银行的准备金，扩大商业银行的贷款能力，并增大货币创造乘数，扩大货币扩张的规模。

改变法定准备金率是一种强有力的货币政策工具。因为法定准备金率的小幅度调整会引起货币供给量的较大波动，对商业银行影响太大，不利于货币供给和经济的稳定，因此不易经常使用。

3. 贴现率

贴现率是指中央银行向商业银行发放贷款的利率。最初，贴现是指商业期票持有人为了获取现款将未到期的期票出售给银行，银行要扣除一定的利息，贴现所使用的利率就是贴现率。而商业银行将未到期的商业期票出售给中央银行，中央银行按照一定利率扣除利息后，将所贷款项加到商业银行的准备金账户作为增加的准备金，中央银行所设定的扣息利率通常被称为再贴现率。但是，目前美国的商业银行主要是用自己所持有的政府债券作担保向中央银行（美联储）借款，故现在都把中央银行向商业银行提供的作为准备金的贷款称为贴现。贴现借款主要用来满足商业银行准备金的短期不足。

中央银行可以通过改变贴现率来影响货币供给。贴现率越低，商业银行所借准备金越便宜，商业银行在中央银行贴现窗口所借的资金就越多，货币供给增加；贴现率提高将增加商业银行借贷的成本，商业银行会减少在中央银行贴现窗口的借款额，货币供给减少。

然而，商业银行是否愿意去中央银行贴现和贴现多少，决定权并不在中央银行手中。事实上，商业银行也尽量避免去中央银行贴现窗口借款，因为中央银行可能会把频繁借款视为银行管理不善的迹象。商业银行往往更愿意从拥有超额准备金的其他银行借入资金。这种银行同业拆借的资金，在美国被称为联邦基金，银行相互贷款时收取的短期利率被称为联邦基金利率（即银行间隔夜拆借利率），该利率是由供求共同决定的市场利率，它的变化比美联储设定的贴现率的变动更加频繁。因此，仅仅通过贴现率变动来控制银行准备金的效果是相当有限的。例如，1996 年初从美联储的借款额约占商业银行贷款和证券的 1% 的 1/1 000。

延伸阅读：货币政策的中介目标

改变贴现率的真实作用在于表明美联储货币政策的信号和方向。当美联储提高贴现率时，银行和公众把它作为美联储想要减少货币供给量和提高市场利率的一个信号。美联储可以通过适当改变公开市场业务有效地影响联邦基金利率，因而许多经济学家把联邦基金利率变动作为美国货币政策的指示器。

除了以上三种主要货币政策手段，中央银行也采用其他一些货币政策手段，如选择性控制、道义劝告以及公布与指导等。

1.1.3 货币政策的传递机制

货币政策传递机制

货币传递机制（monetary transmission mechanism）是指货币扩张或收缩如何引起对总需求和收入产生影响的过程。在 IS－LM 模型中，货币政策的扩张或收缩反映在 LM 曲线的移动上。

可以用图 4－1 来说明货币供给量的变动影响国民收入变动的过程。货币政策的传递机制包括两个步骤。

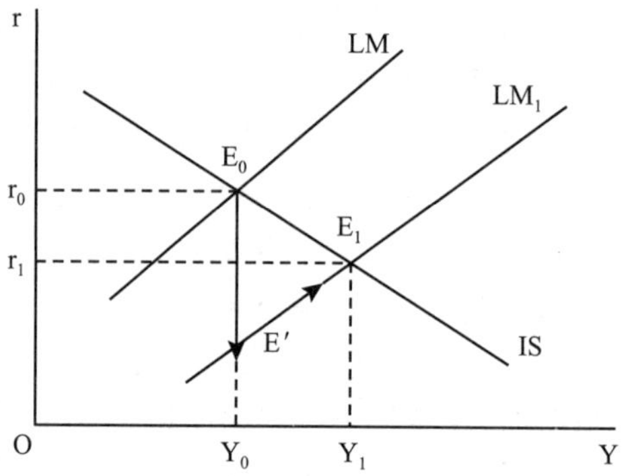

图 4－1　货币政策传递机制

首先，实际货币供给的变化会通过形成资产组合的非均衡而引致利率的变化过程。在初始均衡点 E_0，货币供给的增加产生了过度货币供给，即在现行利率和收入水平上人们持有了超过他们意愿的货币量，公众将试图通过购买其他资产来减少他们已经所持有的货币。在这一过程中，资产价格上升而收益下降。依据我们关于资产市场调整迅速的假设，均衡点迅速向下移动到 E′点，此时货币市场出清，公众也由于利率已经充分下降而愿意持有较多的货币。

其次，利率的变化会改变总需求从而引起收入的变化过程。在货币市场均衡点 E′，产品市场存在着过度需求。这是由于利率下降提高了总需求，从而导致存货减少。厂商就会增加投资，使产出和收入增加。因此，均衡点沿 LM′曲线向上移动到 E_1。在产出调整过程中，产出的增加又提高了货币需求。这是因为，在货币供给量不再增加的情况下，较高的货币需求必然要通过较高的利率水平来抵销。

可以用符号来描述货币政策的传递机制。

$$\frac{M}{P_0}\uparrow\Rightarrow\frac{M_1}{P_0}>\left(\frac{M}{P_0}\right)^d\Rightarrow r\downarrow\Rightarrow AD(I)\uparrow\Rightarrow Y\uparrow\Rightarrow\left(\frac{M}{P_0}\right)^d>\frac{M_1}{P_0}\Rightarrow r\uparrow$$

上述的货币政策的传递机制基本上是凯恩斯主义的观点。与凯恩斯主义观点不同，货币主义者认为，利率在货币政策传递机制中并不起重要作用，货币供给量在传递机制中直接发挥作用。这是由于人们对财富形式选择决定的。财富形式包括货币、债券、股票住宅及耐用消费品等，货币供给量的变动直接影响各种财富的相对价格。如果货币供给量增加到供过于求的状态，则货币资产的持有者（个人或企业）会发现他们所实际持有的货币资产比他们希望持有的数量要多，他们的反应是将多余的货币用于购买各种资产（如汽车、消费品、股票、债券），这种支出会影响资产的价格，也会影响商品的价格，价格变动会影响货币库存余额的实际价值，从而通过货币需求函数再次发生反应（货币学派把货币需求函数看作是很稳定的东西），其货币传导机制为：

$$M^S\uparrow\rightarrow A\uparrow\rightarrow C\uparrow\rightarrow I\uparrow\rightarrow P\uparrow\rightarrow\cdots\rightarrow Y\uparrow$$

其中，A 表示金融资产，C 表示消费，P 表示价格。该式表明，货币供给增加，产生了多余的货币余额，它们被直接花费在购买商品上，而在购买商品上增加的支出，会增加国民支出和收入。所以，对于短期经济变化来说，货币数量变化是决定名义收入的主要因素，但从长期看，货币增长率变化只会引起价格水平变化，不会对实际变量发生影响。

延伸阅读：货币政策传导机制理论

4.1.4　货币政策效应

货币政策效应是指一定的货币扩张或收缩政策引起的均衡国民收入增加或减少。在其他条件不变的情况下，实际货币供给的增加将对均衡收入水平和利率水平产生影响。货币政策的扩张或收缩的强弱通常用既定斜率的 LM 曲线在横轴上移动的距离来衡量，货币政策效应的大小取决于 IS 曲线和 LM 曲线的斜率。

货币政策效应

我们首先考察 IS 曲线的斜率的大小对货币扩张的影响。在图 4－2 中，保持 LM 曲线的斜率不变，仅改变 IS 曲线的斜率，图 4－2（b）中的 IS 曲线将变得比图 4－2（a）更加陡峭。假定初始的均衡收入和利率相同，对于相同的货币扩张，不同的 IS 曲线斜率所对应的均衡国民收入的变动量不同。从图 4－2 中可以看出，图 4－2（a）中的均衡国民收入变动量 ΔY_0Y_{1a}大于图 4－2（b）中的均衡国民收入变动量 ΔY_0Y_{1b}。因此，对应于正常的 LM 曲线，当 LM 曲线斜率一定时，IS 曲线越平缓，扩张性货币政策引起的均衡国民收入增加得越多，货币政策效应越强；IS 曲线越陡峭，扩张性货币政策引起的均衡收入增加得越少，货币政策效应越弱。假定边际储蓄倾向相同，那么，IS 曲线斜率的差异就源于投资需求对利率的反应程度。于是，上述结论的经济含义可以解释为，IS 曲线越平缓，投资需求对利率越敏感。当中央银行实施扩张性货币政策时，随着利率的下降，投资需求增加得比较多，均衡国民收入增加得也就比较多，亦即货币政策的效应比较大。反之，IS 曲线越陡直，投资需求对利率越不敏感。当中央银行实施扩张性的货币政策时，随着利率的下降，投资需求增加得比较少，均衡国民收入增加得也就比较少，也就是货币政策的效应比较小。

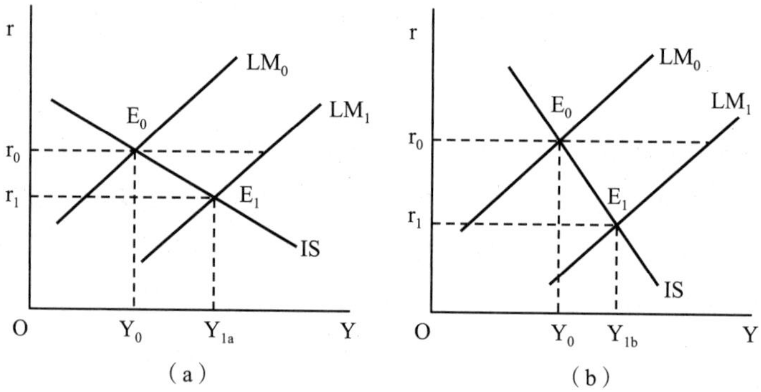

图 4－2　IS 曲线斜率与货币政策效应

现在考察 LM 曲线的斜率的大小对货币扩张的影响。在图 4－3 中，保持 IS 曲线的斜率相同，仅改变 LM 曲线的斜率，使图 4－3（b）中 LM 曲线变得比图 4－3（a）更加陡峭。对于相同的货币扩张，LM 曲线均向右移动相同的距离，LM 曲线斜率不同所导致的均衡国民收入变动量不同。

从图 4－3 中可以看出，图 4－3（a）中的均衡国民收入变动量 ΔY_0Y_{1a}小于图 4－3（b）中的均衡国民收入变动量 ΔY_0Y_{1b}。因此，对于正常的 IS 曲线，LM 曲线平坦，斜率小，表示货币需求对利率越敏感，即利率的较小变动就会引起货币需求的较大变动，亦即货币供给的较大变动只能引起利率、从而投资的较小变动；LM 曲线陡直，斜率大，表示货币需求对利率反应不敏感，即利率的较大变动只能引起货币需求的较小变动，亦即货币供给的较小变动就会引起利率，从而投资的较大变动。因此，当 LM 曲线由于增加货币供给量的扩张性货币政策而向右移动时，前者引起利率下降幅度小，投资增加少，从而使国民收入增加少，货币政策效应小；后者引起利率下降幅度大，投资增加多，从而使国民收入增加，货币政策效应大。

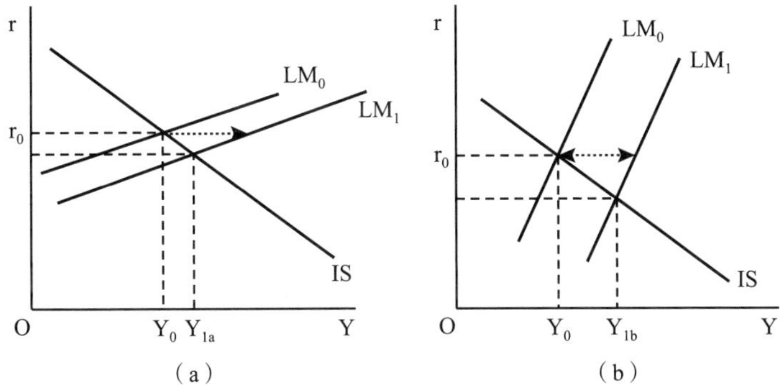

图4-3 LM曲线斜率与货币政策效应

4.1.5 流动性陷阱与古典情况

在讨论货币政策对利率和国民收入的影响时，有两种特例非常值得注意。这两种特例也就是货币政策的两种极端状况。

流动性陷阱（liquidity trap）是指货币的利率弹性无限大，以至于公众在既定的利率水平之下愿意持有任何数量的货币。这一概念也被称为凯恩斯陷阱。这时，LM曲线是一条水平线，货币供给量的任何变动都不会使LM曲线移动。在这种情况下，货币量的任何增加或减少都不会影响利率与国民收入，从而货币政策就没有任何效应。从理论上说，当利率为零时就是这种情况。因为在利率为零时，公众就不愿持有债券，而宁愿全部持有货币。这样，货币供给量的任何增加都不会引起公众去购买债券，也不会使利率降到零以下，从而货币量的任何变动就都不会影响利率与国民收入，如图4-4（a）所示。因此，在极端凯恩斯主义情况下，货币政策效应为零。

与水平LM曲线相对应的另一个极端是垂直的LM曲线。当货币需求对利率完全没有反应时，LM曲线就是垂直的。由LM曲线方程：$M/P_0 = kY - hr$ 可知，如果 $h = 0$，则得到古典的货币数量论公式：$M = kP_0Y$。该理论认为名义收入水平PY是由货币数量唯一决定的。这就意味着LM曲线是在此收入水平上的一条垂直线，如图4-4（b）所示。垂直的LM曲线被称作为古典情形。当LM曲线垂直时，货币数量的既定变化对收入水平的影响达到其最大限度。如果价格水平保持不变，当中央银行采取增加货币量的扩张性政策时，垂直的 LM 曲线就会向右移动，收入水平增加。因此，当 LM 曲线垂直时，货币政策对收入水平的作用达到其最大限度。

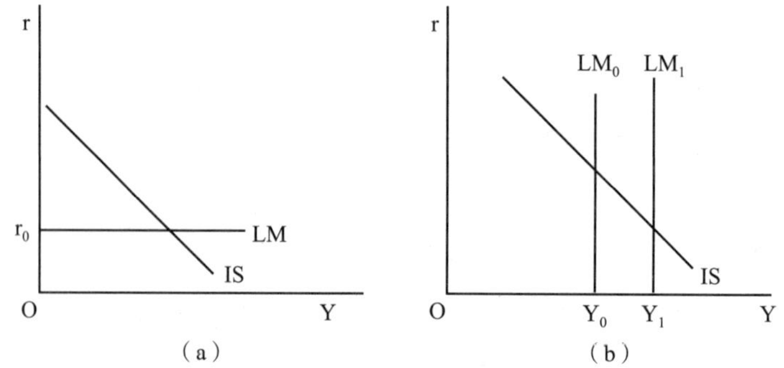

图 4－4　流动性陷阱与古典情况

4.2　财政制度与财政政策

4.2.1　财政制度的自动稳定器

政府财政包括财政收入和财政支出两方面。财政收入主要是税收和公债。财政支出主要包括政府购买和政府转移支付。

财政制度的自动稳定器或内在的稳定器，是指财政制度本身所具有的自动减缓经济波动的内在机制。即当经济膨胀过热时，政府财政具有抑制膨胀、冷却降温的作用；当经济衰退滑坡时，政府财政具有遏制衰退，阻碍滑坡的作用。自动稳定器的内容包括政府所得税制度、政府转移政府制度和农产品价格维护制度等。

（1）政府所得税制度。在实行累进税率（如个人所得税）的制度下，当经济繁荣和膨胀时，人们的名义收入会增加，这时纳税人的收入自动进入更高税率的纳税档次，增加的收入要缴纳更多的税收，政府财政收入增长速度将超过经济增长速度，人们税后可支配收入增长就会慢于名义收入的增长，消费和投资需求就难以过分增加，从而自动抑制经济过分扩张。反之，经济衰退和萧条时，人们的名义收入会减少，这时纳税人的收入自动进入更低税率的纳税档次，纳税额减少幅度大于名义收入减少幅度，人们税后可支配收入减少就会慢于名义收入的减少，消费和投资需求就不会过分减少，从而自动阻止经济过分收缩。

（2）政府转移政府制度。当经济繁荣时，失业率下降，人们的收入增加，需要救助的人减少，失业救济金和其他福利性的政府转移支付自动减少，人们的可支配收入就不会过分增长，消费和投资需求就难以过分增加，从而自动抑制经济过分膨胀。反之，经济衰退和萧条时，失业率提高，人们的收入减少，需要救助的人增加，政府转移支付会自动增加，人们的可支配收入就不会过分减少，还能维持一定的消费和投资需求水平，从而自动阻止经济过分收缩。

（3）农产品价格维护制度。对于粮食、猪羊牛肉、食用油等关系国计民生和社会稳定的产品，国家实行农产品价格稳定制度。如果重要农产品价格上升较快，政府采取减少储备以及增加补贴鼓励生产等办法增加市场供给，抑制价格上涨。反之，如果重要农产品价格下降，政府采取增加产品储备、实行农产品保护价等办法稳定市场价格，保护农民生产积极性，避免重要农产品供给和价格大起大落。农产品价格稳定是整个宏观经济稳定的重要条件。

4.2.2　权衡性的财政政策

财政制度尽管能够在一定程度上起到稳定经济的作用，但是这种作用是十分有限的。它只适用于经济中的轻微波动，对于剧烈的经济波动，则需要采用政府的财政政策调节。

财政政策是指为调节社会经济活动而对政府财政收入和支出所进行的变动或对政府的财政收入和支出所做出的决策。政府使用财政政策调节经济，要“逆对经济风向行事”。就是说政府应根据对经济形势的判断，主动采取增加或减少财政收入、减少或增加财政支出的决策。当经济过热、需求膨胀、物价上涨时，政府应增加收入，减少支出，实行紧缩性的财政政策，抑制需求，避免通货膨胀；反之，当经济衰退、需求不足、失业增加时，政府则应减少收入，增加支出，实行扩张性的财政政策，刺激需求，遏制衰退，增加就业，实现经济增长。这就是权衡性的财政政策。

扩张性的或紧缩性的财政政策调节国民经济需要借助于一定的政策手段。所谓财政政策手段是指政府当局为实现既定的经济目标所选择的政策操作工具。这些手段主要包括改变政府支出水平、改变政府转移支付水平、改变政府税收水平和改变公债规模。

（1）政府支出是决定国民收入大小的主要因素之一，其规模大小直接影响到社会总需求水平。政府支出的变化对整个社会总支出水平具有十分重要的调节作用。当社会总支出水平过低时，政府可以提高自己的支出水平，如兴办公共工程等，增加社会总需求水平，以达到反经济衰退的目的。反之，当社会总支出水平过高时，政府可以主动减少自己的支出水平，降低社会总需求水平，以此来抑制通货膨胀。因此，政府支出的变化是财政政策的有力手段。

（2）转移支付也是一项重要的财政政策手段。一般来讲，在总需求不足时，失业率上升，这时政府应增加社会福利支出，提高转移支付水平，从而增加人们的可支配收入，消费支出增加，社会总需求水平随之提高。在总需求过高时，通货膨胀率上升，政府应减少社会福利支出，降低转移支付水平，从而减少人们的可支配收入，消费支出下降，社会总需求水平随之下降，通货膨胀得以遏制。除了失业救济金、养老金等福利支出外，其他转移支付项目如农产品价格补贴也应随经济风向的改变而改变。

（3）税收既是国家财政收入的主要来源，也是国家实施财政政策的一个重要手段。前面曾讲过，由于税收乘数有两种：一种是税率的变动对总收入的影响；另一种是税收绝对量的变动对收入的影响，因此税收作为政策手段，既可以通过改变税率来实现，也可以通过变动税收总量来实现，如一次性减税来达到刺激社会总需求的目的。对税率而言，降低税率，减少税收也会引起社会总需求增加和国民收入增长，反之则反是。因此，在社会总需求不足时，可采取减税措施来抑制经济衰退；在社会总需求过旺时，可采取增税措施来遏制过高的通货膨胀。

（4）当政府税收不足以弥补政府支出时，就会发行公债，使公债成为政府财政收入的组成部分。公债是政府对公众的债务，或公众对政府的债权。它不同于税收，是政府运用信用形式筹集财政资金的特殊形式，包括中央政府的债务和地方政府的债务。中央政府的债务称国债。政府借债一般有短期债务、中期债务和长期债务三种形式。政府公债的发行，一方面能增加财政收入，影响财政收支，属于财政政策，另一方面能对包括货币市场和资本市场在内的金融市场的扩张和紧缩起重要作用，影响货币的供求，从而调节社会的总需求水平。因此，公债也是实施宏观调控的经济政策工具。

4.2.3　功能财政与充分就业预算盈余

20 世纪 30 年代以前，政府收支的基本功能就是维持政府机构的运转，所以，坚持年度预算平衡一直是财政预算的基本原则。这个原则遭到凯恩斯主义者的攻击。他们认为，衰退时，税收必然会随收入的减少而减少。如果坚持年度平衡预算原则，那么为了减少赤字，只有减少政府支出或提高税率，其结果会加深经济衰退；当经济过热，出现通货膨胀时，税收必然随收入的增加而增加，为了减少盈余，只有增加政府支出或降低税率，其结果反而会加剧通货膨胀。这样，坚持年度平衡预算只会使经济波动更加严重。

凯恩斯认为，为了实现无通货膨胀的充分就业水平，财政收支不必受平衡预算原则的约束。当国民收入低于充分就业的收入水平时，政府有义务实行扩张性财政政策，增加支出或减少税收，以实现充分就业。如果起初存在财政盈余，政府有责任减少盈余甚至不惜出现更大赤字，坚定地实行扩张政策。反之，当存在经济高于充分就业水平时，政府有责任减少支出，增加税收。如果起初存在预算盈余，不应担心出现更大盈余，而宁肯盈余增大也要实行紧缩性政策；如果起初存在预算赤字，就应通过紧缩减少赤字，甚至出现盈余。总之，政府为了实现充分就业和消除通货膨胀，需要赤字就赤字，需要盈余就盈余，而不应为实现财政收支平衡妨碍政府财政政策的正确制定和实行。这样的财政称为功能财政。

功能财政：财政政策应当为实现无通货膨胀的充分就业水平发挥作用，不能以预算平衡为目的。

那么，怎样才能衡量财政政策是扩张性的还是紧缩性的呢？这里需要引入充分就业预算盈余的概念。预算盈余是政府收入超过支出的余额。我们把预算盈余表示为：

$$BS = T - G - TR$$

预算盈余或赤字不仅取决于政府的政策选择，还取决于其他任何能使收入水平发生变化的因素。比如私人投资需求的增加导致收入水平提高。在给定 G_0、TR_0 和收入税率 t 的条件下，政府将获得大量的税收收入，使得预算盈余增加或预算赤字减少。而政府并没有做任何能够使预算盈余发生变化的事情。因此，不能简单地把预算盈余或赤字的变动作为衡量财政政策方向的指标。

衡量财政政策方向的一个方便的测度指标是充分就业预算盈余（或赤字）。充分就业预算盈余衡量的是在充分就业的收入水平或潜在产出时的预算盈余。我们用 BS^* 表示充分就业的预算盈余，用 Y^* 表示充分就业的收入水平，假定在比例收入税制下的税收收入为 $TA = tY$，则有：

$$BS^* = tY^* - G_0 - TR_0$$

为了说明实际的和充分就业的预算之间的差额，我们用充分就业预算等式减去实际预算等式，就得到：

$$BS^* - BS = tY^* - G_0 - TR_0 - (tY - G_0 - TR_0) = t(Y^* - Y)$$

这里的唯一差别来自收入税的征收。如果实际收入水平低于充分就业的收入水平，则充分就业预算盈余大于实际预算盈余，$Y^* > Y$，$BS^* > BS$。如果实际收入水平大于充分就业的收入水平，则充分就业预算盈余小于实际预算盈余，$Y^* < Y$，$BS^* < BS$。如果实际收入水平等于充分就业的收入水平，则充分就业预算盈余等于实际预算盈余，$Y^* = Y$，$BS^* = BS$。

充分就业的预算盈余把收入水平固定在充分就业时的水平上，消除了经济周期波动对预算状况的影响，为判断财政政策推力提供了一个较为准确的指标。如果充分就业预算盈余增加了或者赤字减少了，财政政策就是紧缩的，反之政策则是扩张的。

4.2.4 赤字与公债

当政府支出大于其收入时，就出现财政赤字。一般而言，经济遇到衰退时，一方面，政府为了刺激经济，需要扩大政府支出；另一方面，由于衰退时期总收入下降，税收会减少，或者政府为避免增税对经济的收缩效应而维持原有税收水平，这样必然会出现财政赤字。20世纪70年代和80年代，许多国家都有相当规模的财政赤字，主要与反周期的财政政策有关。

政府弥补财政赤字的方法有三种：一是增加税收；二是向中央银行借债；三是发行债券向公众借债。它们对宏观经济的影响效应是不同的。如果是政府与中央银行之间的贷款协议，一般会设定很低的利率。这种弥补赤字方式的最大问题是会导致严重的通货膨胀，从而对经济运行造成损害，所以，发达国家较少采用这种方式。如果通过增税弥补财政赤字，不仅在政治上存在阻力和困难，而且对经济可能产生收缩效应。

通过借债弥补财政赤字是20世纪50年代后各国常用的方法，但对此存在着激烈的争论，经济学家之间至今也没有一致的看法。当政府支出大于它得到的税收时，通过发行公债来为预算赤字筹资，就形成政府债务，过去许多年借贷的积累就是政府债务总额。政府通过增加债务为赤字融资，实际上是用发债代替征税，因而可等同于减税措施，债务的影响部分等同于减税的效应。

政府通过增加债务为赤字融资，实际上就是用发债代替征税，但是债务对经济的影响与减税的效应一样吗？关于政府债务的传统观点认为，在短期中，政府通过借债为减税筹资，直接影响是刺激消费支出，这又意味着 IS 曲线的右移。当短期价格有黏性时，这种需求增加会导致更高产量和更低的失业。但是，投资支出的增加也会使利率上升，较高的利率抑制了进一步的投资。在长期中，通过借债为减税筹资，会引起国民储蓄减少，从而会减少产量（和较高的价格水平）。

关于政府债务的另一种观点是李嘉图等价原理（Ricardian equivalence）。根据李嘉图的观点，政府通过借债筹资和征税筹资是相同的，政府债务只是延期的税收，从而政府债务并不能产生短期刺激总需求的效应。因为消费者是向前看的，他们的支出不仅基于其现期收入，还基于其预期的未来收入。因此，政府通过借债为减税筹资，消费者现期收入虽然增加，但消费者考虑到未来政府需要增税来偿还债务，未来收入会减少，于是会把目前收入增加的部分储蓄起来，以备将来缴税，这样，消费者目前的消费支出并不增加。从这个意义上说，政府债务相当于未来税收，而且，如果消费者有足够地向前看的预期，未来税收等价于现在税收。因此，用借债筹资等价于用税收筹资。

李嘉图等价原理的含义是，用债务筹资的减税并不会影响消费。家庭把额外的可支配收入储蓄起来，以支付减税所意味着的未来税收责任。这种私人储蓄的增加正好抵消了公共储蓄的减少，国民储蓄保持不变，从而政府债务并没有传统观点所指出的那些效应。

李嘉图等价原理的逻辑并不意味着财政政策的所有变动都是无关的。如果政府现在减税是因为它计划减少未来的政府购买，如果消费者了解到这种减税并不要求未来增税，他就会增加自己的消费支出。在这里，刺激消费的是政府未来购买的减少，而不是税收的减少。

4.2.5 财政政策的传递机制

财政政策的传递机制是指财政政策对总需求和收入产生影响的过程。在 IS－LM 模型中，财政政策的扩张或收缩反映在 IS 曲线的移动上。考虑政府支出的增加如何引起产品市场和货币市场均衡的调整过程。如图 4－5 所示。在 LM 曲线不变的情况下，政府支出增加，会使 IS 曲线的水平移动等于凯恩斯交叉中均衡收入的增加。但是由于经济的货币需求取决于收入，总收入的增加提高了每一利率水平上的货币需求量。如果实际货币余额存量不变，则更高的货币需求使均衡利率上升。而利率的上升将会消减企业的投资计划，投资的这种减少

财政政策传递机制

部分抵消了政府购买增加的扩张效应。因此，在 IS－LM 模型中，财政扩张引起的收入增加小于凯恩斯交叉中收入的增加。

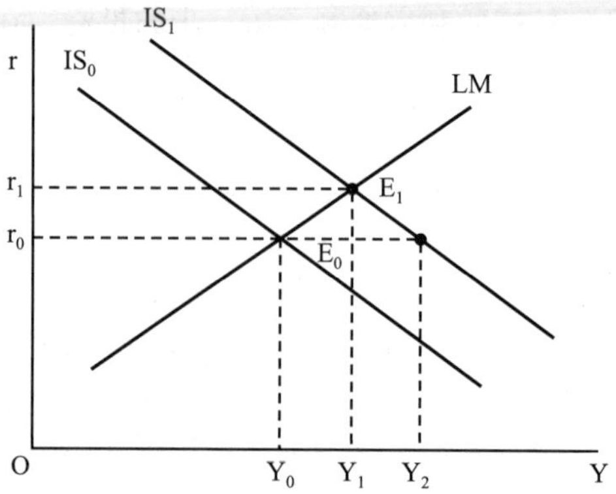

图 4－5　IS 曲线的移动

财政政策发生作用的过程可以用符号表示如下：

$$G\uparrow \Rightarrow AD\uparrow \Rightarrow Y\uparrow \Rightarrow L\uparrow \Rightarrow r\uparrow \Rightarrow I\downarrow \Rightarrow Y\downarrow$$

4.2.6　财政政策效应

财政政策效应

财政政策效应指政府支出变化对总需求从而对国民收入和就业水平的影响。从 IS－LM 模型看，财政政策效应是指 IS 曲线移动对国民收入变动的影响。增加政府支出的扩张性政策对总需求的影响的大小，同样取决于 IS－LM 曲线的斜率。

我们首先考察 IS 曲线的斜率的大小对总支出的影响。如图 4－6 所示，图 4－6（a）和图 4－6（b）是两个不同的 IS－LM 模型，两图中 LM 曲线是相同的，只是 IS 曲线的斜率不同。图 4－6（a）中 IS 曲线的倾斜程度小于图 4－6（b）中 IS 曲线的倾斜程度。假定在初始均衡位置两图所对应的均衡利率水平和国民收入水平都相同。在这种情况下，以扩张性财政政策为例，当政府采用同样的扩张性财政政策，如增加政府支出，尽管 IS 曲线都会向右移动至 IS_1，两图中收入均从 Y_0 增加到 Y_2，但因 IS 曲线的斜率不同，IS 曲线移动引起的国民收入的变动也不同。在图 4－6（a）中，扩张性财政政策引起的均衡收入从 Y_0 增加到 Y_{1a}，而图 4－6（b）中扩张性财政政策引起的均衡收入则从 Y_0 增加到 Y_{1b}，从图中可以看出，$Y_0Y_{1b} < Y_0Y_{1a}$，因此，图 4－6（a）中扩张性财政政策引起的财政政策效应小于图 4－6（b）中的财政政策效应。

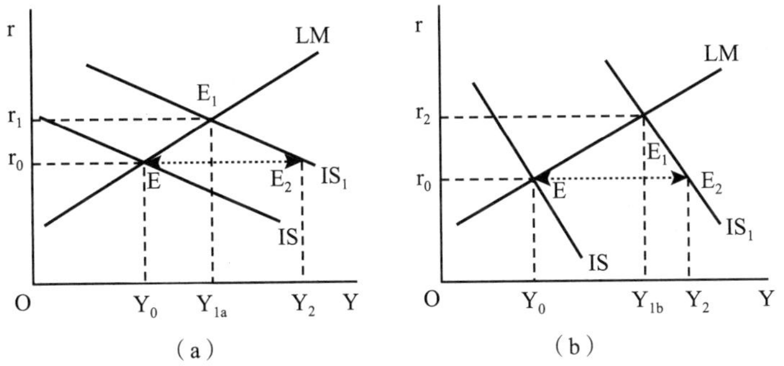

图 4 -6 IS 曲线斜率与财政政策效应

因此可以得出这样的结论，保持 LM 曲线不变时，IS 曲线越平坦，即 IS 曲线斜率越大，IS 曲线移动对国民收入变动的影响越小，财政政策效应越小；反之，IS 曲线越陡峭，即 IS 曲线斜率越小，IS 曲线移动对国民收入变动的影响越大，故其财政政策效应越大。因为 IS 曲线的倾斜程度反映着投资需求量对利率变动的敏感程度，IS 曲线斜率越大，较小的利率变动就会引起较大的投资变动；反之，IS 曲线越陡峭，斜率越小，投资需求对利率变动的敏感程度弱，较大的利率变动仅仅引起投资的较小变动。因此，当政府采用扩张性财政政策使 IS 曲线向右移动从而使利率上升时，前者对投资的抑制作用大，国民收入增加少，因而财政政策效应小；而后者对投资的抑制作用小，国民收入增加多，因而财政政策效应大。

现在考察 LM 曲线的斜率的大小对总支出的影响。在图 4 -7 的（a）、（b）两图中，IS 曲线的斜率相同，而 LM 曲线的斜率不同。对于同样的财政政策，这两种情况下均衡国民收入的变动量不同。仍以扩张性财政政策为例，扩张性财政政策导致 IS 曲线在两图中均向右移动 Y_0Y_2 的距离，从图中可以看出，图 4 -7（a）中 LM 曲线较之图 4 -7（b）更平缓，同样的扩张性财政政策所导致的收入增加量 $Y_0Y_{1a} > Y_0Y_{1b}$，这意味着，对于正常 IS 曲线的既定变动，LM 曲线越平缓，扩张性财政政策引起的均衡国民收入增加越多，财政政策的效应越大；LM 曲线越陡直，扩张性财政政策引起的均衡国民收入增加越少，财政政策的效应越小。

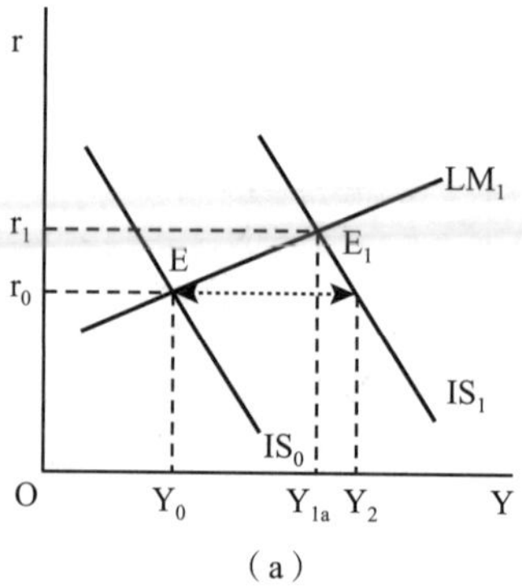

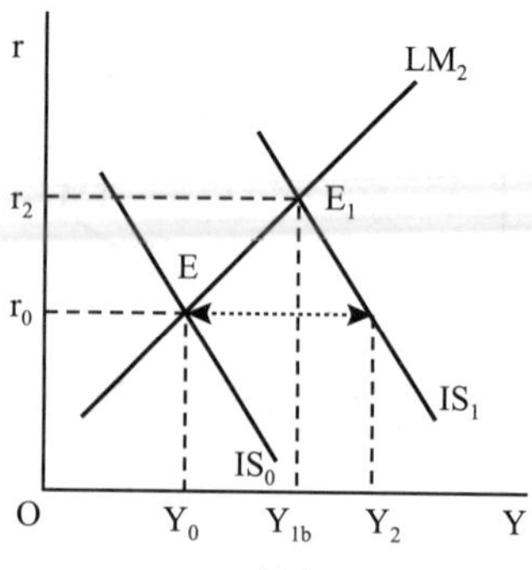

图 4－7　LM 曲线斜率与财政政策效应

4.2.7　挤出效应

思考：古典主义的挤出与凯恩斯主义的挤出效应的区别?

通过上述分析可以发现，同样的财政政策对国民收入的影响，在同时考察产品—货币市场与单独考察产品市场两种情况下是不同的。在图 4－8 中，IS_0 与 LM 交于 E_0。这时，均衡国民收入为 Y_0，均衡利率为 r_0。当政府购买支出增加时，IS 曲线就会向右移动，移动至 IS_1。这将引起均衡国民收入水平的增加和均衡利率水平的上升。新的均衡国民收入水平为 Y_1，新的均衡利率水平为 r_1。当政府购买支出增加时，如果利率水平保持不变，新的国民收入水平将是 Y_2，大于 Y_1。但是，政府购买支出的增加，引起总支出的增加和收入水平的增加，这会引起货币需求的增加。在货币供给量既定的前提下，为了保持货币市场的均衡，就只有提高利率以减少货币需求。而利率水平的上升又会引起私人部门投资的减少，从而引起总支出的减少和国民收入的减少。政府购买支出增加引起利率上升，会使私人部门投资减少，抵销了一部分政府支出增加的效应，被称作政府购买支出的挤出效应。

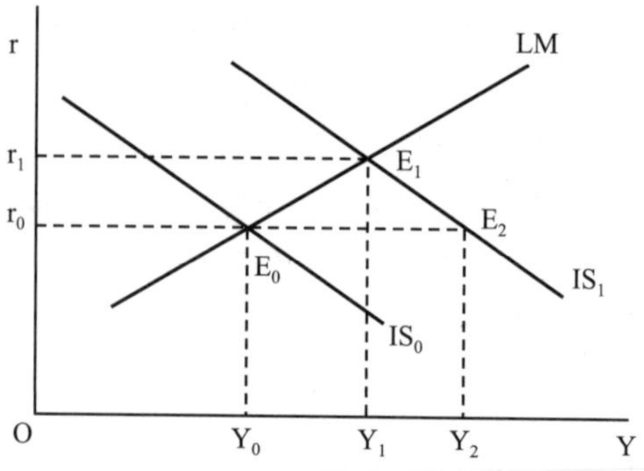

图 4－8　财政支出的挤出效应

在图4－8中，Y_1 到 Y_2 的距离就是挤出效应的衡量。显然，政府购买支出的挤出效应越大，政府购买支出增加对均衡国民收入增加的效果就越小；反之，政府购买支出的挤出效应越小，政府购买支出增加对均衡国民收入增加的效果就越大。

在图4－9中，当存在流动性陷阱，即LM曲线为一条水平线时，扩张性财政政策的作用最大。这时政府支出的增加不会引起利率的变动，从而投资支出不会减少，这时就不存在挤出效应。在古典情况中，LM曲线是一条垂线，政府支出的增加，即扩张性财政政策对均衡的收入水平没有影响，挤出效应最大。这种政策的结果只会使利率提高。这是因为政府支出增加引起的利率上升挤出了等量的私人投资，产生完全的挤出效应。

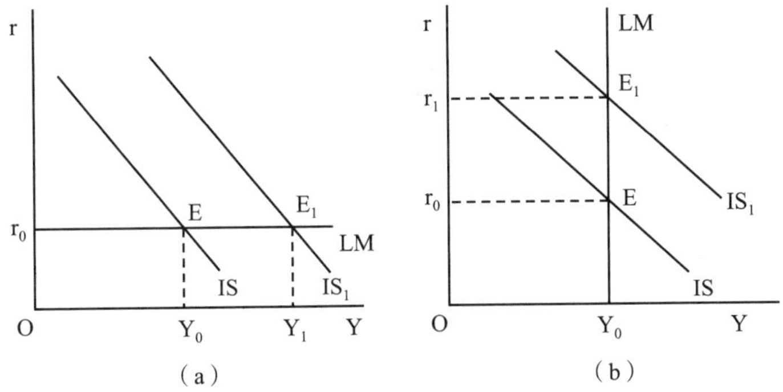

图4－9　流动陷阱与古典特例

4.3　宏观经济政策的配合

4.3.1　货币—财政政策组合

从IS－LM模型的分析中我们可以看出，扩张性货币政策和财政政策虽然都可以增加总需求，但对均衡国民收入和利率却有不同的影响。一般说来，扩张性财政政策在增加国民收入的同时会提高利率水平，产生挤出效应；扩张性货币政策在降低利率的同时会提高国民收入水平，产生通货膨胀压力。

在决定选择哪一种政策时，首先要考虑到主要是要刺激总需求中的哪一部分。如果是要刺激私人投资，最好采用财政政策中的投资补贴；如果是要刺激投资中的住房建筑，就要采用货币政策；如果是要刺激消费，则可以增加转移支付和减少所得税。这要看经济中的萧条是由于私人投资不足引起的，还是由于消费不足引起的。只有这样对症下药，政策才能收到最大的效果。这就要求政府在货币政策和财政政策之间做出选择，它或者选用货币政策，或者选用财政政策，或者两种政策兼而用之。

财政政策与货币政策的配合使用有不同的情况。当经济萧条时可以把扩张性财政政策与扩张性货币政策配合使用，这样能更有力地刺激经济。扩张性财政政策使总需求增加，但提高了利率水平，抑制私人投资，产生挤出效应。这时采用扩张性货币政策就可以抑制利率的上升，以消除或减少扩张性财政政策的挤出效应，使总需求增加。这就在保持利率不变的情况下，刺激了经济。

如图4－10所示，IS_1 曲线和 LM_1 曲线交于 E_1 点，相应的利率和国民收入分别为 r_1 和 Y_1，但 Y_1 不是充分就业的国民收入，充分就业的国民收入为 Y^*。为了实现充分就业，政府既可以实施扩张性的财政政策，将 IS_1 曲线向右移动，也可以实施扩张性的货币政策，将 LM_1 曲线向右移动。这两种政策都可实现充分就业，使国民收入增加为 Y^*。但只采用财政政策，需将 IS_1 曲线移至 IS_2 的位置，这时利率上升为 r_2；只采用货币政策，需将 LM_1 曲线移至 LM_2 的位置，这时利率降低为 r_3。这两种方法都会导致利率的大起大落，不利于经济的稳定。如果同时采用扩张性财政政策和扩张性货币政策，即同时将 IS_1 和 IS_2 分别移动到 IS_1' 和 LM_1' 位置，则利率 r_1 可保持不变，而国民收入可达到充分就业水平。

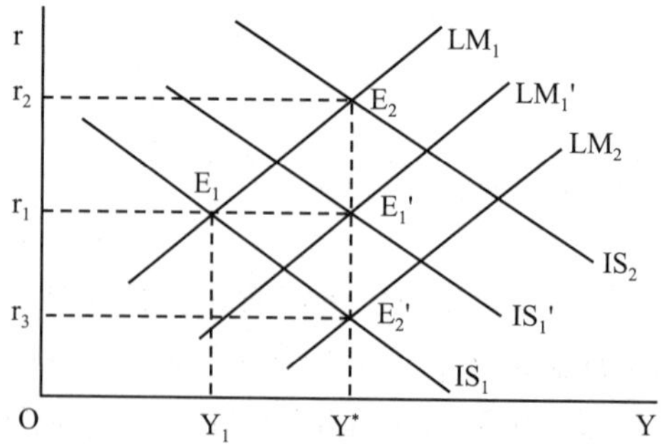

图4－10　货币政策与财政政策的配合

财政政策和货币政策的混合是多种多样的，其基本组合有以下四种：（1）扩张性的财政政策和扩张性的货币政策混合；（2）扩张性的财政政策和紧缩性的货币政策混合；（3）紧缩性的财政政策和扩张性的货币政策混合；（4）紧缩性的财政政策和紧缩性的货币政策混合。这些混合的政策效应，有的可以事先预料，有的则必须根据财政政策效应和货币政策效应的大小，进行比较后才能确定。

表4－5给出了各种政策配合使用的效应。

延伸阅读：中国宏观经济政策组合的实践：1992～2010年

表4－5　　　　各种政策配合使用的效应

政策配合	收入	利率
扩张性财政政策与紧缩性货币政策	不确定	上升
扩张性财政政策与扩张性货币政策	增加	不确定
紧缩性财政政策与紧缩性货币政策	减少	不确定
紧缩性财政政策与扩张性货币政策	不确定	下降

做一做：请分别登录财政部和中国人民银行网页，查阅2020～2021年的宏观经济政策的资料和数据，运用IS－LM模型分析这些政策的效应。

例如，当经济萧条但又不太严重时，可采用扩张性财政政策刺激总需求，又用紧缩性货币政策控制通货膨胀；当经济发生严重通货膨胀时，可用紧缩性货币政策来提高利率，降低总需求水平，又用紧缩性财政政策，以防止利率过分提高；当经济中出现通货膨胀又不太严重时，用紧缩性财政政策压缩总需求，又用扩张性货币政策降低利率，以免财政过度紧缩而引起衰退；当经济严重萧条时，可用扩张性财政增加总需求，用扩张性货币政策降低利率以克服挤出效应。

4.3.2　宏观经济政策实施中的问题

货币政策和财政政策在调节经济中都起着重要作用，但这不是说货币政策和财政政策是万能的，事实上，不管是货币政策还是财政政策在调节经济中都存在很大的局限性。

宏观经济政策的局限性

1. 政策时滞

如果决策者能即时地制定政策并且政策能即时地对经济产生影响，那么，决策者应该能很好地减缓经济波动，实现经济稳定。但是，在现实中，决策者并不能即时地制定政策，并且政策也无法即时地对经济产生影响。当经济发生外部冲击，从政府制定并实施政策到政策完全发挥效应，需要一个或长或短的过程，这就是政策时滞。经济学家区分了政策过程中的两类时滞：内部时滞和外部时滞。

内部时滞是经济冲击与对这种冲击做出反应的政策行动之间的间

隔时间。这是因为决策者首先要认识到冲击已经发生，然后实施适当的政策，这就需要相应的时间。这种时滞的产生是因为政策并不能立即影响支出、收入和就业。外部时滞是政策改变到收入水平变动的间隔期间。

时滞的长短与政治体制有关。在政治权力较集中的体制下，决策相对快，时滞比较短；在权力较分散的体制下，决策相对慢，时滞比较长。

财政政策和货币政策的政策时滞存在着较大差异。一般来说，财政政策的内部时滞相对较长，货币政策的内部时滞相对较短。在美国，改变政府支出和税收需要得到总统和参议院、众议院的批准，批准过程有时是缓慢的，会延误政策的实施，这意味着财政政策的内在时滞比较长。货币政策的内在时滞则相对较短，中央银行可以在较短的时间里改变货币政策并实施货币政策。实际上，中央银行在一天内就能改变货币政策，并实施货币政策，通过公开市场业务等改变货币供给量和利率。

财政政策的外部时滞相对较短，而货币政策的外部时滞相对较长。政府购买支出是总支出的组成部分，政府通过改变购买支出会直接影响到总支出，因此，财政政策的外部时滞相对较短。而货币政策需要通过改变货币供给量和利率，进而影响投资，再影响到总支出。企业的投资计划往往是提前很长时间做出的，利率的改变不会立刻影响到企业的投资。因此，货币政策的外部时滞相对较长。

时滞的存在和长短会给政策实施效果带来很大影响。即使是恰当的政策，如果没有考虑时滞的因素，不仅不能产生积极作用，反而可能是事与愿违。事实上，一项政策不会从实施之日起，隔了一年后一下子发挥全部效果，而会在第一季度发挥 10% 的效果，到第二季度发挥 30% 的效果，到第三季度发挥 60% 的效果，到第四季度才发挥 100% 的效果。一般来说，货币政策都有一个这样的时滞，短的一两个季度，长的一两年，其分布也各异。如果当局根据当前的衰退状况决定实行扩张性政策，时滞为半年，若在这半年中，经济情况发生了和人们原先预料的相反变化。比如，在经济衰退时，中央银行扩大货币供给，但未到这一政策效果完全发挥出来，经济就已转入繁荣，物价已开始较快上升，那么，这种扩张政策的实际效果恰恰会助长膨胀。结果是意在消除波动，实则推波助澜，这正是多年来权衡性政策的真实写照。

2. 预期与政策失效

宏观经济政策的效果受到预期的影响。预期是经济主体根据掌握的信息对未来经济状况做出的事前估计。预期会影响人们采取的行动。例如，居民根据对未来收入的预期来决定自己的消费支出，企业根据对未来利润率的预期来决定投资。而人们采取的行为又会影响到政策的效果。例如，当经济繁荣时，如果企业和居民对经济前景普遍持乐观态度，即使政府采取了紧缩性货币政策，消费者认为自己未来的收入会增加，依然保持较高的消费支出，企业认为未来会有较高的利润率，因而会保持较高的投资热情。因此，紧缩性货币政策的效果就是微弱的。在经济衰退时期，企业和居民对经济前景普遍悲观，即使中央银行松动银根，降低利率，投资者也不肯增加贷款从事投资活动，银行为安全起见，也不肯轻易贷款，即“把马儿牵到河边也不喝水”。这样，货币政策作为反衰退的政策，其效果就相当微弱。

当经济政策出台后，人们就会调整自己的预期，对经济政策做出反应。当预期发生变动时，人们就会改变自己的行为，而行为的改变又影响了经济政策的效果。如果在政策出台前，人们就预期到了政府可能出台的政策，并做出相应的预先反应，那么，政策在实施时可能会完全失效。当一些政策措施反复运用多次后，人们会逐渐摸索出政策规律，了解政府在出现什么问题时将采取哪些行动，并知道这些行动对自己的可能影响，就会提前采取对策。而当政策出台时，由于人们已经提前采取了行动，就不再改变行动，从而使政策的效力减少，甚至可能无效。

卢卡斯指出，由于政策影响到人们的预期，而预期又影响到人们的行为，因此，在评价政策变动的效应时，必须知道政策变动会怎样影响人们的预期。而传统的政策评估方法（如利用标准宏观经济计量模型对政策进行评估）没有充分考虑到宏观经济政策对预期的影响，实际的政策效果与利用计量经济学模型所预测的政策效果有可能相差很大。这种对传统的政策评估方法的批评被称为卢卡斯批判（Lucas critique）。

3. 决策者的失信与政治过程

许多经济学家把经济波动产生的原因归因于政府政策。他们认为，政治过程是不可信的，在实施经济政策时政治家经常犯错误。例如，政治家有可能会利用宏观经济政策来实现自己的竞选目的。假设公众在投票时，会根据当时的经济状况做出选择。那么，为了获得连任，在位的经济制定者就有动机在选举前采取扩张性的宏观经济政策，造成一种经济繁荣的效果。而一旦连任，为了降低通货膨胀而实施紧缩性的宏观经济政策，从而引起经济的衰退。这种为了实现选举目标而人为地选择政策所造成的经济波动称为政治性经济周期。

4. 前后不一致性

政府采用权衡性财政政策时，政府的行为往往存在着前后的不一致性。利用绑架人质和谈判问题可以很好地说明政策的前后不一致性。许多政府宣布不与绑架犯进行谈判。但是，如果绑架人质的事件已经发生，对于政府而言，人质的生命是最宝贵的，政府又不得不选择与绑架者谈判，这就是前后不一致性。

附录：货币政策乘数和财政政策乘数

1. 货币政策乘数

货币政策效应的大小可以用货币政策乘数来计量和反映。货币政策乘数表明，实际货币供给增加所引致的均衡收入增加的倍数。利用均衡国民收入的表达式：

$$Y_0 = \frac{h\alpha}{h + kb\alpha}A + \frac{b\alpha}{h + kb\alpha} \cdot \frac{M_0}{P_0}$$

可以得到货币政策乘数：

$$\frac{\Delta Y}{\Delta(M/P_0)} = \frac{b\alpha}{h + kb\alpha}$$

将 $\alpha = \frac{1}{1-c}$ 代入上式，整理得到：

$$\frac{\Delta Y}{\Delta(M/P_0)} = \frac{1}{(1-c)\frac{h}{b} + k}$$

2. 财政政策乘数

财政政策乘数表明，在保持实际货币供给不变的情况下，政府支出增加所引起的均衡国民收入增加的倍数。观察均衡国民收入的表达式：

$$Y_0 = \frac{h\alpha}{h + kb\alpha}A + \frac{b\alpha}{h + kb\alpha} \cdot \frac{M_0}{P_0}$$

以政府购买增加 ΔG 代表自发总支出的变化，从而 $\Delta\bar{A} = \Delta G$。政府购买乘数由下式给出：

$$\gamma_G = \frac{\Delta Y}{\Delta G} = \frac{h\alpha}{h + kb\alpha}$$

将 $\alpha = \frac{1}{1-c}$ 代入上式，得到：

$$\gamma_G = \frac{1}{1 - c + \frac{bk}{h}}$$

这里的 γ_G 就是已经包含了利率调整影响的政府购买（或者财

政）乘数。它不同于在利率保持不变条件下适用的简单政府购买乘数 α。与凯恩斯交叉中的政府购买乘数相比较，产品市场与货币市场同时均衡条件下的财政政策乘数减小了。这体现了在 IS – LM 模型中，与扩张性财政相伴随的利率上升的抑制效应。

本章小结

1. 部分准备金银行制度体系创造货币。货币供给取决于基础货币、存款准备金率以及通货存款比率。存款准备金率或通货存款比率越小，货币乘数越大。

2. 中央银行通过控制基础货币来影响货币供给量，即通过公开市场业务、改变贴现率和改变法定准备率等货币政策工具来进行。

3. 货币供给量的变动影响国民收入变动的过程即货币政策的传导机制。它包括两个步骤。首先，实际货币供给的变化会通过形成资产组合的非均衡而引致利率的变化过程。其次，利率的变化会改变总需求从而引起收入的变化过程。

4. 财政政策手段主要包括改变政府支出水平、改变政府转移支付水平和改变政府税收水平。

5. 挤出效应是指政府购买支出增加引起利率上升，从而引起私人部门投资减少。

6. 财政政策和货币政策各有其适用性和局限性，财政政策和货币政策必须配合使用才能达到目的。

关键概念

存款准备金	货币乘数
公开市场业务	货币政策传递机制
流动性陷阱	挤出效应
自动稳定器	充分就业预算盈余
李嘉图等价	政策时滞

复习思考题

1. 选择题

(1) 在流动陷阱（凯恩斯陷阱）中（　　）。

A. 货币政策和财政政策都十分有效

B. 货币政策和财政政策都无效

C. 货币政策无效，财政政策有效

D. 货币政策有效，财政政策无效

（2）如果实施扩张性的货币政策，中央银行可采取的措施是（　　）。

A. 卖出国债　　B. 提高法定准备金比率

C. 降低再贴现率　　D. 提高再贴现率

（3）如果名义利率为6%，通货膨胀率为12%，那么实际利率是（　　）。

A. 6%　　B. 18%

C. 12%　　D. -6%

（4）自发投资增加10亿元，会使IS曲线（　　）。

A. 右移10亿元　　B. 左移10亿元

C. 右移10亿元乘以支出乘数　　D. 左移10亿元乘以乘数

（5）如果投资对利率是完全无弹性的，由于货币供给的增加，LM曲线的移动将（　　）。

A. 不增加收入，但降低利率　　B. 提高收入水平并降低利率

C. 提高收入水平和利率　　D. 增加投资，因而增加收入

（6）在LM曲线不变的情况下，IS曲线越平坦，则（　　）。

A. 财政政策效果好

B. 货币政策效果好

C. 财政政策与货币政策效果一样好

D. 无法确定

2. 简答题

如何理解财政制度的自动稳定器作用？

3. 计算题

（1）假定货币需求为 $L=0.3Y$，实际货币供给为 $M=300$，消费 $C=100+0.8Yd$，税收 $T=50$，投资 $I=120-8r$，政府支出 $G=50$。

①求均衡收入、利率和投资。

②如果政府支出增加10，这种扩张性财政政策是否存在挤出效应。

（2）假设消费函数 $C=400+0.8Y$，投资函数 $I=300-50r$，政府购买 $G=200$，实际货币需求函数 $L=300+0.5Y-100r$，实际货币供给 $M=1\ 500$（单位均为亿元）。

①求两个市场同时均衡时的均衡收入。

②求财政政策乘数和货币政策乘数。

（3）假定充分就业的收入为 $Y^*=4\ 000$ 亿元，如果用增加政府购买实现充分就业，需要增加多少政府购买量？如果用增加货币供给方法实现充分就业，需要增加多少货币供给量？

第 5 章

AD－AS 模型

本章要点

- ◇ 了解如何从 IS－LM 模型推导总需求曲线
- ◇ 理解并掌握总需求曲线向右下倾斜的原因
- ◇ 了解短期总供给模型
- ◇ 理解并熟练运用 AD－AS 模型分析经济波动

第 4 章介绍的收入—支出模型和 IS－LM 模型，是以价格水平固定不变为假设前提的。本章考察价格水平变化与国民收入的关系。IS－LM 模型分析的只是需求方面，因为在短期中，假定经济中存在普遍的资源闲置，只要增加总需求，实际产出和就业就会在价格水平不变的情况下增加，总供给问题很少被考虑。与此不同，本章将研究总需求与总供给，把要素市场（主要是劳动市场）的均衡结合到 IS－LM 模型中来，探讨就业水平、实际产出水平与一般价格水平之间的关系。首先从反映产品市场与货币市场均衡的 IS－LM 模型中推导出总需求曲线，然后把分析扩展到要素市场，推导总供给曲线，最后将总需求曲线与总供给曲线结合起来，构建 AD－AS 模型，作为解释经济波动的基本分析工具。

5.1 总需求曲线

5.1.1 总需求曲线向右下方倾斜的原因

总需求（aggregate demand，AD）反映了产出需求量与价格总体水平之间的关系。总需求曲线描述在任何给定的价格水平上人们想要购买的产出的数量。在以价格水平为纵坐标，产出水平为横坐标的坐标系中，总需求曲线向右下方倾斜。这意味着，在其他条件给定的情况下，价格水平下降会增加产品的需求量；相反，价格水平上升会减少产品的需求量。如图 5－1 所示。

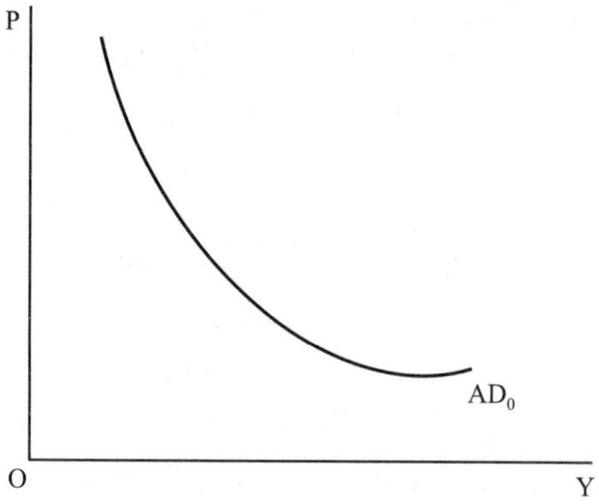

图 5－1　总需求曲线

总需求曲线的形状与微观经济学中的单个商品需求曲线相似，但是，总需求曲线并不是由单个商品的需求曲线加总得到的。单个商品需求曲线向右下方倾斜，可以用相对价格水平变动所引起的替代效应和收入效应来解释。总需求曲线反映了价格总水平与产出需求量的关系，它忽略不同行业之间商品价格的相对变化。

由于经济中的总支出 Y① 是由消费 C、投资 I、政府购买 G 和净出口 NX 组成的。我们假设政府购买是由政策固定的，总支出的其他

① 前面各章所使用的总支出概念是在固定价格水平（价格水平为 1）时的需求量。

三个组成部分取决于价格水平。因此，为了说明总需求曲线为什么向右下方倾斜，我们必须考察价格水平如何影响用于消费、投资和净出口的产品需求量。

1. 价格水平与消费：财富效应

人们持有的货币、存款、债券等财富形式，其名义值是固定的，但它们的实际值会随价格变化而变化。20 世纪 30 年代英国经济学家庇古指出，当实际货币余额随着价格水平的下降而增加时，人们所持有的一定量货币加上公债的实际价值增加，人们变得更加富裕，从而将增加他们的消费支出。消费支出增加意味着产品需求量增加；反之，如果价格水平上升，消费支出将减少。这种源于实际余额变化引起的消费支出的变化，称为庇古效应或实际余额效应。

$P\downarrow \Rightarrow \frac{M}{P}\uparrow \Rightarrow WR\uparrow \Rightarrow C_0\uparrow \Rightarrow Y\uparrow$

2. 价格水平与投资：利率效应

在名义货币供给量 M 保持不变的情况下，价格水平变动会影响实际货币供给量 M/P。当价格水平下降时，实际货币供给量会增加，如果货币需求保持不变，货币需求就会小于货币供给，利率水平将会下降。利率下降会增加投资支出，从而增加了产品的需求量；反之，价格水平的上升会使实际货币供给量减少，货币供给小于货币需求，从而利率上升。利率的上升会引起投资支出，并降低了产品的需求量。凯恩斯强调了这种影响，所以也称凯恩斯效应或利率效应。

$P\downarrow \Rightarrow \frac{M}{P}\uparrow \Rightarrow r\downarrow \Rightarrow I\uparrow \Rightarrow Y\uparrow$

3. 价格水平与净出口：汇率效应

蒙代尔认为，根据利率效应，一国的物价水平下降，其利率就会下降。利率相对下降时，国内一些投资者会到国外投资以寻求更高收益，这种资本流出增加了外汇市场的本国货币供给，使本国货币实际汇率相对下降。由于这种贬值，外国物品相对于国内物品变得更昂贵，这种相对价格变化增加了外国居民对本国产品的需求，减少了本国居民对外国产品的需求，出口增加和进口减少使净出口增加，从而总需求增加。这种源于实际汇率变动引起净出口的变动，称为蒙代尔效应或汇率效应。

$P\downarrow \Rightarrow e\downarrow \Rightarrow NX\uparrow \Rightarrow Y\uparrow$

5. 1. 2　总需求曲线的推导

IS－LM 模型是在价格水平保持不变的假设条件下，主要描述了利率与均衡收入之间的对应关系，价格水平这一因素隐含在 LM 曲线中的实际货币供给量（M/P）里。所以，总需求曲线可以从 IS－LM

模型中推导出来①。

下面用图 5－2 说明如何从 IS－LM 曲线得出总需求曲线。图 5－2 分为两部分。在图 5－2（a）中，当价格水平为 P_1 时，LM(P_1）曲线与 IS 曲线相交于 E_0 点，E_0 点所表示的均衡收入和利率分别为 Y_1 和 r_1。当价格水平从 P_1 降到 P_2 时，由于名义货币供给不变时，价格水平下降，意味着实际货币供给增加，从而使 LM 曲线向右下方移动到 LM(P_2)，与 IS 曲线的交点 E_1 决定的均衡收入和利率分别为 Y_2 和 r_2。依次类推，随着价格水平的变化，收入和利率的均衡点位置会发生变动。图 5－2（b）表示价格水平与收入水平之间的对应关系。将表示价格水平和收入的各种组合点 $E_0(Y_0, r_0)$、$E_1(Y_1, r_1)$ 连接在一起，就得到一条向右下方倾斜的总需求曲线 AD，它反映产品市场和货币市场同时达到均衡的价格水平与收入水平组合。

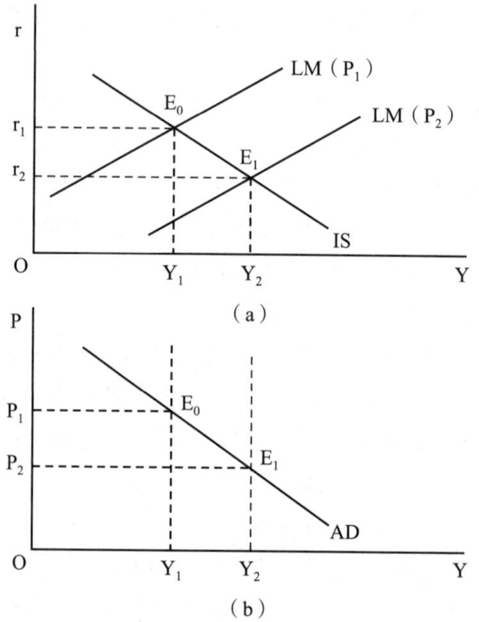

图 5－2　总需求曲线的推导

---

① 总需求函数的数学推导：在 IS－LM 模型中，IS 函数和 LM 函数分别为：

$$Y=\alpha(\bar{A}-br),\quad r=\frac{1}{h}\left(kY-\frac{M_0}{P}\right)$$

将 IS 曲线方程和 LM 曲线方程联立求解，消去利率 r，得到价格水平 P 与收入水平 Y 的关系：

$$P=\frac{b\alpha}{h+bk\alpha}\times\frac{M_0}{Y-\frac{h\alpha}{h+bk\alpha}\bar{A}}$$

从总需求函数中我们注意到，给定产量 Y 和外生支出量 A，价格 P 与名义货币量 M_0 之间是呈比例变化的，总需求曲线 AD 实际上是一条双曲线而不是一条直线。

5.1.3 总需求曲线的移动

总需求曲线的位置取决于自发总支出量和名义货币量。其他条件不变，如果自发总支出量和名义货币量发生变动了，IS 曲线和 LM 曲线就会发生移动，IS 曲线和 LM 曲线的移动会引起总需求曲线位置的移动。

在封闭经济中，自发总支出 A 包括私人的自发消费 a 和自发投资 I_0，以及政府的购买支出 G、转移支付 TR 和政府的税收 T。因此，财政政策的变动会改变 IS 曲线的位置。当政府采取扩张性的财政政策（增加政府购买、转移支付或降低税率）时，总需求曲线就会向右上方移动。如图 5－3（a）所示，由于政府增加支出或降低税率，IS_0 曲线右移至 IS_1 曲线，在价格水平 P_0 不变时，收入从 Y_0 增加到 Y_1，总需求曲线 AD_0 相应地向右移至 AD_1。同样，若采取紧缩性财政政策时，在每一价格水平上，总需求水平都减少了，总需求曲线会向左方平行移动。

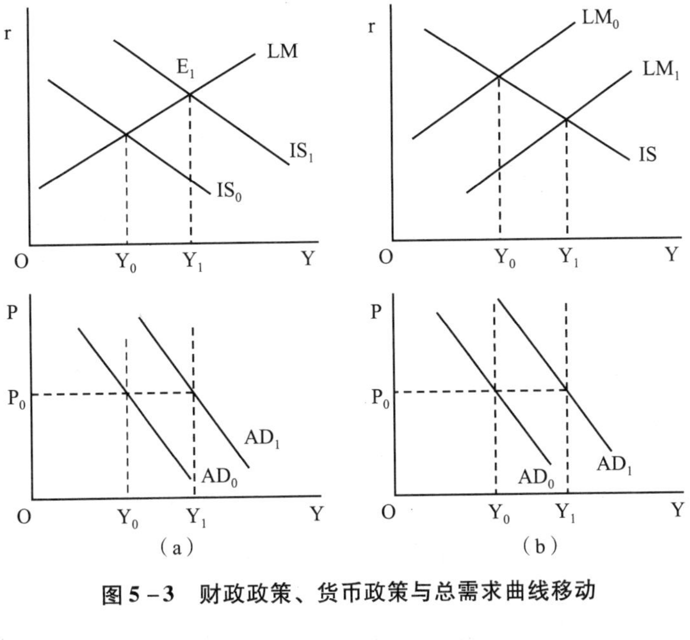

图 5－3 财政政策、货币政策与总需求曲线移动

我们已经知道，货币政策的变动会改变货币供给量，货币量 M 的变动会改变 LM 曲线的位置，从而会移动总需求曲线。当中央银行采取扩张性的货币政策，增加货币供给量时，总需求曲线会向右方移动。在图5－3（b）中，由于中央银行增加了货币供给量，当其他条件不变时，LM_0 就会向右移至 LM_1，在价格水平 P_0 不变时，收入从 Y_0 增加到 Y_1，总需求曲线 AD_0 相应地移至 AD_1。同样，若采取紧缩性货币政策，在每一价格水平上，总需求水平都会减少，总需求曲线就会向左方平行移动。

5.2 总供给曲线

5.2.1 价格调整过程与总供给曲线

总供给（aggregate supply）是指一定时期内经济社会中的厂商在每一价格水平上愿意生产和出售的产出总量。总供给曲线描述产出的供给量与价格水平之间的关系。

总产出取决于资本存量、就业量和技术。假定资本存量和技术不变，总产出就取决于就业量。总供给曲线是根据总产量与就业量、就业量与工资、工资与价格水平之间的联系推导出来的。价格水平影响产出供给量的基本过程是：价格水平 P 变化影响实际工资 W/P，实际工资的变化又影响劳动市场的供求，劳动供求决定了实际的就业量，就业量的变化影响总产量。

价格水平的变动对就业和产出的影响，与劳动市场上企业和工人预期价格水平对实际价格水平变动的反应行为密切相关。价格水平、预期价格水平和产出的总供给关系可以用下式表示：

$$Y = Y^* + a(P - P^e)$$

其中，Y 为产出，Y^* 为充分就业产出，P 为价格水平，P^e 为预期的价格水平，而参数 a 表示产出对未预期到的价格水平变动的反应程度。

总产出是实际价格水平的增函数，总供给曲线向右上方倾斜。对于一个给定的预期价格水平 P^e，如果实际价格水平偏离预期价格水平，实际产出就会与充分就业产出偏离。当实际价格水平高于预期价格水平 P^e 时，产出大于其充分就业产出 Y^*：$Y > Y^*$；相反，当实际价格水平低于预期价格水平时，产出水平低于充分就业产出：$Y < Y^*$；当实际价格水平等于预期价格水平时，产出等于充分就业产出：$Y = Y^*$。

如图 5－4 所示，在 A 点，$P = P^e$，$Y = Y^*$。也就是说，如果价格水平等于预期价格水平，产出就等于充分就业产出。在 A 点左边，价格水平低于预期价格水平，产出小于充分就业产出；在 A 点右边，价格水平高于预期价格水平，产出大于充分就业产出。总供给曲线向右上方倾斜。

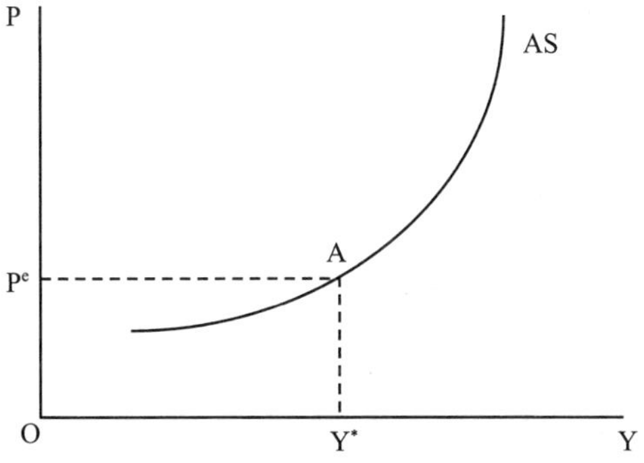

图 5－4　总供给曲线

预期价格水平的变动会引起总供给曲线的向上或向下移动。如果工人预期更高的价格水平，那么他们就会要求更高的名义工资。名义工资上升导致成本增加，导致企业提高价格，从而总供给曲线向上移动；相反，预期价格水平下降使得总供给曲线向下移动。

在图 5－5 中，总供给曲线是根据一个给定的预期价格水平画出的。AS_0 为预期价格 $P^e = P_0$ 的总供给曲线。如果预期价格水平上升，总供给曲线向上移动；AS_1 为预期价格 $P^e = P_1$ 时的总供给曲线。

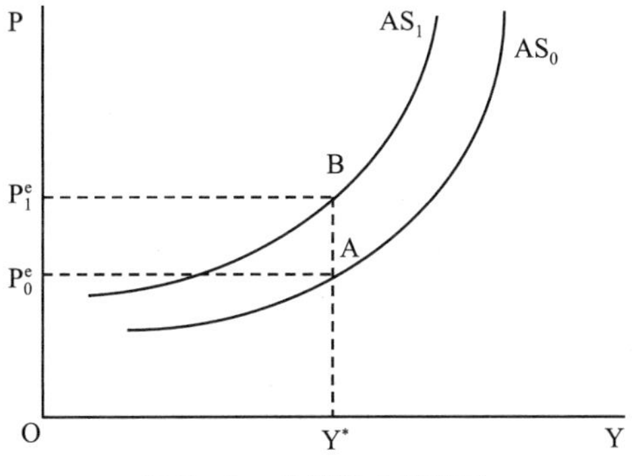

图 5－5　总供给曲线移动

总供给曲线的形状取决于名义工资 W 和价格水平 P 的调整所需要的时间长短。换言之，总供给曲线的斜率 1/a——未预期到的价格水平对就业与产出变动的反应程度，取决于人们预期价格水平对实际价格水平的调整速度。如果预期价格水平和名义工资调整速度很快，总供给曲线就会变得非常陡峭；如果预期价格水平和名义工资调整速度非常缓慢，总供给曲线则是相当平坦的。由于人们对价格水平的预期会因为调整时间的长短而不同，从而总供给曲线的斜率通常也会随时间的推移而变化。

（1）在极短期中，预期价格水平还没有来得及做出任何调整，名义工资是固定不变的，不能根据需求的变动做出任何调整。总供给曲线就是一条平行于横轴的直线。水平的总供给曲线也被称为凯恩斯总供给曲线。

（2）在长期中，人们对价格水平的预期有充分的时间进行完全调整，人们预期价格水平和实际价格水平总是一致的，使得名义工资和价格水平都有完全的伸缩性，总供给曲线就是一条垂直于横轴的直线。垂直的总供给曲线也被称为古典总供给曲线。

（3）介于极短期和长期之间的中间情形，人们对名义工资和价格水平的变动做出了部分调整，总供给曲线就是一条向右上方倾斜的曲线，而且会随着时间的推移变得越来越陡直。人们对价格水平预期的调整往往介于极短期和长期之间，我们把这种情况称为一般短期总供给曲线。

产出和价格水平的总供给关系的三种情形，如图 5－6 所示。

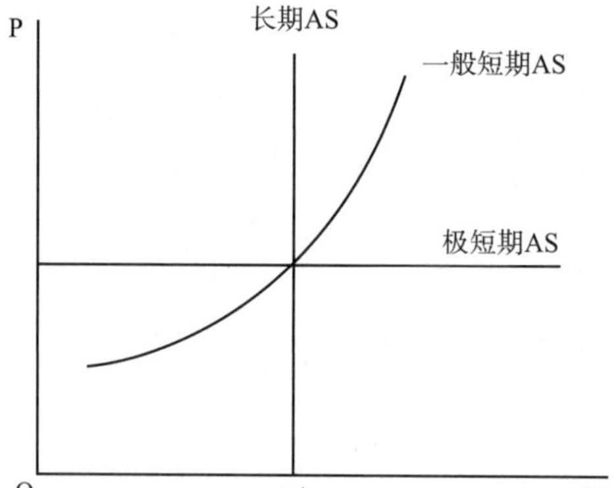

图 5－6　长期、短期和极短期总供给曲线

5.2.2 垂直的总供给曲线

垂直的总供给曲线是以名义工资和价格水平具有完全的伸缩性假说为基础的。古典主义假设市场上的信息是充分的，产品市场和要素市场都是完全竞争的。当经济中出现供给大于需求情况时，价格水平就会立即下降，从而经济迅速恢复均衡。当经济中出现供给小于需求情况时，价格水平就会立即上升，从而经济迅速恢复均衡。因此，经济总是处于均衡水平上，即市场出清。

以劳动市场为例。劳动需求和劳动供给都由实际工资水平 W/P 决定，决定实际工资的名义工资 W 和价格水平 P 都是非常灵活的，完全可伸缩的，不论是向上调整还是向下调整都是如此。当劳动市场出现对劳动的过度需求时，实际工资水平就会上升，当劳动市场出现对劳动的过度供给即失业时，实际工资水平就会下降。

长期总供给曲线的推导

垂直的总供给曲线是从劳动市场均衡推导出来的。在图 5－7 中，图 5－7（a）是劳动市场，劳动需求和劳动供给决定实际工资水平。图 5－7（b）表示名义工资与价格水平的关系。图 5－7（d）是宏观生产函数，反映总投入与总产出之间的关系，它遵循边际报酬递减规律。图 5－7（c）是价格水平—产量空间，用来反映总供给曲线。

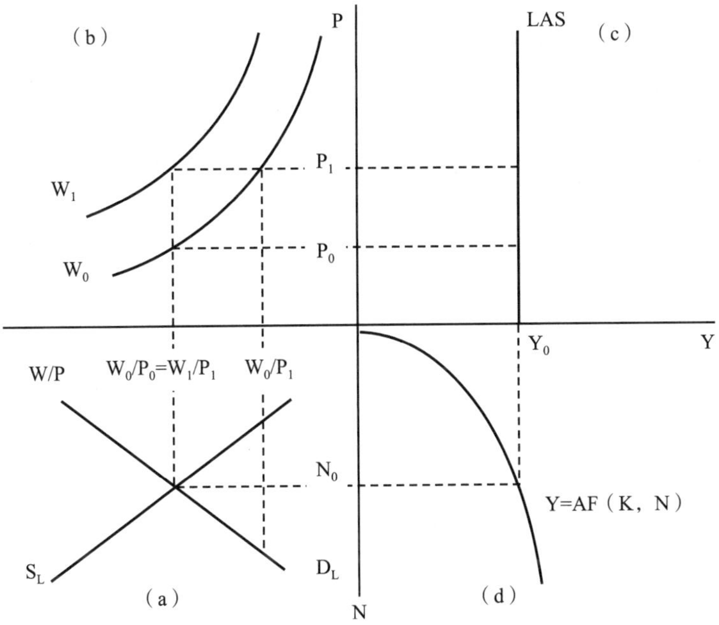

图 5－7 长期总供给曲线

假设经济的初始均衡状态是：价格水平为 P_0，名义工资为 W_0，实际工资水平为 W_0/P_0，均衡就业量为 N_0，总供给为 Y_0。

现在假定价格水平上升到 P_1，在名义工资水平不变的情况下，实际工资水平就会下降，在 W_0/P_1 的水平上，劳动需求 D_L 超过劳动供给。但这只是暂时的现象，长期内名义工资和价格水平都有伸缩性，可以灵活调整，既可向上调整也可向下调整。当实际工资低于均衡工资引起失业时，名义工资水平就有上升的压力，一直要上升到劳动市场出清为止。在这一过程中，名义工资水平要上升到使实际工资水平恢复到原来的水平。换言之，名义工资要与价格水平同比例上升。结果，劳动市场的均衡就业量保持不变，因而总产出也就保持不变。因此，古典总供给曲线是一条垂直于横轴的直线。

在长期中，经济学家都认为名义工资、价格可以充分调整以实现产品、货币和劳动市场的均衡，经济处于充分就业状态。这个长期产出水平，称为充分就业产出或自然率产出（natural rate of output）——与自然失业率相对应的产出。因此，垂直的总供给曲线通常被看作是长期总供给曲线。

长期总供给曲线不是固定不变的。当生产函数中原来被假定保持不变的因素发生变动，或者劳动需求函数和劳动供给函数发生变动时，长期总供给曲线就会发生移动。从超长期来看，总产量将随着生产要素增加或可得到的技术进步而增加。例如，一国接受了国外的移民从而使劳动供给增加，经济中资本存量的积累、技术知识存量的增加，都会使长期总供给曲线向右移动，如图 5－8 所示。在第 10 章研究超长期中的经济——经济增长时，我们将考察劳动和资本增加以及技术进步会如何引起一个经济的总产量增加。

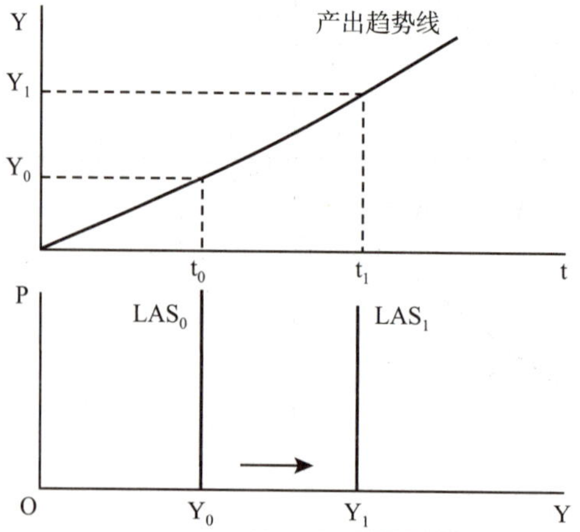

图 5－8　长期总供给曲线的移动

5.2.3　水平的总供给曲线

水平的总供给曲线又称为凯恩斯总供给曲线，它是以名义工资和价格水平具有刚性的假设为基础的。在《就业、利息和货币通论》中，凯恩斯以20世纪30年代大萧条为背景，此时社会上存在着严重的失业和大量闲置资本，产品和要素价格水平处于很低水平。凯恩斯接受了古典主义关于劳动需求的假设，即劳动需求是实际工资的函数，企业按照劳动的边际产量等于实际工资的原则雇用工人。但是，凯恩斯不同意古典主义关于劳动供给的假定。他认为只要名义工资水平保持不变，工人就愿意提供企业所需要的任意数量的劳动供给量，劳动供给是名义工资的函数。当社会上存在失业时，企业可以在现行的名义工资水平上得到他们所需要的任意数量的劳动力。企业生产的平均成本被假定为不随产量水平的变化而变化，即劳动的边际产量为常数a，从而价格水平保持不变，$P=\overline{W}/a$。这样，在现行的价格水平上企业愿意供给任意数量的产品，总供给曲线是一条水平线。

图5-9描述了凯恩斯总供给曲线的推导过程。其中，图5-9（a）是用实际工资表示的劳动市场；图5-9（b）是生产函数曲线，根据边际产出固定假设，生产函数是线性的；图5-9（c）是一条45°转换线，可以将纵轴的数值转换到横轴上；图5-9（d）表示价格水平—产出空间，用来反映总供给曲线。

极短期总供给曲线的推导

在图5-9（a）的劳动市场上，由于名义工资刚性的存在，劳动供给曲线是平行于横轴的。企业按照劳动的边际产出等于实际工资的原则雇用工人。由于劳动的边际产出不变，因而企业对劳动的需求量取决于企业能够卖出的产品数量，在这种情况下，有效劳动需求曲线在就业—工资空间是一条垂直线N_0^d。给定价格水平P_0，实际工资水平决定于有效劳动需求曲线与劳动供给曲线的交点E。名义工资为W_0，实际工资为W_0/P_0，均衡就业量为N_0，总产出为Y_0。

现在假定经济出现总需求减少。在价格刚性和名义工资刚性的假设下，总需求减少降低了企业在固定价格水平P_0上能够出售的产品数量，因此，企业减少生产，有效劳动需求下降（图5-9中的N_1^d线），就业量减少。结果，在价格水平—产出空间找到新的组合（Y_1，P_0），从而得到一条水平的总供给曲线。

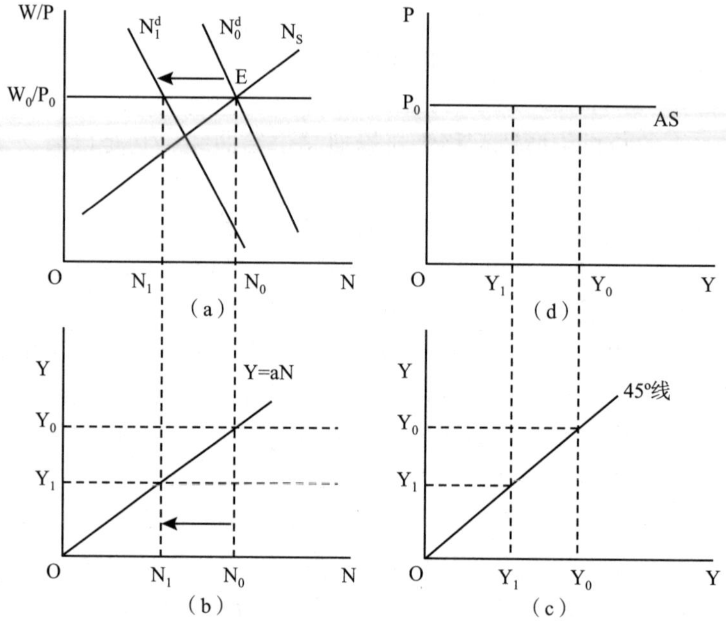

图 5－9　名义工资和价格刚性的凯恩斯总供给曲线

凯恩斯认为当经济未达到充分就业前，工资与价格水平保持固定不变，这个假设是难以接受的。实际情况是，经济在接近充分就业时，价格水平是在不断上升的。水平的总供给曲线只适合用来说明只适合极短时期。由于时间很短，货币工资与价格水平没有足够的时间来进行调整。因此，水平的总供给曲线可以看作是短期总供给曲线的一个极端情况。

5.2.4　一般短期总供给模型

垂直的总供给曲线和水平的总供给曲线分别代表两种极端状态。前者来自名义工资和价格水平能够迅速调整的假设；后者则来自名义工资和价格水平完全不能进行调整的假设。大多数经济学家认为，在一般情况下，短期总供给曲线是向右上方倾斜而不是垂直的。

对于短期总供给曲线为什么向右上方倾斜，经济学家的解释并不完全一致。但是，尽管各种理论在细节上有许多差异，但各种理论都强调某种市场的不完善性使经济的产出偏离其自然水平。为此，我们考察四个短期总供给模型。

1. 错觉模型

错觉模型（misperceptions model）最初由货币主义创始人米尔

顿·弗里德曼（Friedman，1968）提出，随后罗伯特·E. 卢卡斯（Lucas，1969）对该理论进行了严谨、精确的阐述。错觉模型假设名义工资和价格可以灵活调整使供求平衡，即市场出清。这一模型的关键假定是，企业和工人并不具有相同的信息，工人有时会混淆实际工资和名义工资。工人对价格水平的预期偏离实际价格水平，导致价格水平与产出（就业）之间在短期内存在正相关关系。

由于企业在生产过程中要购买投入品，并出售自己的产品，因此他们清楚地了解产品的价格水平 P 和名义工资水平 W。企业总是按照实际工资水平来决定雇用劳动数量的，企业对劳动的需求是实际工资的减函数：

$$w=\frac{W}{P}=f(N),\ f'(N)<0$$

工人对实际价格水平并不拥有充分信息，他们只知道名义工资，他们只能按照正常或预期的实际工资 w^e 提供劳动，预期实际工资等于名义工资 W 除以预期的价格水平。劳动供给是预期实际工资的增函数：

$$w^e=\frac{W}{P^e}=g(N),\ g'(N)>0$$

从而有：

$$w^e=\frac{W}{P^e}=\frac{W}{P}\cdot\frac{P}{P^e}$$

其中，$\frac{P}{P^e}$就是工人对价格变动产生的错觉。当$\frac{P}{P^e}$等于 1 时，工人对价格的预期是正确的；当$\frac{P}{P^e}$大于 1 时，工人预期价格低于实际价格水平；反之，当$\frac{P}{P^e}$小于 1 时，工人预期价格高于实际价格水平。

预期实际工资是实际工资和工人价格错觉的乘积。实际工资上升，工人愿意增加劳动供给量；实际工资下降，工人愿意提供的劳动量减少，劳动供给曲线向右上方倾斜。如果工人预期价格低于实际水平，工人会错误地认为实际工资上涨，他们愿意提供的劳动增加；如果工人预期价格高于实际价格水平，工人会误以为实际工资下降，他们愿意提供的劳动减少。因此，劳动供给曲线的位置与工人的价格错觉 P/P^e 相关。

可以用图 5－10 来说明错觉模型的劳动市场均衡。假设在任何给定的时间，企业都知道实际价格水平 P，劳动需求曲线向下倾斜。工人不知道实际价格水平，并相信它始终是 $P_0^e=P_0$。所以，向上倾斜

的劳动供给曲线 N_S^0 对应于当工人预期实际价格水平为 P_0^e 时的供给曲线。如果企业和工人都拥有充分信息，N_d 和 N_S^0 相交于 E_0 点，劳动市场出清，产出将处于充分就业的产出水平 $\bar{Y}$。

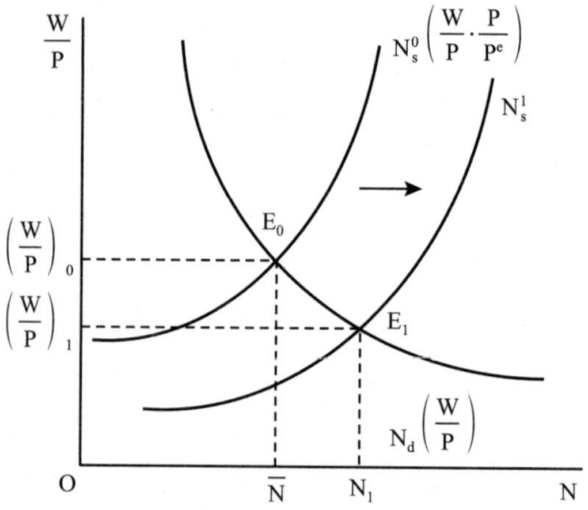

图 5－10　劳动市场的均衡

如果实际价格水平由 P_0 上升到 P_1，超过了预期的价格水平 P_0^e，$P/P^e>1$。价格的上涨通常会带来名义工资的提高，工人预期实际工资 W/P^e 会大于实际工资 W/P，他们误认为自己的实际工资已经提高了，从而愿意提供比以前更多的劳动，劳动供给曲线 N_S^0 向右移到 N_S^1。由于企业拥有比工人更多的信息，他们知道价格上涨必然造成名义工资同步上升，实际工资不会发生变化。因此他们仍然按照劳动的边际产出雇用工人，劳动的需求曲线保持不变。事实上，名义工资上升的速度赶不上价格的上涨速度，实际工资水平仍然会下降。当劳动供给曲线从 N_S^0 向右移到 N_S^1 时，实际工资由 $(W/P)_0$ 降到 $(W/P)_1$，劳动力市场的均衡点从 E_0 点移到 E_1 点，就业量由 $\bar{N}$ 增加到 N_1。这样，工人错觉就导致了就业和产出水平的上升。

可见，在工人错觉情况下，工人对价格水平的预期偏离实际价格水平。如果价格水平高于预期水平，产出就会大于充分就业产出；如果价格水平低于预期水平，产出就会小于充分就业水平。由此可以得到如图 5－4 所示的向右上方倾斜的短期总供给曲线。

2. 不完全信息模型

不完全信息模型（imperfect-information model）是卢卡斯在 20 世纪 70 年代构建的一个最广为接受的总供给假说。这一模型不依赖于企业和生产者之间任何信息的不对称，企业与工人一样，都会存在对价格总水平的预期错误。该模型假设企业在产品市场上掌握的价格信息是不完全的，生产者有时将价格总水平的变化误以为是自己产品的相对价格发生了变化。生产者对价格总水平的错误认知影响其供给多少的决策，导致短期总供给曲线向右上方倾斜。

为了分析产品市场以及企业的供给决策，假设某企业生产一种产品（如面包），在竞争性市场中销售其产品，并用此收入购买其他生产者的产品。该企业对自己产品的价格信息了解得很清楚，它总是知道自己产品的名义价格。但对它购买的所有产品的价格信息是不清楚的。

相对价格的变化会改变企业的最优产出，而一般价格水平的变化不改变最优产出。因此，企业必须区分相对价格变化与绝对价格变化（一般价格水平）。如果某企业的产品价格相对于经济中的其他产品价格而言上升了，那么该企业就会增加产出。如果经济中的其他产品的价格和企业自己产品的价格上升相同幅度，企业就不会有增加产出的积极性。

然而，企业在做出生产决策时，它并不知道产品的相对价格。它必须用自己产品的名义价格和它对一般价格水平的预期来估算自己产品的相对价格。当经济中所有产品的价格都上升时，一种可能是，企业预期到了这种价格变动，它估算出其他产品的价格和企业自己产品的价格上升相同幅度，企业就不会增加生产；另一种可能是，企业没有预期到总价格水平的上升，它只观察到自己所生产的产品价格上升了，它并不能确定其他产品价格是否上升。因此，企业估算自己的产品价格对其他产品的相对价格上升了，企业就会增加产出。也就是说，当实际价格水平超过预期价格水平时，企业就会增加其产出。

同样，我们使用这种逻辑来分析总体经济。当价格水平发生了未预期的上升时，经济中的所有企业都观察到了自己所生产的产品价格的上升。他们都理性但却错误地推断，他们生产的产品的相对价格上升了，结果是产出增加了。

因此，不完全信息模型表明，企业所选择的产出取决于实际的价格总水平与预期的价格总水平之间的关系。当实际价格水平超过预期价格时，企业增加他们的产出。产出和价格之间的关系为：

$$Y = \overline{Y} + a(P - P^e),\ a > 0$$

该式表明，当实际价格水平高于预期的价格水平时，产出将超过充分就业产出 $\overline{Y}$，只有当实际的价格水平等于它们的预期水平时，产出和就业才会处于自然水平上。该式被称为卢卡斯总供给曲线或附加预期的总供给曲线。

3. 黏性价格模型

黏性价格模型（sticky-price model）强调企业不能针对需求变动迅速地调整其产品价格。他们对于价格黏性的解释依赖于两点：（1）多数企业会主动地制定产品价格，而不是被动地接受市场价格；（2）企业改变价格时会花费菜单成本。

新凯恩斯主义模型一般依赖于不完全竞争的假定。完全竞争模型是古典主义关于价格决定的理论基础。在完全竞争市场中，所有企业和消费者都是价格的接受者，价格刚性或黏性根本不存在。新凯恩斯主义者也承认完全竞争市场不存在价格刚性，但他们指出完全竞争市场在经济中只占很小的一部分，大多数企业是制定价格的垄断竞争企业。对于一个垄断竞争企业，其利润最大化的策略是制定一个高于边际成本的价格，即按照边际成本加成定价。用公式表示：

$$P = (1 + \eta) MC$$

其中，P 表示产品价格，MC 表示边际成本，η 表示加成比率。该式说明，如果加成比率是稳定的，则价格的变化由边际成本决定。因此，如果成本或需求没有发生显著变化，企业不会调整其最优价格水平。

菜单成本是阻碍企业频繁调整产品价格的另一个可能因素。所谓菜单成本是指企业每次调整价格要花费的成本，这些成本包括研究和确定新价格、重新编印价目表、将新价目表通知销售点、更换价格标签等所支付的成本。这些成本是企业在调整价格时实际支付的成本。此外还有企业调整价格的机会成本，也被称为菜单成本。

用菜单成本解释价格黏性的一个潜在问题是这些成本似乎很小，那么它是如何能导致名义刚性呢？关键在于垄断竞争企业面对着一条向下倾斜的需求曲线。当垄断竞争企业的产品价格变动时，需求对价格变动的反应不敏感。因此，只要垄断竞争者的定价在合理范围内，其最优价格与现行价格之间的偏差很小，损失的利润就是非常小的。如果利润的损失小于菜单成本，那么企业就不会改变价格。

4. 黏性工资模型

黏性工资模型（sticky-wage model）是指名义工资调整的滞后性。当劳动市场上的供求关系发生变动时，名义工资也要发生变动，但工资的这种变动不是迅速的，而是缓慢的，劳动市场上供求的变动与工资的变动之间存在着时滞。

名义工资黏性产生的原因之一就是长期交错合同的存在。长期交错合同是指企业和工人不是在同一时期，而是在不同时期交替地签订长期工作合同。在美国，大多数劳动合同详细规定了工作条件和名义工资，其期限一般为3年。当需求发生变动时，比如政府调整货币供给量引起价格水平变动时，有些企业与工人的工作合同未到期，价格变动不会影响这些工作合同，与这些合同有关的工人的名义工资不变。只有合同到期的工人的名义工资可以调整。这样，总工资水平就有某种稳定性。总工资水平越稳定，名义工资黏性就越大。

按照菲尔普斯（E. S. Phelps，1985，1990）的解释，建立长期劳动合同对企业和工人双方都会带来好处。其一，工资谈判对于工人和企业都要付出代价。例如，谈判双方对工资结构必须进行研究。一些关键变量如生产率、通货膨胀、需求、利润和价格的未来变化情况必须预测。合同期越长，这样的交易成本就越小。其二，谈判如果破裂，工人可能需要通过罢工加强其谈判地位，这样对于企业和工人双方代价都是很大的，长期劳动合同可以大大减少这种代价。其三，协调问题。面临不利的需求变动，各个市场上价格变动的时间是不一致的，如果价格先下降的企业降低名义工资而其他企业不这样做，工人就会向名义工资水平较高的企业转移，该企业就要承担人员调整成本。因此，没有企业会首先降低名义工资。

在现实中，由于工会的势力、效率工资、内部人控制等因素的影响，工人的实际工资往往高于均衡实际工资，即实际工资停滞在市场出清的水平之上，并且使名义工资在合同期保持固定不变。

黏性工资模型假定：（1）在短期内名义工资是黏性的。（2）就业量由企业所需求的劳动量决定。劳动者将按照事先协议决定的工资提供企业希望雇用的劳动量，而企业是按照实际价格水平决定劳动的需求量。（3）短期内市场非出清。名义工资的调整是缓慢的或不完整的，市场可能不会出清，经济可能处于一种持续的非均衡状态。

当名义工资有黏性时，价格水平上升导致产出增加的过程是：价格水平上升降低实际工资，导致劳动变得更加便宜；较低的实际工资使企业雇用更多的劳动；雇用的额外劳动引起产出增加。

5.3　AD－AS模型：长期均衡

5.3.1　AD－AS模型

以上分别说明了总需求曲线和总供给曲线，现在我们把总需求曲线与总供给曲线放在一起，组成总需求—总供给模型。这个模型为解释经济短期波动、说明宏观经济政策在不同时间范围的影响以及预测经济冲击的后果提供了一个分析框架。

在图5－11中，AS曲线是给定预期价格水平为P^e的短期总供给曲线。总需求曲线向下倾斜，它的位置取决于名义货币量M和自发支出A。当预期价格等于实际价格水平时，产出等于自然率产出。这意味着长期总供给曲线LAS通过E点，它是一条垂直于横轴的直线。在图5－11（a）中，短期总供给曲线AS、长期总供给曲线LAS与总需求曲线AD的交点E决定了长期的均衡产出水平Y^*和价格水平P_0。这表明产品市场、货币市场和劳动市场同时均衡。在长期均衡点E，实际价格水平为P_0，$P_0 = P_0{}^e$，实际产出为Y_0，$Y_0 = Y^*$。

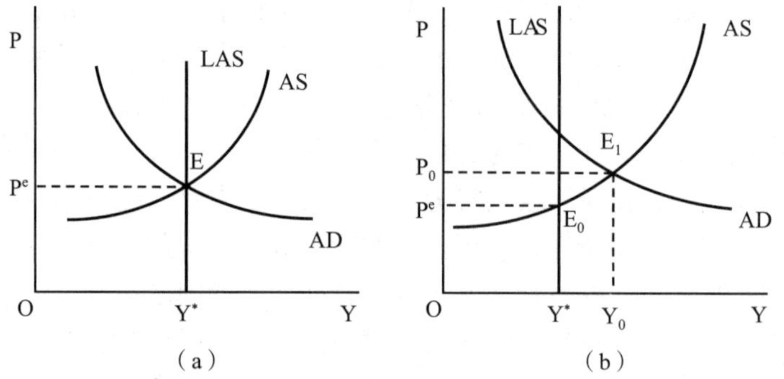

图5－11　均衡产出与价格水平

但是，在短期内，均衡产出不一定总是等于自然率产出Y^*。均衡产出同时取决于总供给曲线的位置和总需求曲线的位置，前者取决于特定的预期价格水平，后者取决于货币量M和自发支出A的取值。在图5－11（b）中，短期总供给曲线AS和总需求曲线AD的交点E_1决定短期的均衡产出Y_0和价格水平P_0，$Y_0 > Y^*$，$P_0 > P^e$，说明经济在自然产出水平之上运行。

假定政策变量和其他外生变量都保持不变，产出会随着时间发生什么变化呢？它是否返回自然率水平？

在图5－11（b）中，我们假定预期价格水平P^e是给定不变的。但是，在长期内P^e是有可能随时间而变化的：如果上年的实际价格水平与人们预期的价格水平不一致，那么他们在对今年的价格水平形成预期的时候就会把这一点考虑进来。本章将假设人们预期t年的价格水平P_t^e等于t－1年的价格水平P_{t-1}，即：

$$P_t^e = P_{t-1}$$

随着时间的推移，产出与其他变量随着时间的变化过程如图 5－12 所示。在第 t 年的短期均衡情况与图 5－11（b）相同。均衡点为 E_1 点，产出为 Y_t，价格水平为 P_t。此时的价格水平高于预期价格水平 P_t^e，因而高于前期价格水平 P_{t-1}。

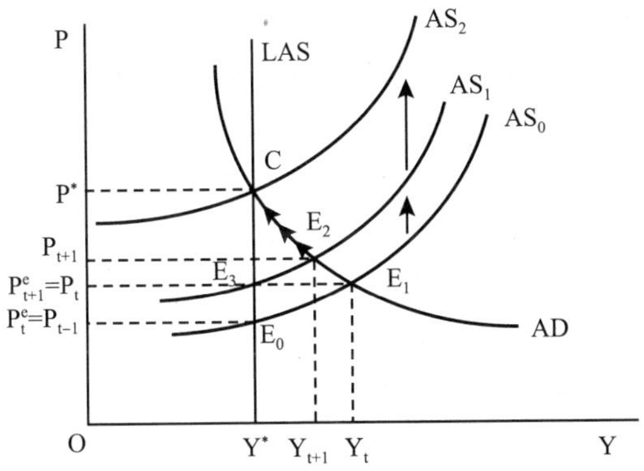

图 5－12　趋向自然率水平的自动调整

由于第 t 年的价格水平高于预期价格水平，产出就大于自然率水平。这就使得人们在第 t＋1 年提高他们对价格的预期，从而导致总供给曲线从 AS_0 向上移动到 AS_1。

根据我们的假设，给定的名义货币量和自发支出 A 保持不变，总需求曲线位置没有移动。

总供给曲线的移动导致经济从第 t 年的 E_1 移动到第 t＋1 年的 E_2 点。价格水平 P_{t+1} 高于 P_t，给定名义货币供给，更高的价格水平导致第 t＋1 年更低的实际货币存量，更低的实际货币存量导致了更高的利率，而更高的利率引起了第 t＋1 年更低的产品需求和更低的产出水平：产出 Y_{t+1} 低于 Y_t。

只要产出水平高于它的自然率水平，价格水平就会保持上升态势，而且总供给曲线将一直向上移动，产出水平持续下降。经济沿着 AD 曲线移动，直到最后达到 C 点。在 C 点，总供给曲线 AS_2、长期总供给曲线 LAS 和总需求曲线相交。产出等于自然率产出。此时经济不存在任何压力使价格继续上升，经济将稳定于 Y^* 处，对应的价格水平为 P^*。

总之，在长期中，无论何种原因导致的短期总供给对充分就业产出偏离，都不会持久存在下去。随着人们预期的调整，名义工资得到调整，错觉得到纠正，价格也不再始终呈现黏性，工资和价格就具备充分的伸缩性。也就是说，预期价格与实际价格水平是相等的，这时的总供给曲线就是一条垂直于横轴的总供给曲线 LAS。这时的产出水平为充分就业产出水平。也就是说，产出与价格水平无关。这就是经济返回其自然率水平的内在机制。

5.3.2 需求冲击

需求冲击

整体经济的波动来自总供给或总需求的变动。经济学家把这些曲线的外生变动称为对经济的冲击（shock）。使总需求曲线发生移动的冲击称为需求冲击。使总供给曲线移动的冲击称为供给冲击。

我们先来分析需求冲击。如前所述，许多因素会影响总需求，制度改革、战争、灾害、危机等事件会改变人们的预期、情绪甚至价值观，从而对消费、投资、政府支出和出口需求产生影响，政府的财政货币政策变动也是影响总需求的重要因素。我们用 AD－AS 模型分析需求冲击的影响。使总需求增加的事件可以用总需求曲线 AD 向右移动来说明，使总需求减少的事件可以用总需求曲线向左移动来说明。

在图 5－13 中，假定经济开始时处于长期均衡，AS_0 曲线是给定初始的预期价格水平为 P^e 的短期总供给曲线，长期总供给曲线为垂直线 LAS。在长期均衡点 A，实际价格水平为 P_0，预期价格水平 $P_0^e = P_0$，实际产出为 Y_0，$Y_0 = Y^*$。

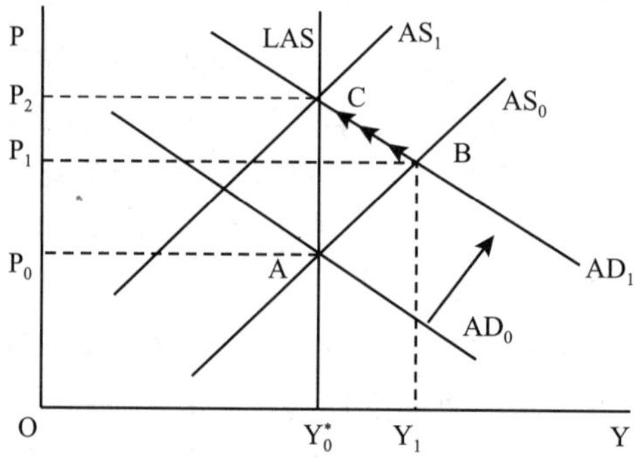

图 5－13　总需求冲击与经济波动

当未预期到的货币扩张引起总需求增加时，在短期内，总需求曲线向右上方平行移动，由 AD_0 移动到 AD_1，均衡点就从 A 点移动到 B 点。总需求的增加使实际价格水平从 P_0 上升为 P_1。由于人们没有预期到价格水平的这一上升，预期的价格水平仍然在 $P^e = P_0$，产出从

Y_0 增加到 Y_1，这时，产出超过了 Y^*。因此，未预期到的总需求扩张使经济出现繁荣。

但繁荣不会永远持续下去。随着时间的推移，预期的价格水平 P^e 将会调整到实际价格水平 P_1: $P^e = P_1$，导致短期总供给曲线向上移动。随着预期价格水平从 P_1^e 上升到 P_2^e，经济的均衡点就从 B 点移动到 C 点。实际价格水平从 P_1 上升到 P_2，产出水平从 Y_1 减少到 Y_0。经济又回到自然率水平上，但价格水平却提高了。

由此可见，长期的货币中性和短期的货币非中性是完全相容的。在短期内，货币扩张导致产出增加、利率下降，价格水平上升。随着时间的推移，价格上升，货币扩张对产出和实际利率的影响消失。在长期内，名义货币量的增加完全反映在价格水平的成比例增加上，而对产出和实际利率没有影响，在长期内货币是中性的。

5.3.3 供给冲击

供给冲击

供给冲击是改变产品和服务成本从而改变企业收取价格的经济冲击。能降低成本和物价的有利供给冲击事件有技术进步、原材料和能源价格下降、农业丰收等。会拉动成本和物价上升的不利供给冲击事件有战争或内乱导致的资本损失、劳力减少；自然灾害导致农业歉收，拉动食物价格上升；工会总体力量的增强，拉动工资和工会工人生产的产品的价格上升；世界石油或原材料减产导致其价格上升；要求企业减少排污量的新环境保护法，企业以提高价格的形式把增加的成本转嫁给顾客等。我们用 AD－AS 模型分析供给冲击的影响。有利的供给冲击可以用总供给曲线向右移动来说明，不利的供给冲击可以用总供给曲线向左移动来说明。

假设一个经济处于长期均衡状态，突然遇到不利的供给冲击，比如 20 世纪 70 年代两次重大的石油价格冲击。这种未预期到的石油涨价引起使用石油的所有产品成本提高，从而提高了企业愿意供给产品的价格，使短期总供给曲线向上移动。图 5－14 说明了这种冲击的影响。AS_0 曲线向上移动到 AS_1，如果总需求保持不变，经济从 A 点移动到 B 点。这种不利供给冲击提高了价格水平和降低了产量。在长期中，随着名义工资、预期价格根据较高生产成本进行调整，最终衰退会自行消失。因为低产出和高失业使得名义工资有下降压力，较低的工资会增加供给量。随着时间推移，当短期供给曲线回到 AS_0 时，价格水平下降，产出接近于自然率产出水平。在长期中，经济会回到 A 点，在这一点上，总需求曲线与长期总供给曲线 LAS 相交。

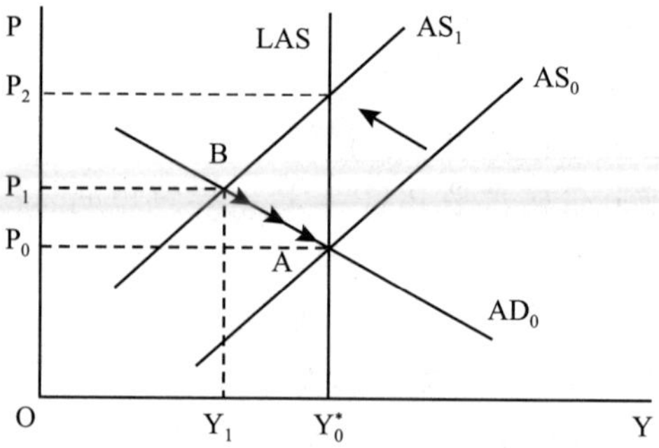

图 5－14　总供给冲击与经济波动

本章小结

做一做：通过查阅资料，运用 AD－AS 模型分析 2020～2021 年新冠肺炎疫情对我国经济短期和长期的影响，以及政府采取各种宏观经济政策的作用。

1. 总需求曲线表明了在产品市场与货币市场同时实现了均衡时价格水平与国民收入或产量之间的关系。总需求曲线向右下方倾斜可用利率效应、财富效应和汇率效应来说明。

2. 总需求曲线的位置取决于自发总支出量 A 和名义货币量 M_0。其他条件不变，如果自发总支出量 A 和名义货币量 M_0 发生变动了，IS 曲线和 LM 曲线就会发生移动，IS 曲线和 LM 曲线的移动会引起总需求曲线位置的移动。

3. 总供给是所有厂商在每一价格总水平上愿意提供的商品和劳务的总量。总供给曲线是根据工资、价格、就业和产量之间的联系推导出来的。

4. 工资和价格有完全的伸缩性，总供给曲线就是一条垂直线。工资和价格固定不变，总供给曲线就是一条水平线。

5. 短期总供给是一条向右上方倾斜的线。这是市场不完全性决定的。

6. 总需求曲线和总供给曲线结合组成总需求－总供给模型，可以 AD－AS 模型解释经济短期波动、说明宏观经济政策的影响和分析经济冲击的后果。

关键概念

总需求曲线	利率效应	庇古效应
汇率效应	总供给曲线	AD－AS 模型
自然率产出	需求冲击	供给冲击

复习思考题

1. 选择题

(1) 其他条件不变，价格水平下降会导致（　　）。

A. 实际货币供给量减少，AD 曲线左移

B. 实际货币供给量增加，AD 曲线右移

C. 实际货币供给量减少，总需求沿着 AD 曲线减少

D. 实际货币供给量增加，总需求沿着 AD 曲线增加

(2) 在其他条件不变的情况下，总需求曲线会因为（　　）。

A. 政府购买增加而左移

B. 税收增加而右移

C. 价格水平下降而右移

D. 名义货币供给增加而右移

(3) 下列哪种经济现象可以使总供给曲线向右移动（　　）。

A. 政府购买增加

B. 净出口减少

C. 失业率上升

D. 生产技术水平的普遍提高

(4) 下列选项中，（　　）不是总需求曲线斜率为负的原因。

A. 利率效应　　B. 实际余额效应

C. 汇率效应　　D. 溢出效应

(5) 假定经济实现了充分就业，总供给曲线是一条垂线，那么（　　）。

A. 增税将导致价格水平上升，产出增加

B. 减税将导致价格水平上升，产出不变

C. 增加政府购买将导致产出增加，价格水平不变

D. 增加货币供给将导致价格水平上升，实际产出增加

(6) 以下选项中，不是新凯恩斯主义区别于原凯恩斯主义的假设是（　　）。

A. 假定价格和工资有黏性

B. 假定名义工资刚性

C. 经济当事人最大化原则

D. 理性预期

2. 简答题

(1) 说明为什么总需求曲线会向右下方倾斜?

(2) 用 AD－AS 模型解释经济滞胀出现的原因。

3. 计算题

考虑这样一个经济：消费函数 $C = 200 + 0.75Y$，投资函数 $I = 200 - 25r$，货币需求函数 $\frac{L}{P} = Y - 100r$，货币供给量为 $M = 1\ 000$，物价水平 $P = 2$。

①推导出总需求方程。

②如果物价水平从 2 上升到 4，IS – LM 模型会作何调整？总需求会如何变化？

③如果政府增加购买一批军备物资，总需求曲线会如何变动？

第 6 章
经济周期理论

本章要点

- ◇ 了解经济周期的特征
- ◇ 了解古典经济周期理论
- ◇ 了解凯恩斯经济周期理论
- ◇ 理解乘数—加速数模型
- ◇ 掌握理性预期
- ◇ 掌握实际经济周期理论
- ◇ 掌握新凯恩斯主义经济周期理论

第 5 章构建了一个完整宏观经济模型。本章将利用 AD – AS 模型研究导致经济周期波动的根本经济原因，以及政策制定者应该如何应对周期波动。

自工业革命以来，许多国家的产出和就业等经济活动总量反复出现波动。经济周期是宏观经济学的核心议题。本章首先介绍经济周期的基本特征，然后我们研究和比较古典主义和凯恩斯主义的经济周期理论，并探讨两大学派的政策建议。

延伸阅读：中国经济运行的特征

6.1 经济周期的特征

6.1.1 经济周期的含义与特征

经济周期（business cycle），是指总体经济活动环绕长期增长趋

经济周期的含义和特征

势出现扩张与收缩的交替更迭、循环往复的现象。美国经济学家阿瑟·伯恩斯（Arthur Burns）和韦斯利·米切尔（Wesley Mitchell）在1946年出版的《衡量经济周期》一书中给出经济周期的经典定义：

经济周期是一国经济活动总量的波动，而这些经济活动总量主要由商业企业组织的活动构成。一个周期包括由许多经济部门同时发生的扩张，随之而来的同样的普遍的衰退、收缩和下一个周期的扩张阶段相连接的复苏所组成；这种变化的顺序重复出现，但不定期发生；经济周期的持续时间在1年以上到10年或12年；它们不再分为具有接近自己振幅的类似特征的更短周期。①

这个定义揭示了经济周期的主要特征。

（1）各宏观经济变量具有协动性。经济周期是经济活动总量的普遍波动，它不只是发生在几个部门，也不是仅指实际GDP的波动。尽管实际GDP是最能反映经济活动总量的一个指标，但是，工业总产量、就业率（失业率）、物价水平、利率、股票价格指数等，也都是反映经济周期的重要指标。经济学家通过对经济周期事实的研究发现，许多经济变量在经济周期中同步运动，这种趋势被称为协动性。这是所有（或大部分）经济周期的一个共同特点。

按照各变量相对于经济活动总量的运动方向，经济变量可分为同周期变量、反周期变量和无周期变量三类。同周期变量是指那些在经济扩张时上升，收缩时下降的变量；反周期变量是指经济收缩时上升，扩张时下降的变量；无周期变量在经济周期中未显示出明显的变动趋势。

按照各变量与经济活动总量的变动时序，经济变量可分为领先指标、同步指标和滞后指标三类。领先指标是指那些变量的波动先于整体经济的经济指标，例如，来自生产者对新机器订单的减少是他们对未来缺乏信心的征兆，而订单下降本身也会促使经济下降；同步指标是指那些与整体经济变化一致的经济指标；滞后指标是指滞后于整体经济变化的经济指标。

由于领先经济指标有助于预测未来经济的走向，因而许多经济学家花费了大量精力致力于构建领先经济指标。然而，哪些领先指标更可靠，经济学家意见并不一致。经济变量的周期性时序有时可以通过作图观察某变量在几轮经济周期中的变化趋势来确定，有时则需要使用复杂的统计技术。表6－1概括了美国大企业联合会公布的主要经

① Burns and Mitchell. *Measuring Business Cycles* [M]. New York: National Bureau of Economic Research, 1946, P. 1.

济变量随经济周期变动的特征和时序。

表 6-1　　　　主要经济变量的周期性特征和时序

变量	方向	时序
工业产出	同周期	同步
消费	同周期	同步
企业固定投资	同周期	同步
住宅投资	同周期	领先
存货投资	同周期	领先
就业	同周期	同步
失业	反周期	未确定
货币供给	同周期	领先
通货膨胀	同周期	滞后
股票价格	同周期	领先
名义利率	同周期	滞后

资料来源：亚伯、伯南克、克鲁肖：《中级宏观经济学》（第 6 版），任曙明等译，机械工业出版社 2009 年版。

（2）经济周期可以分为扩张和收缩（或衰退）两个主要阶段。图 6-1 展现了一个典型的经济周期。

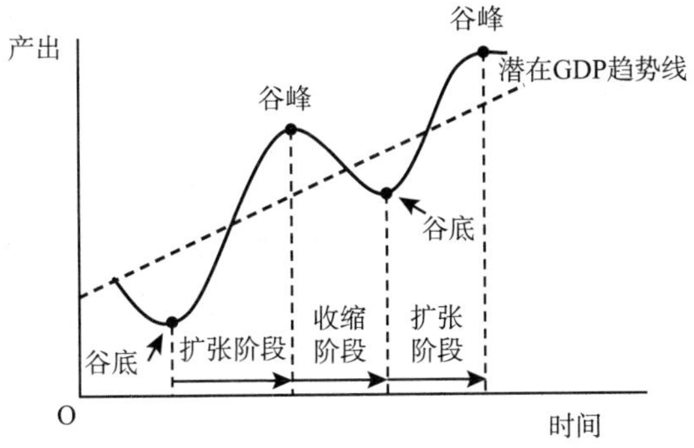

图 6-1　经济周期

虚线表示平均或正常的经济总量增长轨迹（通常以潜在 GDP 的增长表示），实线表示实际产出的起伏情况。一般而言，随着人口规模的扩大、资本积累、新产品和新的生产方法的发明和引进，以及知识存量的增加，潜在产出呈现上升的趋势。

实际产出并不总处于其趋势水平，也就是生产要素被充分利用的水平。与此相反，实际产出围绕趋势水平波动。经济活动总量下降的时期称为收缩或衰退，非常严重的衰退则被称为萧条。美国政府通常把实际GDP至少连续两个季度下降作为判断经济衰退的经验规则。20世纪30年代发生的萧条由于其持续时间长、下降幅度大而被称为大萧条。当经济总量达到收缩的最低点称为谷底，这是经济周期的一个拐点。此后经济活动总量开始增加，这样的时期称为扩张或复苏，有利的向上波动称为繁荣。当达到扩张的最高点——谷峰，这是经济活动总量由扩张转向收缩的拐点。经济衰退和经济扩张之间交替出现的一个完整回合（从一个谷峰到下一个谷峰，或者从一个谷底到下一个谷底）被称为一个经济周期。

（3）周而复始但不定期发生。经济周期总是遵循收缩—谷底—扩张—谷峰这一顺序循环往复。但是，经济周期发生的间隔并不是定期的和可以预测的，而且经济周期的持续时间也不固定，从一年到十几年不等。例如，1982年，美国陷入衰退，与前一次衰退仅隔了两年。在1983～1990年这段时期，美国出现有史以来在和平时期历时最长的一次经济繁荣，而经济在1990年秋经历了又一次衰退。经济周期的转折点也不遵循固定的规则，一次经济周期的谷底或谷峰可能仅仅持续几周，也可能持续几个月。

6.1.2 经济周期事实：经济衰退

尽管没有两个经济周期是完全一样的，但所有周期都具有共同的特点。经济学家通过观察经济衰退的一些事实，概括了经济衰退阶段主要经济变量的典型特征。

（1）产出下降。实际GDP是衡量经济活动总量的最概括的指标，是一个与经济周期同步的同周期变量。工业产量、消费和投资都是同周期的同步变量。当经济陷入衰退时，实际GDP的两个主要组成部分——消费和投资——都下降了。企业固定投资、住宅和存货投资比消费下降得更大。

（2）失业率上升。劳动市场对经济周期极为敏感：在衰退期，对劳动需求下降，就业增长缓慢，许多工人被解雇，失业率上升。

（3）实际工资和平均劳动生产率下降。在衰退期，平均劳动生产率——单位劳动投入所带来的产出——低于繁荣期，且领先于经济周期的。但实际工资是否随衰退而下降仍存在着争议，大多数证据表明实际工资略呈同周期性。

（4）实际货币供给增长下降。货币供给与产量呈现正相关，且货币变动领先于产量变动。在经济衰退期，用M2衡量的货币供给增长下降，而且领先于经济周期。通货膨胀和名义利率是同周期的且滞后于经济周期。在经济衰退期物价水平下降，但略滞后于经济周期；名义利率在衰退时期一般也会下降且滞后于经济周期，但实际利率没有明显的周期性特征。

（5）股票价格下降且领先于经济周期。股票市场反映了对未来经济状况的预期，股价下降预示着投资者预期经济增长会减缓。

研究经济周期事实或特征有助于评价各种经济周期理论。一个好的经济周期理论不仅要能解释少数几个经济变量的周期性变化，还要能说明一系列关键性经济变量的周期性波动。

延伸阅读：传统经济周期的分类

6.2 经济周期理论

目前，关于经济周期产生的根本经济原因及解决方法，在古典主义和凯恩斯主义两大经济学家阵营中存在主要分歧。这两个学派的根本分歧在于价格和工资水平能否在经济冲击后迅速地回到一般均衡。

一般而言，一个完整的经济周期理论主要包括两方面的内容：一方面是分析各种严重影响经济的冲击或干扰因素；另一方面是构建模型，描述产出、就业水平以及价格等主要变量如何因经济冲击而变动。我们将使用AD－AS模型来说明古典主义和凯恩斯主义这两大流派的经济周期理论和政策建议。

6.2.1 古典经济周期理论

根据古典经济学的假设，信息是完备的，货币工资和价格水平是可以灵活调整的，市场自动持续出清。因此，古典总供给曲线是一条处于充分就业水平上的垂直于横轴的直线。

现在我们来讨论古典经济学中的总需求曲线。在古典经济学中，产品市场均衡与货币市场均衡是互相独立的。根据古典的货币数量论：

$$MV = PY$$

如果货币流通速度V是不变的，则名义收入PY唯一取决于货币数量。或者说，对于给定的实际货币供给量M/P，存在着唯一的收入水平。这就意味着，当名义货币量M给定时，价格水平与实际收入水平的变动方向是相反的，古典总需求曲线实际上是一条双曲线。如图 6 - 2 所示。

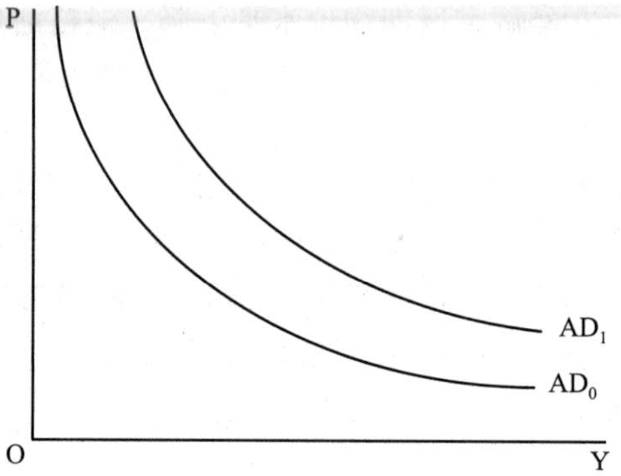

图 6 - 2　总需求曲线

由于充分就业均衡是经济的正常状态，实际国民收入 Y_0 是一个常数。现在假定名义货币供给由于某种原因上升了，从而使总需求曲线由 AD_0 向右移动到 AD_1，于是，价格水平会上升到 P_1，价格水平的上升使实际工资下降，引起企业对劳动的过度需求，货币工资就会上升，直至实际工资恢复到原来的水平。同时，就业和产出也恢复到原来的充分就业水平。如果经济已经处于充分就业水平上，货币供给的增加引起的总需求增加不会使就业和产出发生变化，只会使价格水平上升。如图 6 - 3 所示。同样，总需求下降也不会引起持久性的失业发生。这意味着需求扰动不改变实际工资、就业和产量等实际变量，只改变货币工资和价格水平等名义值，货币是中性的。

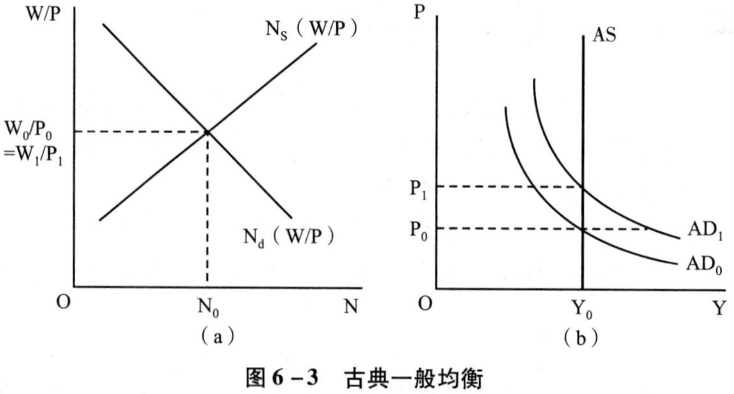

图 6 - 3　古典一般均衡

古典主义认为，货币工资和价格水平是灵活的，充分就业均衡是经济中的正常状态。即使发生经济冲击或公共政策变化的干扰，名义工资和价格水平的自动调整也会使经济迅速恢复到充分就业均衡。因此，不需要政府或中央银行采取积极干预经济的政策措施。

古典主义一般均衡模型，用代数形式总结如下：

生产函数：　$Y = F(N)$

劳动市场均衡条件：　$N_d\left(\frac{W}{P}\right) = N_S\left(\frac{W}{P}\right)$

货币数量论：　$MV = PY$

产品市场均衡条件：　$S(r) = I(r)$

6.2.2　凯恩斯经济周期理论

凯恩斯经济周期理论

自1825年英国发生世界上第一次生产过剩危机①之后，经济学家致力于经济周期理论研究，但很少有经济学家能够对20世纪30年代的大萧条做出前后一致的解释。凯恩斯在《就业、利息和货币通论》中对大萧条提供了一种思考的框架和解释。

按照凯恩斯的假设，名义工资和价格是刚性的，市场无法自动出清。经济中的非自愿失业会长期甚至永远存在，因为经济中不存在有力地自动恢复均衡的力量。即使最终产出将回到自然率水平，这一过程充其量也是缓慢的。②

宏观经济的波动主要由有效需求不足引起。有效需求不足是边际消费倾向、资本边际效率和流动性偏好这三个基本心理因素作用的结果。凯恩斯认为投资者具有动物精神——外生的或自然的对经济状况的乐观和悲观的情绪波动，这些情绪波动是造成需求和产出变化的主要因素。投资需求取决于预期利润率和利率。凯恩斯将预期利润率称为资本边际效率（marginal efficiency of capital，MEC）——它是一种贴现率，这种贴现率正好使一项资本品在使用期内预期收益的现值等于这项资本品的供给价格或者重置成本。当任何一种原因刺激了投资活动，引起经济高涨后，企业家对资本收益的乐观预期通常会发生不正常波动。这种过度乐观引起投资过度，即使资本成本的提高和利率上涨也不足以阻止投资增加，导致经济的极度繁荣。当这种乐观情绪所造成的投资过度被察觉后，又会对资本收益的预期产生过度悲观情

① 现代经济学家通常以衰退代替危机概念。

② 凯恩斯反驳古典主义者关于经济将恢复到充分就业的乐观断言：“在长期中，我们都死了。”

绪，引起过度地紧缩投资，导致萧条。

经济中存在引起经济周期的内在力量，乘数可以解释对需求的冲击如何被扩大，以及如何导致产出更大地变动。凯恩斯认为，边际消费倾向越高，投资的乘数作用越大，经济的波动就越大。

凯恩斯经济周期理论可以用 AD - AS 模型来说明。在图 6 - 4 中，图 6 - 4（a）是 IS - LM 模型，表示产品市场与货币市场的同时均衡。图 6 - 4（b）是 AD - AS 模型，用来反映凯恩斯总供给曲线与总需求曲线。

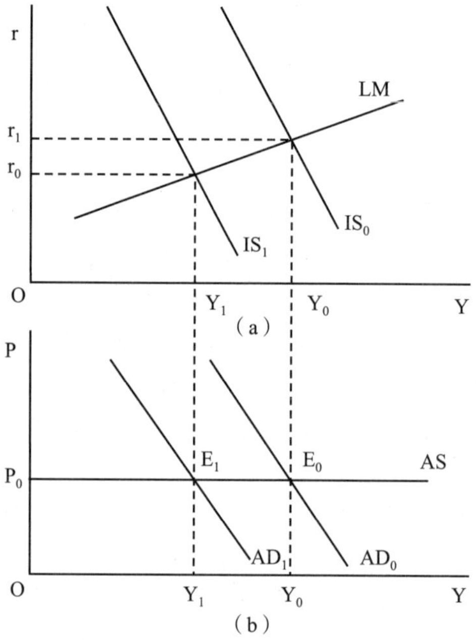

图 6 - 4　凯恩斯 AD - AS 模型

由于名义工资和价格是刚性的，凯恩斯总供给曲线是一条平行于横轴的直线。从 IS - LM 模型中推导的总需求曲线 AD_0 是一条向右下方倾斜的曲线。当经济处于初始均衡状态时，价格是 P_0，产出为 Y_0。

现在假定自发消费减少，或者自发投资减少，IS_0 曲线就会向左移动到 IS_1。这又引起总需求曲线 AD_0 向左移动到 AD_1。在价格水平既定的情况下，总需求减少的幅度，与产品市场和货币市场同时均衡时国民收入的幅度相同。均衡收入由 Y_0 减少到 Y_1，经济出现衰退。由于有效需求不足，经济存在着非自愿的失业情形。Y_1 并不是充分就业产量，它代表一种非充分就业均衡状态。IS 曲线的向左移动使利率水平下降。

凯恩斯认为，等待经济自己回复到自然率水平是靠不住的。在发生经济衰退时，政府试图平衡预算不仅愚蠢，而且非常危险。政府应担负起调节有效需求的职责，有必要采取积极干预经济的财政政策和货币政策。政府增加购买支出，或者减少税收，将引起 IS 曲线向右方移动，从而总需求曲线向右移动。在价格水平既定的情况下，总需求增加的幅度和产品市场与货币市场同时均衡条件下的国民收入增加的幅度相同。于是，经济中均衡国民收入增加。

与古典主义不同，凯恩斯认为，在短期中货币不是中性的，货币政策能够影响利率和有效需求。但是，当经济陷入萧条时，由于货币需求的利率弹性大，即 LM 曲线比较平坦，货币政策效应小。因此，凯恩斯强调财政政策是最有力、最重要的调节手段。

凯恩斯宏观经济模型，用数学形式总结如下：

产品市场均衡（IS 曲线）： $Y = C(Y_D) + I(r) + G$

货币市场均衡（LM 曲线）： $\frac{M}{P} = L(Y, r)$

生产函数： $Y = F(N)$

劳动市场均衡条件： $N_d = N(W/P)$

$W = W_0, P = P_0$

延伸阅读：资本边际效率与投资边际效率

6.2.3 乘数—加速数模型

乘数—加速数模型

20 世纪 50 年代初，基于对凯恩斯的许多思想及早期经济学家的一些思想的综合，形成了一致的观点。这种观点被称为新古典综合或原凯恩斯主义，其代表人物是保罗·萨缪尔森（Paul A. Samuelson）。

原凯恩斯主义以名义工资向下刚性和货币错觉假说为出发点。货币错觉是指在货币工资保持不变的情况下，即使价格水平的上升已经引起实际工资的下降，劳动者也不会改变自己的劳动供给决策。换言之，劳动者可以接受以价格水平上升形式出现的实际工资降低。这一假设所强调的是，决定劳动供给的不是实际工资水平，而是名义工资水平。宏观经济学把人们只考虑工资水平等经济变量的名义值而不是实际值的现象叫作具有货币错觉。

原凯恩斯主义认为宏观经济的波动是由真实总需求冲击引起的，经济的周期性波动根源于经济内在力量。为了说明经济内在力量如何引起波动，保罗·萨缪尔森（1939）构建了一个乘数—加速数模型（multiplier-accelerator model），描述真实总需求冲击在乘数和加速数的相互作用下如何导致经济出现有规律性的周期波动。

加速数原理是指产量变动引致的投资变动对总产出所产生的效应。具体来说，当人们的收入增加时，他们对产品的需求会增加。要生产更多的产品需要更多的资本。在资本存量得到充分利用的条件下，需要进行新的投资，以增加资本存量。结果是投资增加会导致产量增加，而这又会引起投资增加，加速经济扩张。由产量增加引起资本存量（净投资）的增加数称作加速数（accelerator）。以 v 代表加速数，则有：

$$v = \frac{\Delta K_t}{\Delta Y_t}$$

其中，ΔK_t 为 t 年初的资本存量 K_t 与（t－1）年初的资本存量 K_{t-1}之间的变化量。即：

$$\Delta K_t = K_t - K_{t-1}$$

或写为

$$I_t = K_t - K_{t-1}$$

假定在任何时期 t 中，按照生产技术的要求，资本存量与产出水平之间存在一个大致的比例，叫作资本—产量比率。它表示生产 1 单位产量或收入需要多少资本存量。如果生产 1 单位产品需要配备 4 单位资本，则资本—产量比率为 4。

如果产出或收入增加了，则资本存量必须按照资本—产量比率相应增加。资本—产量比率也就是加速数。即：

$$v = \frac{K_t}{Y_t} = \frac{K_t - K_{t-1}}{Y_t - Y_{t-1}} = \frac{I_t}{Y_t - Y_{t-1}}$$

加速数的作用是双重的，即产量增长速度加快时，投资增长是加速的；当产量增长减慢或停止增长甚至减少时，投资则加速度地减少。需要指出，加速数原理发生作用是以资本存量得到充分利用并且资本—产量比率固定不变为前提的。如果存在闲置生产能力，新增产量就可以首先加以利用，则加速数作用就会减少甚至完全消失。

萨缪尔森将凯恩斯的乘数原理与加速数原理结合起来，通过对政府支出、个人消费和私人投资等主要经济变量相互关系的分析，来说明经济周期波动的原因和幅度。

考虑一个封闭经济。乘数—加速数模型的基本方程为：

$$Y_t = C_t + I_t + G_t$$

$$C_t = cY_{t-1}$$

$$I_t = v(C_t - C_{t-1})$$

其中，本期收入由本期消费 C_t、本期投资 I_t 和本期政府购买 G_t

组成。本期消费是上一期收入的线性函数，投资取决于加速数和消费的变动量，即：

$$I_t = v(C_t - C_{t-1}) = v(cY_{t-1} - cY_{t-2}) = c \times v(Y_{t-1} - Y_{t-2})$$

将上面三个方程合并，得到：

$$Y_t = cY_{t-1} + c \times v(Y_{t-1} - Y_{t-2}) + G_t$$

该方程可以描述经济周期波动。如果已知两个时期的国民收入 Y_{t-1} 和 Y_{t-2} 和边际消费倾向 b 和加速数 v 的值，就可以推算出 t 期的国民收入 Y_t。萨缪尔森赋予 c 和 v 不同数值，计算政府在各个时期连续增加 1 美元政府购买所引起的国民收入的变动情况。经济波动特征如表 6－2 所示。

表 6－2　乘数—加速数的相互作用与经济波动特征　　单位：美元

时期（t）	c = 0.5 v = 0	c = 0.5 v = 2	c = 0.6 v = 2	c = 0.8 v = 4
1	1	1	1	1
2	1.5	2.5	2.8	5.0
3	1.75	3.75	4.84	17.8
4	1.875	4.125	6.352	56.2
5	1.9375	3.4375	6.6256	169.84
6	1.9688	2.0313	5.3037	500.52
7	1.9844	0.9141	2.5959	1 459.592
8	1.9922	−0.1172	−0.6918	4 227.704
9	1.9961	0.2148	−3.603	12 241.1216

资料来源：Paul A. Samuelson. Interactions between the Multiplier Analysis and the Principle of Acceleration [J]. *The Review of Economics and Statistics*, *May*, 1939, Vol. 21, No. 2, pp. 75－78.

在图 6－5 中，经济波动的第一种类型如第一列所示，加速数不发生作用，国民收入在乘数原理作用下，按一个递减的比率上升，最终逐渐接近它的新的均衡水平。如图 6－5（a）所示。经济波动的第二种类型如第二列所示，这是一个趋于收敛的均衡，如图 6－5（b）所示。经济波动的第三种类型如第三列所示，经济周期表现为一种爆发性波动，波动幅度越来越大。如图 6－5（c）所示。经济波动的第四种类型如第四列所示，国民收入按一个递增比率无限扩张下去而不是一种波动，如图 6－5（d）所示。

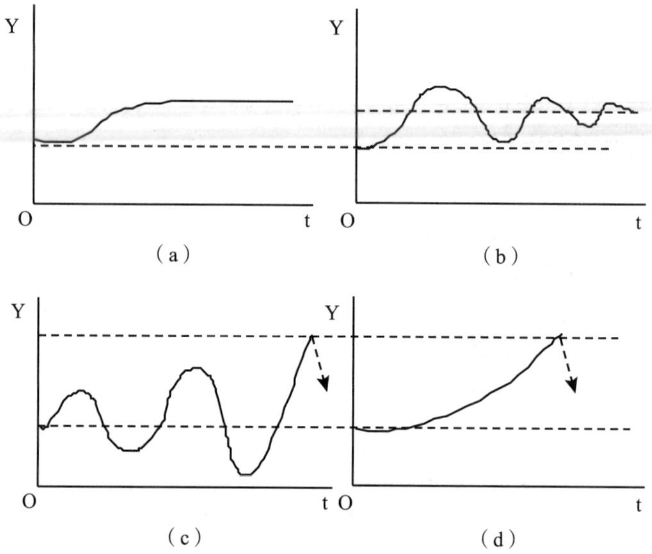

图6－5　经济周期波动的类型

但是，经济周期的扩张与收缩并不是无限的，经济最终会遇到约束因素①，即形成经济周期转折点的约束条件。例如，劳动短缺可能对经济扩张施加限制。一旦遇到这些约束因素，经济便停止扩张，或者至少不再按那么快的速度扩张。但是当经济按照一个更低的速度扩张时，投资需求便会减少。由于存在乘数效应，这会减少总需求。因此经济开始走向衰退。由于产量减少，投资下降得更多，这又进一步推动产量减少，直到投资完全停止。但是，最终旧机器设备会被损耗掉或老化，即使衰退期也需要新投资。这种新投资会刺激需求，需求又会刺激投资。从而经济状况开始好转。

依据乘数—加速数原理和宏观计量经济学模型（基于 IS－LM 模型的扩展）的发展，原凯恩斯主义经济学家认为经济周期是有规则的，经济的上升和下降会在很大程度上可以被预测到。政府可以通过干预来影响总需求以确保经济迅速地恢复充分就业。财政政策和货币政策均可以得到很好地应用，以减弱那些引起周期的内在力量。他们相信经济周期已不再是一个重要的问题，政府所掌握的知识足以改善宏观经济运行的现状，经济衰退似乎很快将消失殆尽。

① 英国经济学家希克斯首先提出了经济周期有“上限”与“下限”的概念。

6.2.4 货币经济周期理论

1. 新古典主义的基本假设

新古典主义（也称作新古典宏观经济学）形成于20世纪70年代[①]。新古典主义的关键假设是：

（1）个体利益最大化。这个观点的基础源自微观经济学假设，即个人的理性决策反映他们的最优化行为。新古典主义认为，宏观经济现象是个体理性行为的结果，宏观经济学必须建立在微观经济学的个体利益最大化假设的基础上。

（2）持续市场出清。当商品市场和劳动市场出现供求失衡时，价格和工资可以迅速调整，保证市场连续出清，从而使经济具有一般均衡的特征。

（3）理性预期。理性预期（rational expectation）是理性当事人最有效地利用一切信息，预测经济变量的未来值，其预期值平均来说将与真实数值相一致。

理性预期的观点最早由美国经济学家约翰·穆思（John F. Muth，1961）提出，参见“Rational Expectations and the Theory of Price Movements”，*Econometrica*，July 1961，pp. 315 – 335。新古典主义采用并发展了这一观点。

理性预期也是新古典主义的核心假设。对理性预期需要做两点说明：第一，理性当事人总是尽可能最有效的利用所有可公开获得的信息——包括现在与未来的信息，而不是仅仅依靠变量的过去值。仅仅依靠过去的变量值进行预测，并根据过去预期出现的误差来不断修正预期的方法，称之为适应性预期（adaptive expectation）。适应性预期是一种“回顾式”的预期，而理性预期则是“前瞻式”的。第二，理性预期的预期值平均起来将是正确的，不会形成有系统性误差（偏差）的预期。理性预期并不意味着能够十分准确地预见未来，理性预期不同于完全预见（perfect foresight）。完全预见假定当事人拥有进行预期的完备信息，预期值始终等于真实值；而理性预期只是利用所能得到的有限信息进行预测，预期时会有误差，这些预期误差是无法预知的随机数。但是，理性预期的预测平均起来是正确的，也就是说等于它们的实际值。当事人不会形成有系统性误差（偏差）的预期。如果这些误差项始终为正数或负数，则意味着人们总是有规律地低估或高估变量。而理性经济当事人会从错误中进行学习，并改变他们形成预期的方式，从而排除了系统性错误。

---

① 新古典主义的发展大体经历了两个阶段：第一代（20世纪70年代），当时称作“理性预期学派”，代表人物有卢卡斯、萨金特、华莱士等。第二代（20世纪80年代以来），代表人物有巴罗、基德兰德、普雷斯考特等，提出实际经济周期理论。

以价格预期为例，理性预期可以用下面的代数式表示：

$$P_t^e = P_t + \varepsilon_t$$

其中，P_t^e 是从 t 到（t+1）的预期价格，P_t 是从 t 到（t+1）的实际价格，ε_t 是随机误差项，其平均值为0。

延伸阅读：卢卡斯

2. 货币经济周期理论

由于新古典主义经济学家对经济波动的根源和性质有着不同的解释，因此新古典主义并没有统一的经济周期模型。以罗伯特·E. 卢卡斯为代表的货币经济周期理论（理性预期学派）认为货币存量的随机变化是经济波动的根源。由基德兰德和普雷斯考特等提出的实际经济周期理论则认为经济波动的原因是技术冲击或生产率冲击。我们首先介绍货币经济周期理论。

货币经济周期理论

货币经济周期理论的关键假定是，信息的不完全使当事人对价格水平变化产生错觉。工人和企业对价格水平的预期偏离实际价格水平，导致价格水平与产出（就业）之间在短期内存在正相关关系，即短期总供给曲线向右上方倾斜。

卢卡斯把经济波动的大部分原因归于未预期到的总需求冲击——未预期到的货币供给变化的随机冲击——造成价格预期误差。这些预期误差本质上是随机的、无法预测的。这些误差被认为是由拥有不完全信息的工人和企业所引起的，他们都错误地把一般价格水平变化看作相对价格变化，导致产出和就业偏离其一般均衡水平。

如图 6－6 所示，假设经济的初始一般均衡处于图中的 E_0 点，它是总需求曲线 AD_0、短期总供给曲线 SAS_0 和长期总供给曲线 LAS 的交点。此时产出等于充分就业产出水平 $\bar{Y}$，价格水平被完全预见，即实际和预期价格均等于 P_0。

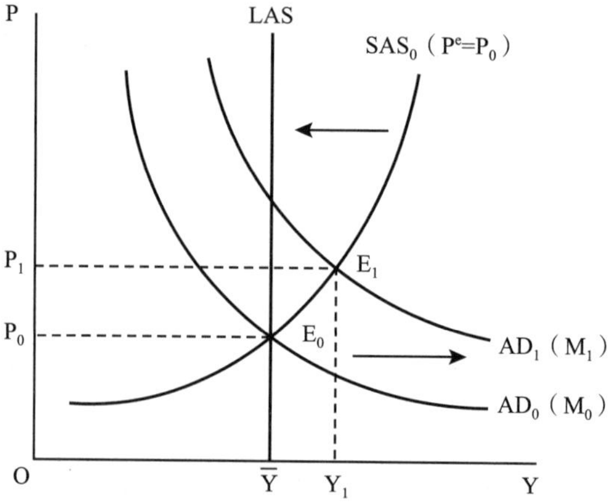

图 6－6　未预期到的货币供给变化

现在假设出现了没有预期到的货币扰动，比如中央银行出乎经济当事人意料地使货币供给量从 M_0 增至 M_1，这引起总需求曲线 AD 从 AD_0 向右上方移至 AD_1。在既定的产出水平上，引起一般价格水平的上升，从而整个经济所有市场上的个别价格也都上升了。这时，拥有不完全信息的企业和工人把一般价格水平上升的结果错误地当作相对价格的上升。也就是说，企业错误地把这些看作是对他们产品需求的真实增长；工人错误地把察觉到的货币工资的上升（相对于其预期值）看作是实际工资的上升，从而增加产品和劳动供给。其结果是，总产出和就业都将暂时高于它们的自然水平。在图 6－6 中，总需求曲线 AD_1 与 SAS_0 相交于 E_1 点，这是新的均衡点，在该点，真实的价格水平超过了预期的价格水平，总产出也高于自然水平 $\bar{Y}$。这是当事人预期误差的结果。由于未预期到的货币供给增加使产出和就业增加，货币是非中性的。

然而，一次性的货币供给冲击带来的实际影响会持续较长时间，即经济会连续数期处于其趋势值之上（繁荣）或之下（衰退）。为了对此予以解释，新古典主义经济学家强调了传播机制的作用。传播机制（propagation mechanism）是一种经济运行机制，它使得初始的冲击能够对经济产生时间相对较长的波动。新古典主义对传播机制的解释包括滞后产量以及资本品的持久耐用性、合同对即时调整的抑制以及调整成本的存在。以调整成本为例，企业既面对雇用工人的成本也面对辞退工人的成本——搜寻和训练新雇员、支付富余人员工资等，在短期内急剧扩大或缩小产出是需要付出成本的。在一些没有预期到的冲击后，他们的最优反应或许是在一段时期内逐渐调整产量和就业水平。

3. 理性预期与货币政策无效论

在以不完全信息为基础的新古典模型中，未预期到的货币供给会影响产出。因此，如果货币当局试图利用货币政策来影响产出，似乎仅通过改变未预期到的货币供给就可以达到目标。当经济处于衰退时，中央银行可以出其不意地增加货币供给来提高产出；当经济过热时，可以采取紧缩性货币政策使经济放缓。然而，如果货币供给是由中央银行依照一些“已知”的规则决定时，那么即使在短期中当局也不能通过系统性货币政策影响产出和就业，因为这可能被理性经济当事人预见到，他们会掌握当局惯常的行为模式。例如，货币当局采用一项货币规则，每年确定 5% 的货币增长率。在形成通货膨胀预期时，理性经济当事人能够把他们对这 5% 的货币扩张造成的影响的预见考虑进来，结果这种货币政策不会影响真实变量。只有完全随机的货币政策才可能影响产量，换言之，政府是通过对公众的欺骗来使政策发生作用的。但这种欺骗是不能长久的，因为它不可能在大多数时间欺骗大多数人。

理性预期学派认为，在理性预期和市场出清的世界里，货币政策是无效的。政府试图通过随机或非系统性的货币政策来影响产出和就业，只会增大产量和就业围绕它们自然水平的偏差。

图 6－7 说明了预期到的货币供给增加的效果。假设经济的初始一般均衡点为 E_0，该点是 AD_0、SAS_0 和 LAS 三条的交点。假设货币当局宣布将提高货币供给，理性经济当事人在形成他们的预期时会考虑这个信息，并完全预见到货币供给提高对一般价格水平的影响，产量和就业就会停留在自然水平上而不发生变动。在图 6－7 中，当总需求曲线向上移动一个与货币存量增加相同的比例时，短期总供给曲线也会上移相同的比例，即在 $\bar{Y}$ 处，预期价格与货币供给增加上升同一比例。在这种情况下，经济将从点 E_0 径直移到点 E_2，停留在垂直的总供给曲线上。因此，预期到的货币供给增加并未影响产出，却使价格同比例上升。与此类似，预期到的货币供给减少会使价格同比例下降，但不会影响产出和其他实际变量。因此，在理性预期情况下，预期到的货币供给变化只影响价格水平，而对实际产量和就业没有影响，货币是中性的。

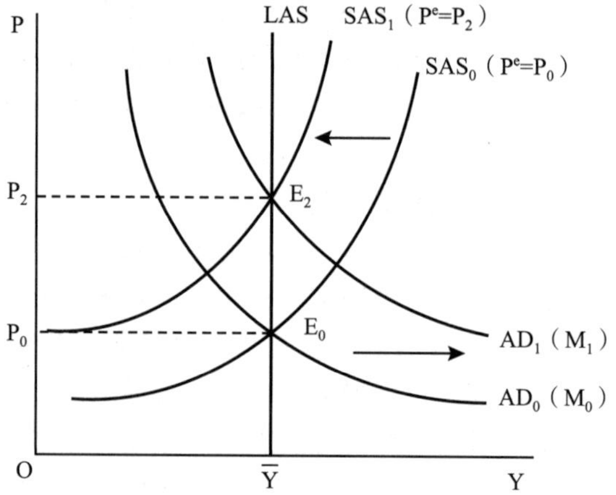

图 6－7　预期到的货币供给变化

基于理性预期的新古典主义坚定地认为，预期到的货币政策对产出没有任何影响。早期的研究似乎支持这个观点，因为巴罗（Barro，1977a，1978）发现的证据表明，只有未被预期到的货币存量变动才会增加产出。然而随后的历史研究表明预期到的货币是非中性的。其中，一项经典研究是米尔顿·弗里德曼和安娜·施瓦茨发表的《1867－1960年美国货币史》。他们分析了货币供给波动的原因，以及货币与其他经济变量之间的相关关系。他们得出的结论是：（1）货币冲击的变化与经济活动、（名义）收入、价格息息相关；（2）货币增长与产出增长之间有较强的正向关系；（3）货币的变化有其独立的原因，货币供给增加不能完全解释货币与实际产出之间的关系。克里斯蒂娜·罗默和戴维·罗默（Christina D. Romer and David Romer，1989）也基本认同货币非中性这一结论。他们发现自1960年起，美联储有6次试图降低通货膨胀的货币政策转变，并发现每次这样的紧缩性货币政策之后，随之而来的是严重衰退。总之，统计研究证据不太支持预期到的系统性货币政策没有真实效应这一论点。

6.2.5　实际经济周期理论

实际经济周期理论

卢卡斯等建立在不完全信息和持续市场出清假设上的货币经济周期模型对宏观经济学的发展产生了重大影响。他们建立预期模型的方式、关于政策变化影响预期的观点，现在已经被经济学家广泛接受。然而，在20世纪70年代末，该模型同时陷入了理论和经验上的困境。批评者指出持续市场出清与不完全信息假设的不合理性，该模型对包含货币与产出之间因果关系的经济周期没有做出令人接受的解释。另外，如前所述，预期到的货币是中性的观点很少得到经验性证据的支持。从80年代初期开始，对总量不稳定的新古典解释主要集中到实际冲击而非货币冲击，这就是所谓的实际经济周期理论（real business cycle theory，简称RBC理论），它指出产出和就业的波动主要是技术冲击或生产率冲击的结果，而货币供给冲击没有任何作用，由于市场调节迅速，经常保持均衡状态。

实际冲击是对经济“实际层面”产生的干扰，例如影响生产函数、劳动规模、政府购买的实际数量、消费者支出和储蓄决策等。实际经济周期理论认为影响最大的是生产函数冲击，即所谓的供给冲击，又称为生产率冲击。生产率冲击包括：

（1）技术变迁，包括新产品的开发或新生产方式的采用、先进管理技术的引进、资本或劳动质量的变化。

（2）可供使用的原料或能源价格的显著改变，例如20世纪70年代的两次石油危机。

（3）物质环境的一些不利变化对农业产量形成不利的影响。

（4）战争、政治大动荡或者劳动者的骚乱等打乱了经济现存的运行和结构。

（5）影响生产的政府管制的变化，以及任何影响生产率的其他因素。

在这些影响生产率的因素中，许多的实际经济周期经济学家都假设技术冲击是导致经济波动的主要（甚至唯一）根源。这种对生产函数的供给冲击引发了总产量和就业的随机波动，其传播机制包括资本积累、跨时期劳动替代以及早期模型的调整成本机制。我们这里主要介绍跨时期劳动替代传播机制。

跨时期劳动替代传播机制解释了劳动供给对实际工资较小的变动做出较大的反应，从而会放大初始冲击对产出的影响。根据跨时期劳动替代假说，理性个体通过改变他们的劳动供给和消费决策回应消费与闲暇的相对价格的结构变化。

假定存在一个正向的技术冲击（如技术创新）。这种冲击提高了劳动边际产量，导致对劳动需求的增加和产量的增加，从而提高现行的实际工资水平。在冲击发生时，单个的劳动者或生产者需要确定：这种冲击究竟是暂时性的还是长久性的，即经济当事人面临着一个信号筛选问题。如果劳动者估计这种技术冲击是暂时性的，使得当期实际工资只是暂时地高于标准工资，那么劳动者将用劳动替代闲暇，而在预期实际工资较低的未来则减少工作。如果劳动者预期这一冲击是永久性的，则对他们的劳动供给可能就不发生影响。

实际经济周期理论认为，劳动供给对实际工资暂时变化的反应弹性是较高的，也就是说，如果实际工资的变化是暂时的而不是长久的，劳动者将增加劳动供给以替代闲暇。如果劳动者认为工资水平上升了并将保持在这个较高的水平上，也就是说工资变化是长久的，当期劳动供给将会减少。

我们可以用图 6－8 来说明在实际经济周期模型中总产量和就业是如何变化的。图 6－8（a）表示的是正向技术冲击 A^* 使生产函数从 Y 上移到 Y^* 的位置。这种移动提高了劳动的边际产量，使劳动需求增加，增加了就业。就业扩大的程度取决于当时实际工资下的劳动供给弹性。如果劳动供给弹性大，则劳动供给曲线相对平缓，如图 6－8（b）中 S_2 所示，技术冲击使产量从 Y_0 增加到 Y_2，同时实际工资从 $(W/P)_a$ 上升到 $(W/P)_c$，就业从 N_0 增加到 N_2。如果劳动供给弹性较小，则劳动供给曲线 S_1 相对陡峭，这时实际工资增加较多而就业增加较少。

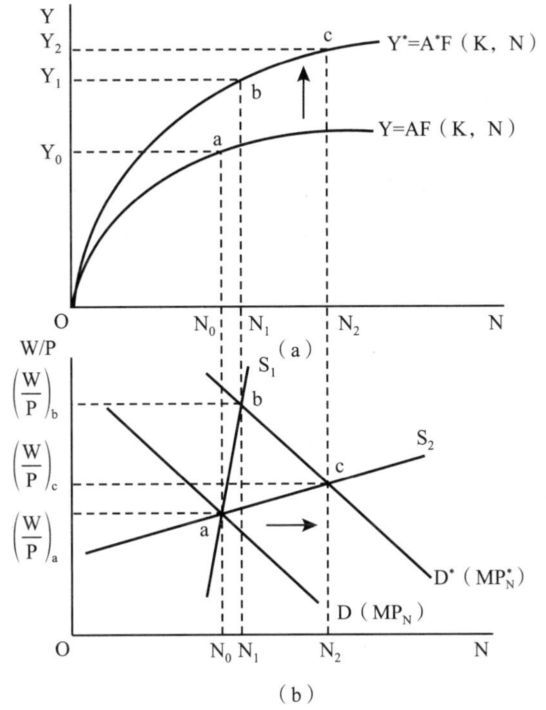

图6－8　技术冲击引起的产量和就业波动

依据跨时期劳动替代假说的实际经济周期理论与经济周期的基本事实相吻合。经济周期事实特征表明，平均劳动生产率、实际工资和就业水平具有同周期性，但经验证据不支持劳动供给的跨期替代弹性相对较强的观点。

在实际经济周期模型中，引发波动的另一种冲击是财政政策的变化。实际经济周期理论认为，政府支出会把资源由私人消费转移到政府。这是因为政府支出增加将减少可供私人进行的消费和投资，当政府为弥补额外支出而提高当前的税收时，政府支出增加对私人财富的不利影响最为显著。即使政府不是通过增加当期税收来支付额外支出，而是通过借款来满足需求，政府为了偿还借款的本金和利息，也会提高未来的税收。纳税人知道他们最终必须偿还这些欠债，因而他们就节省消费。因此，无论当期的税收增加与否，财政政策对实际失业率没有影响。因为劳动者在工作与闲暇之间具有高度替代性，就业波动反映人们工作时间的自愿变化，根本不存在非自愿失业。

与货币经济周期经济学家的看法不同，实际经济周期经济学家认为货币政策冲击在任何期间内对实际变量没有影响，货币是中性的。理性当事人不会受到价格信息不对称的危害，有关一般价格水平轨迹的信息能公开得到。

实际经济周期经济学家普遍反对主动熨平经济周期的做法。他们认为，由于价格和工资通过迅速调整使经济达到一般均衡，政府基本没有机会去改善经济扰动对宏观经济造成的影响。这些冲击全部都是外生的，它们都在政策制定者的控制之外，政府试图去熨平经济波动的做法无据可依。实际经济周期理论的一个明显的信条是，虽然政府不能解决什么问题，它也不能造成什么损害。

实际经济周期理论是在20世纪70年代的新古典主义基础上发展起来的，归纳起来，它具有下述基本特征：

（1）实际经济周期理论采用代表性经济当事人的结构，代表性当事人的目的是在现行资源约束条件下使其效用或利润最大化。

（2）当事人具有理性预期，不会受到信息不对称的影响。

（3）价格灵活性确保持续市场出清。由于市场调节迅速，经常保持均衡状态。

（4）产出和就业的波动是由可得到的生产技术的较大的随机变化引起的，而各种传播机制则使这种最初冲击的影响扩散开来。

（5）劳动者在工作与闲暇之间具有高度替代性，就业波动反映人们工作时间的自愿变化，即不存在非自愿失业。

（6）货币政策对实际变量没有影响，货币是中性的。

（7）实际经济周期理论将增长和波动整合在一起，完全抛弃了经济波动与增长（趋势）分析中短期与长期的区分①。按照实际经济周期理论，技术变化是同时决定增长和波动的主要因素。我们所观察到的产出波动的轨迹不过是持续移动的充分就业均衡。产量波动是自然率的变动而不是对均衡的偏离，是理性当事人对技术进步率的不确定性所做出的最优反应的结果。

6.2.6 新凯恩斯主义经济周期理论

新凯恩斯主义经济周期理论

名义工资刚性和价格刚性是凯恩斯理论及其政策建议的基石。20世纪70年代早期，新古典主义对原凯恩斯主义提出了强有力的批评，他们认为原凯恩斯主义仅仅假设货币工资和价格具有刚性，没有对名义刚性的原因做出合理的解释。新古典主义认为经济中工资和价格是由拥有经济理性的个人和企业共同决策的结果。如果过高的工资会导

① 普雷斯科特（Prescott，1986）认为，使用“经济周期”一词是一种不幸，因为它意味着需要解释与决定经济增长的因素无关的一种现象。

致非自愿性失业，那为什么失业工人不会降低工资直到企业愿意雇用他们为止？如果价格水平没有使供求量实现均衡，为什么企业不改变其价格？

新凯恩斯主义①以名义工资黏性、价格黏性代替原凯恩斯主义名义工资刚性和价格刚性的假设。该假设的基本含义是，缓慢的工资和价格调整使经济从非充分就业均衡状态回到充分就业均衡状态，需要一个很长的过程，例如需要几年时间，在这一过程中，经济处于持续的非均衡状态。新凯恩斯主义模型增添了原凯恩斯主义模型所忽略的两个假设：一是经济当事人最大化原则，即厂商追逐利润最大化和家庭追求效用最大化；二是理性预期。经济当事人最大化原则和理性预期的假设使新凯恩斯主义突破了原凯恩斯主义的理论框架。

新凯恩斯主义承认需求冲击和供给冲击可能都是经济波动的根源，但总需求冲击仍然被看作是经济周期性波动的主要原因。需求冲击包括财政政策的变化、意愿投资的变化、消费者对未来信心的变化、货币需求或货币供给的变化等。

下面我们用新凯恩斯主义 AD－AS 模型来说明产量和价格对于总需求冲击的动态调整过程，见图 6－9。

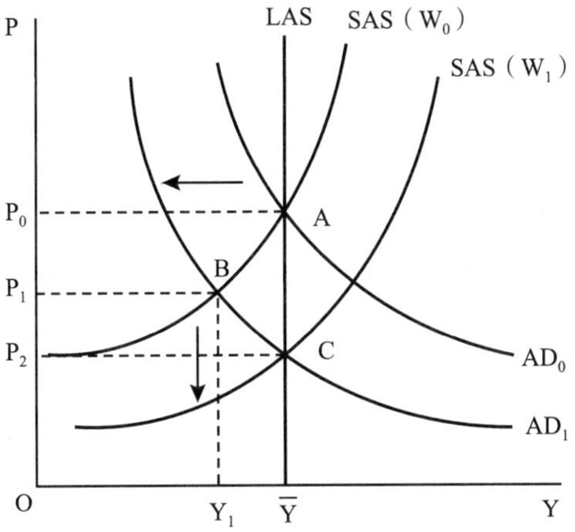

图 6－9　黏性工资与经济波动

假定经济起初处于 A 点。如果经济在本期出现了一个未被预期到的名义需求冲击，例如货币流通速度的降低，将总需求曲线从 AD_0

① 1984 年帕金首次使用新凯恩斯主义这个术语，但新凯恩斯主义的一些基本思想在 20 世纪 70 年代就已经存在了。

移至 AD_1。价格水平从 P_0 下降到 P_1。由于工资合同是在上期谈判决定且有效期超越本期，因而名义工资是黏性的（即为 W_0），这时，经济将运行到图中的 B 点，实际产量将从 $\bar{Y}$ 降至 Y_1。随着时间的推移，工人和企业会就合同进行重新谈判，名义工资将会下降到 W_1，以使其与价格水平的下降相适应。随着价格和名义工资的下降，短期总供给曲线将从 $SAS(W_0)$ 下移到 $SAS(W_1)$，从而在 C 点达到产量的自然率水平。在 C 点处，价格水平和名义工资都下降了相同比例，实际工资与初始水平相同。

如果合同是交错进行的，那么产出和就业将经历较长时间才能恢复到自然水平。可见，长期劳动合同增加了宏观经济的不稳定性。

与新古典主义不同，新凯恩斯主义强调稳定性政策的重要性。由于价格和工资存在黏性，经济在遭受到总需求冲击后（如导致经济衰退），经济从一个非充分就业的均衡状态恢复到充分就业的均衡状态是一个缓慢的过程。因此，积极使用政策来刺激总需求是必要的。新凯恩斯主义认为，政府不应当把自己局限于固定的规则，而应当采用相机抉择（discretionary）的政策——政策制定者在经济状况变化时自由地做出判断并选择合适的政策。

货币政策或财政政策均可以推动经济恢复到充分就业状态。新凯恩斯主义认为，即使存在理性预期，增加政府支出和减税在刺激经济方面有直接效果；货币在短期中是非中性的，货币政策的实际效果不会被价格水平的变化所抵消，尽管货币在长期是中性的。

延伸阅读：传统经济周期理论

在图 6－11 中，当经济遭受总需求冲击，处于非充分就业水平的 B 点时，货币当局采取扩张性货币政策是有用的并且是有效的。由于长期名义工资合同的阻力，如果中央银行对名义需求冲击的反应快于私人部门对名义工资的调整，即使被预期到也会使 AD 曲线右移，并在 A 点重新达到均衡。但这些政策也存在缺陷，与不采取政策行动相比，它们会导致更高的价格水平。

本章小结

1. 经济周期是指经济活动总量扩张和收缩的交替，许多经济变量在经济周期中有规律地同步运动，经济周期发生的间隔并不是定期的和可以预测的。

2. 古典主义是以货币工资和价格具有完全伸缩性假说为基础的。如果经济中发生扰动，货币工资和价格水平的自动调整会使经济迅速恢复到充分就业均衡。充分就业均衡是经济中的正常状态。

3. 凯恩斯经济周期理论建立在名义工资刚性和价格刚性的基础

之上，经济中的非自愿失业会长期甚至永远存在。

4. 乘数—加速数模型说明经济周期完全是由经济本身的内部的动力相互决定的。

5. 理性预期学派认为，未预期到的货币供给的变化引起价格预期误差，导致产出和就业偏离其一般均衡水平。而预期到的货币供给变化则为中性，不产生实际的影响。

6. 实际经济周期理论把生产率冲击作为经济波动的最初原因。产量波动是自然率的变动而不是对均衡的偏离。货币政策既是不必要的，在大多数情况下也是无效的。

7. 新凯恩斯主义的理论基础是工资和价格黏性假设与非市场出清，强调稳定性政策的重要性。

关键概念

经济周期	资本边际效率	乘数—加速数模型
理性预期	适应性预期	完全预见
实际经济周期	相机抉择	

复习思考题

1. 选择题

(1) 经济周期的中心是（　　）。

A. 价格的波动　　B. 利率的波动

C. 国民收入的波动　　D. 消费的波动

(2) 加速原理实现的条件是（　　）。

A. 经济增长的时候

B. 消费持续增长的时候

C. 社会没有剩余生产能力的时候

D. 无条件

(3) 乘数和加速数的相互作用会引起（　　）。

A. 经济持续繁荣　　B. 经济连续低迷

C. 经济的周期波动　　D. 经济的无限发展

(4) 乘数和加速数相互作用的模型说明了（　　）。

A. 经济波动源自经济内部

B. 经济的波动是一种自然的现象

C. 经济的波动没有界限

D. 经济的波动是由社会性质决定的

(5) 实际经济周期理论是对（　　）。

A. 收入波动的解释　　　　B. 就业率波动的解释

C. 短期经济波动的解释　　D. 长期经济波动的解释

(6) 引起经济波动的各个变量中，起关键作用的是（　　）。

A. 投资　　　　B. 储蓄

C. 收入　　　　D. 消费

2. 简答题

试比较新凯恩斯主义与新古典主义经济周期理论的异同点。

第 7 章

通货膨胀与失业的短期权衡

本章要点

◇ 理解并掌握菲利普斯曲线及其发展

◇ 了解菲利普斯曲线与短期总供给曲线的关系

◇ 掌握短期通货膨胀的原因

◇ 掌握奥肯定律

通货膨胀和失业是最直接而又最严重影响人们的宏观经济问题，它直接影响公众对政府的满意程度，因此是政府需要解决的主要经济问题。但是低通货膨胀和低失业这两个目标往往是冲突的。菲利普斯曲线描述了通货膨胀与失业之间的取舍关系。

7.1 菲利普斯曲线

7.1.1 菲利普斯曲线

菲利普斯曲线及其发展

1958 年，新西兰籍经济学家 A. W. 菲利普斯在研究英国 1861 ~ 1957 年名义工资增长率与失业率的实际统计资料时发现，英国近一个世纪的名义工资增长率与失业率之间存在一种负相关关系。失业率上升，名义工资率下降；失业率下降，名义工资率则上升。这就是最初的菲利普斯曲线的含义。如图 7 - 1 所示。横轴代表失业率 u，纵轴代表名义工资增长率 g_w。失业率与名义工资变化率呈非线性的负相关关系。在大约 5.5% 的失业率水平上，名义工资增长率为 0，而在 2.5% 的失业率水平上，名义工资增长率为 2.0%。

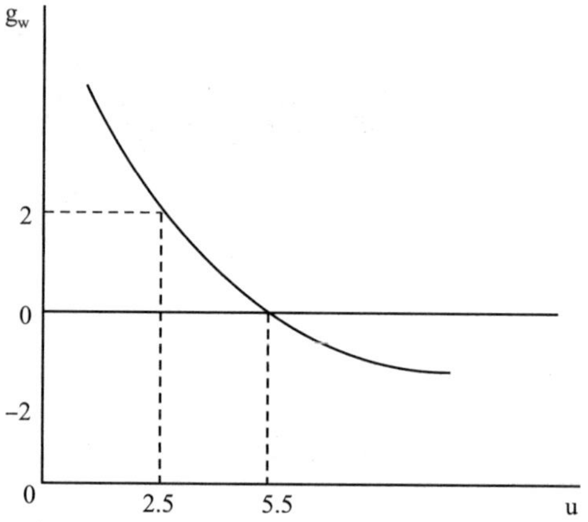

图 7 - 1　初始的菲利普斯曲线

若设 W_t 代表本期工资，W_{t+1} 代表下期工资，名义工资增长率 $g_W = (W_{t+1} - W_t)/W_t$。以 u^* 代表自然失业率①，我们把初始的菲利普斯曲线表示为：

$$g_W = -\varepsilon(u - u^*)$$

其中，ε 衡量名义工资对失业率的反应程度。该方程表明，当失业率超过自然失业率，即 $u > u^*$ 时，工资下降。当失业率低于自然失业率时，工资上升。

1960 年，萨缪尔森和索洛使用菲利普斯的方法对美国 1900 ~ 1960 年的数据进行了分析，发现美国名义工资的变化率与失业率同样存在着负向关系。在此基础上，他们将研究的重点从名义工资增长率和失业率的关系转移到通货膨胀与失业的关系上，发现美国的通货膨胀与失业之间存在负相关关系。其背后的逻辑很简单：更低的失业率意味着更高的劳动需求，导致更高的名义工资，更高的名义工资导致更高的价格。因此，更低的失业率导致更高的通货膨胀率（价格水平增长率）。“菲利普斯曲线”一词逐渐被用来描述通货膨胀率与失业率的关系。用几何图形来描述菲利普斯曲线，如图 7 - 2 所示。

① 初始的菲利普斯曲线没有自然失业率这一术语，但是后面你将看到 u^* 与潜在产出 Y^* 密切相关。

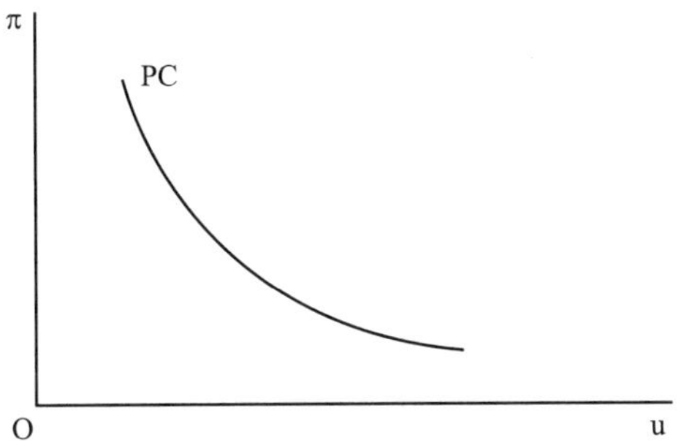

图 7－2　菲利普斯曲线

图7－2中横轴代表失业率u，纵轴代表通货膨胀率π。向下倾斜的曲线PC就是菲利普斯曲线。

美国1961～1969年的通货膨胀和失业数据与菲利普斯曲线所表示的失业和通货膨胀交替关系基本吻合，如图7－3所示。

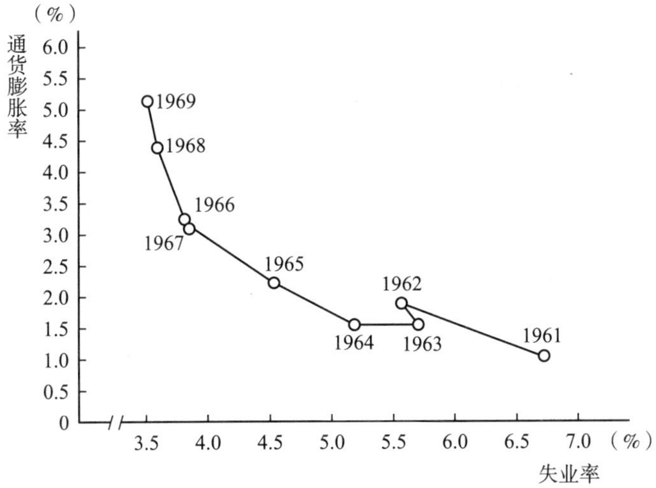

图 7－3　1961～1969 年美国的通货膨胀与失业

资料来源：多恩布什：《宏观经济学》（第七版），中国人民大学出版社2000年版，第98页。

菲利普斯曲线的政策含义。许多凯恩斯主义者把菲利普斯曲线解释为表示存在着一种长期稳定的交替关系，从而把菲利普斯曲线作为宏观经济政策分析的基本工具。它表明政策制定者可以选择不同的失业和通货膨胀的组合。例如，如果他们能够忍受较高的通货膨胀，就能够达到较低的失业率。他们也可以通过较高的失业率来换取较低的通货膨胀率。关于宏观经济政策的大部分讨论变成了在菲利普斯曲线上选取哪一点的问题。

7.1.2 附加预期的菲利普斯曲线

菲利普斯曲线描述了美国 20 世纪 60 年代通货膨胀与失业的关系。然而，20 世纪 70 年代和 80 年代的数据并不符合菲利普斯曲线所表示的通货膨胀率和失业率的负向关系。图 7－4 表示的是 1961～2000 年美国通货膨胀与失业的情况。在 20 世纪 70 年代中期，美国经历了高通货膨胀率和高失业率并存的情况。

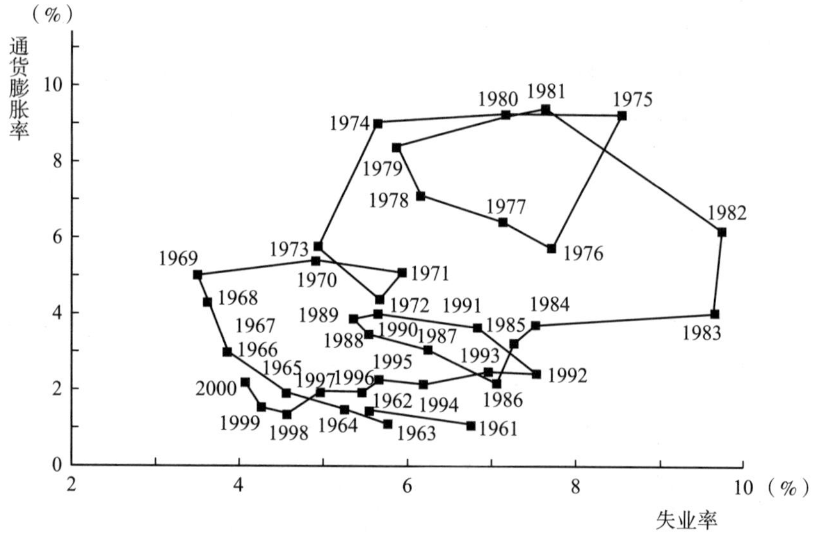

图 7－4　美国自 1961 年以来的通货膨胀与失业

资料来源：曼昆：《宏观经济学》（第五版），中国人民大学出版社 2005 年版，第 343 页。

1968 年，货币主义的代表人物——米尔顿·弗里德曼和费尔普斯对菲利普斯曲线的逻辑性提出了质疑，否定了通货膨胀与失业之间存在长期交替关系。他们认为，初始的菲利普斯曲线忽略了通货膨胀率预期的作用，即失业率只与名义工资增长率有关，而与预期的通货膨胀率（价格水平增长率）完全无关。这意味着工人完全受货币错觉的支配，因为工人仅仅依据名义工资水平变化，完全不管价格水平变化而做出劳动供给决定。按照弗里德曼的说法，当工人和企业协商工资时，他们关心的是实际工资，而不是名义工资。因此，劳资双方都愿意在合同期内，根据预期的通货膨胀率相应地调整名义工资水平。弗里德曼认为应该用实际工资增长率来确定菲利普斯曲线，因而他把预期通货膨胀率 π^e 当作决定名义工资增长率的一个附加变量，修正了初始的菲利普斯曲线方程：

$$g_W = \pi^e - \varepsilon(u - u^*)$$

实际工资不变，实际通货膨胀率将等于名义工资增长率。因此，菲利普斯曲线方程可以表述为：

$$\pi = \pi^e - \varepsilon(u - u^*)$$

该方程即是附加预期的菲利普斯曲线、现代菲利普斯曲线或加速的菲利普斯曲线。

附加预期的菲利普斯曲线意味着：对于一个既定的预期通货膨胀率的菲利普斯曲线就是一条短期菲利普斯曲线。因为在短期内人们对价格水平变化的预期存在错觉，因此，预期通货膨胀率对实际通货膨胀率变动的调整相当缓慢。当预期通货膨胀率等于实际通货膨胀率时，失业处于自然失业率水平。

在图7－5中，横轴代表失业率，纵轴代表实际的和预期的通货膨胀率。假设经济最初处于价格稳定和失业率等于自然失业率的均衡状态。比如说，货币供给每年以2%的速度增长。为简化分析，假设生产率零增长。因此价格水平每年上升2%（即年通货膨胀率为2%）。如果货币供给的增长完全被人们预期到，名义工资就会以预期的通货膨胀率增长。这时，实际通货膨胀率等于预期通货膨胀率，失业处于自然失业率水平 u^*。短期菲利普斯曲线与自然失业率在预期通货膨胀率为2%处相交。这对应于图中的A点。

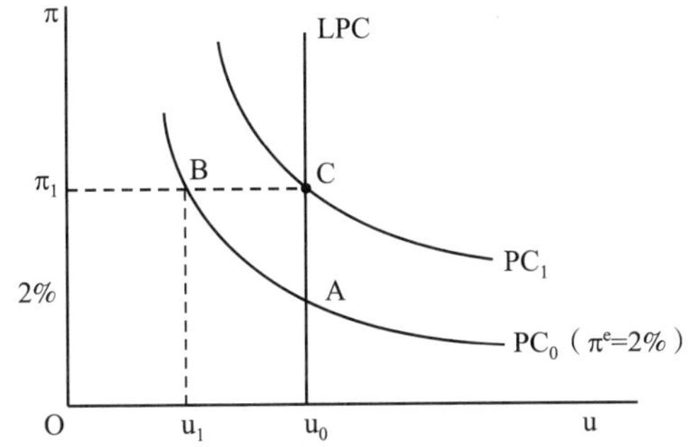

图7－5　附加预期的菲利浦斯曲线

这里需要注意：（1）短期菲利普斯曲线的位置取决于预期通货膨胀率。现代菲利普斯曲线与自然失业率不是在横轴上相交，而是在预期通货膨胀率水平上与自然失业率相交。只有在预期通货膨胀率为零的特殊情况下才会在横轴上相交。事实上，从20世纪60年

米尔顿·弗里德曼和埃德蒙·费尔普斯于1968年提出自然率假说：在没有货币因素干扰的情况下，让劳动力市场和商品市场的自发供求力量发挥作用时所应有的、出于均衡状态的失业率，这种失业率是稳定的、独立于通货膨胀率的。

代开始，美国的通货膨胀率持续为正，而且通货膨胀变得更加持久。（2）这里给出了自然失业率的另一种表示方法（自然率假说）：自然失业率是通货膨胀率保持稳定时的失业率，这就是为什么自然失业率也被称为非加速通货膨胀的失业率的原因。

现在考虑当总需求发生未预期到的增长时，经济会出现什么变化。如果中央银行将货币供给增长率提高到5%，从而使总需求的增长速度加快，引起了物价水平和名义工资上升。由于最近经历了一段物价稳定时期（$\pi^e=\pi=2\%$），工人会把名义工资的增加误以为是实际工资的增加，因而提供更多的劳动。也就是说，他们会暂时陷入货币错觉。但是，名义工资的调整速度通常赶不上价格水平的调整速度，实际工资水平仍然会下降。企业愿意雇用更多的工人，失业率从u^*下降到u_1。经济沿着短期菲利普斯曲线PC_0（$\pi^e=2\%$）由A点移动到B点，失业率下降到其自然率水平之下的u_1，实际通货膨胀率高于预期通货膨胀率。

随着工人慢慢根据所经历的较高的实际通货膨胀率提高其通货膨胀预期，他们发现，虽然货币工资增加了，但实际工资却减少了，因而他们会要求按照更高的预期通货膨胀率增加货币工资，这使短期菲利普斯曲线从PC_0向上移至PC_1。随着实际工资的增加，企业会解雇工人，失业增加，直到C点，实际工资恢复至原来的水平，实际通货膨胀率再次等于预期通货膨胀率，失业回到自然失业率水平u_0。这意味着，一旦在工资协议中完全预期到实际通货膨胀率，即没有错觉，失业率与通货膨胀率之间不存在长期的交替关系。将A点和C点连接起来，就可以在自然失业率u_0处得到一条垂直的长期菲利普斯曲线LPC。在U_0处，名义工资增长率正好等于通货膨胀率，实际工资是不变的，因而劳动市场处于长期均衡水平，实际通货膨胀率与预期通货膨胀率相等，即通货膨胀被完全预期到了。

附加预期的菲利普斯曲线的政策含义。附加预期的短期菲利普斯曲线表明，只要预期通货膨胀率保持不变，未预期到的通货膨胀就会导致失业与通货膨胀之间的替代关系，这就意味着，中央银行提高货币扩张速度的政策会把失业率降低到自然失业率之下。在长期中，通货膨胀率会被人们完全预期到，不存在失业与通货膨胀的交替关系。垂直的长期菲利普斯曲线意味着，任何力图将失业率长期维持在自然失业率之下的努力，都将导致加速的通货膨胀。换言之，货币在长期是中性的，但在短期内货币可以发挥实际作用。

7.1.3　供给冲击与菲利普斯曲线

弗里德曼和费尔普斯的理论指出，预期通货膨胀的调整使短期菲利普斯曲线移动。20 世纪 70 年代，一些经济学家又把注意力转向使短期菲利普斯曲线移动的另一个因素：供给冲击。1974 年和 1979 年两次石油危机，石油输出国组织通过限制开采原油数量来减少世界市场的石油供给量，这种供给减少使石油价格大幅飙升，导致了欧美国家的高通货膨胀率和高失业率。例如，1975 年美国的失业率为 8.5% 而通货膨胀率也高达 9.1%，1982 年的失业率超过 9% 而通货膨胀率接近 6%。如图 7－4 所示。

这种不利的供给冲击导致实际通货膨胀率上升，提高了预期通货膨胀率，进一步促使菲利普斯曲线向右上方移动。同理，有利的供给冲击使短期菲利普斯曲线向左移动，达到低失业与低通胀的组合。例如，20 世纪 90 年代，在技术进步和低油价等有利的供给冲击下，美国实现了低失业率与低通货膨胀率的结合。

引入供给冲击后，现代菲利普斯曲线通常表示为如下形式：

$$\pi = \pi^e - \varepsilon(u - \bar{u}) + v$$

其中，v 代表供给冲击。现代菲利普斯曲线表明，通货膨胀率取决于预期通货膨胀率、失业对自然率的偏离（即第 2 章中的周期性失业）和供给冲击。

7.1.4　菲利普斯曲线与短期总供给曲线

短期总供给曲线描述了产出与未预期到的价格水平之间的正向关系，现代菲利普斯曲线描述了失业与未预期到的通货膨胀之间的负向关系，短期总供给曲线和菲利普斯曲线表述的思想是一致的，如同一枚硬币的两面①。只不过总供给曲线用于分析产出与物价水平的关系，菲利普斯曲线用于分析失业与通货膨胀的关系。

菲利普斯曲线提供了理解短期总供给曲线的另一个视角。总需求波动引起沿着总供给曲线移动等价于沿着菲利普斯曲线移动。如图 7－6 所示，当政府实行扩张性财政或货币政策以扩大总需求时，经济将沿着短期总供给曲线变动到更高产出和更高物价水平上［图 7－6（b）中从 B 点移动到 A 点］，相同数量的总需求增加也

① 在本章附录中，我们从短期总供给曲线方程推导出短期菲利普斯曲线方程。

可表述为沿着菲利普斯曲线从 B 点到 A 点的移动，失业降低了而通货膨胀率提高了，因为较高的产出意味着较低的失业，较高的物价水平意味着较高的通货膨胀。反之，当政府紧缩需求使经济沿着短期总供给曲线从 B 点向下移动到 C 点时，降低了价格水平也减少了产出，相同数量的总需求减少也可表述为沿着菲利普斯曲线从 B 点到 C 点的移动，提高了失业率而降低了通货膨胀率。菲利普斯曲线提供了另一种描述短期总供给的方法。

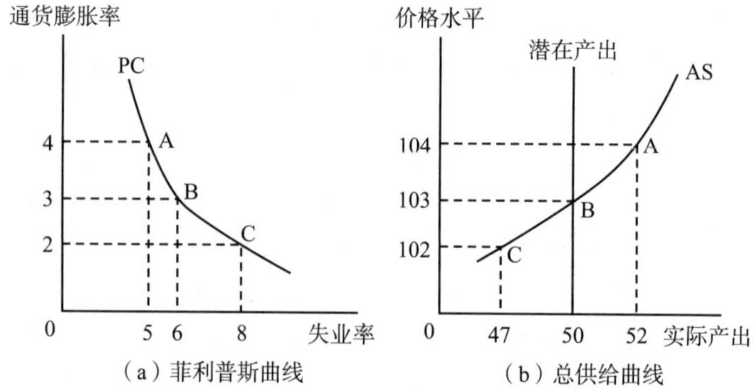

图 7 －6　短期菲利普斯曲线和短期总供给曲线

在长期中，通货膨胀和失业之间不存在交替关系。货币供给的增长决定通货膨胀率，无论通货膨胀率如何，失业率趋向于自然失业率，因此，长期菲利普斯曲线是一条垂直线，如图 7 －7 所示。如果中央银行缓慢地增加货币供给，使总需求曲线从 AD 向右移动到 AD′，长期均衡从 A 点移到 B 点，产出保持在充分就业产出水平而物

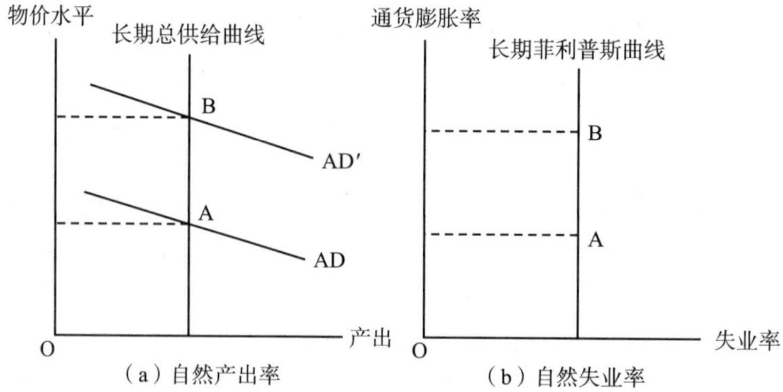

图 7 －7　长期菲利普斯曲线与长期总供给曲线

价水平上升了。相应地，在右图中，货币供给增长使经济从 A 点移到 B 点，失业率维持在自然失业率水平而通货膨胀率提高了。因此，垂直的长期总供给曲线和垂直的长期菲利普斯曲线表明，在长期中，货币政策影响名义变量（物价水平和通货膨胀率），并不影响实际变量（产量和失业），无论央行采取何种货币政策，在长期中，产量和失业都处于其自然水平。

7.2　通货膨胀

按照古典的货币数量理论，在长期中，通货膨胀仅仅是一种货币现象，货币供给过多，过快增长是通货膨胀的主要原因。然而，有时在货币供给没有较大波动的情况下，也出现了通货膨胀，这说明货币供给以外的因素也会导致通货膨胀。

我们使用菲利普斯曲线来探讨通货膨胀的其他因素。根据现代菲利普斯曲线方程：

$$\pi = \pi^e - \varepsilon(u - u^*) + v$$

通货膨胀率变动的原因可以归结为三方面因素的变化：方程第一项 π^e 是预期通货膨胀率对通货膨胀的影响。方程第二项 $\varepsilon(u - u^*)$ 是失业与其自然率的偏离即周期性失业对通货膨胀的影响。高失业率向下拉动了通货膨胀率；低失业率向上拉动了通货膨胀率。因为高的总需求造成了这种类型的通货膨胀，这被称为需求拉动型通货膨胀，方程第三项 v 是供给冲击对通货膨胀的影响，有利的供给冲击（如技术进步）使通货膨胀率下降；不利的供给冲击（如世界原材料或能源价格上升）使通货膨胀率上升。因为不利的供给冲击推动生产成本上升，这种类型通货膨胀被称为成本推动型通货膨胀。

通货膨胀的原因

7.2.1　需求拉动的通货膨胀

需求拉动通货膨胀又称超额需求通货膨胀，它是由于总需求超过总供给所引起的一般价格水平的持续普遍上升。如前所述，总需求包括消费需求、投资需求、政府需求和国外需求，总需求因各种冲击而变动，比如消费习惯的突然改变，消费热点的变化，技术进步等引起投资机会变化，政府财政货币政策的变动，国际市场的需求变动等。当经济处于或高于潜在的产量水平时，需求的增加就会使社会对物品和服务的总需求超过在现行价格条件下可以得到的总供给，引起一般物价水平的上升。

可用图 7－8 来说明需求拉动型通货膨胀。假设最初经济处在 AS 和 AD 曲线的交点 E 上，经济处在高于充分就业水平。如果扩大支出，AD 曲线将向右上移动，经济的均衡点从 E 移动到 E′，在这一更高的需求水平上，价格从 P 上升到 P′，需求增加拉动了价格上升。

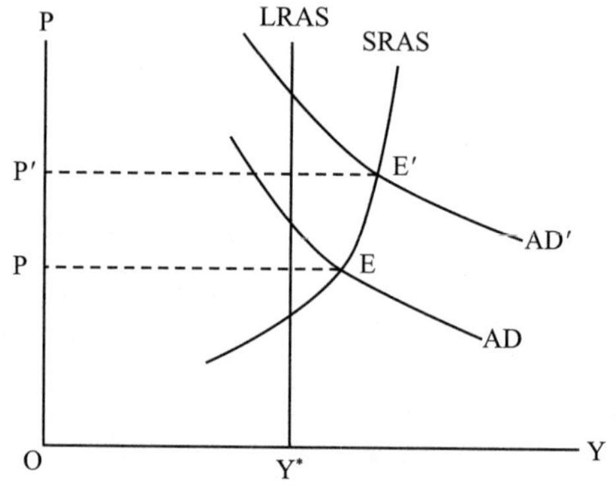

图 7－8　需求拉动的通货膨胀

7.2.2　成本推动的通货膨胀

有时候，经济在有大量过剩生产能力的情况下仍然出现了通货膨胀现象，价格和工资在达到充分就业以前就开始上升。这显然不是过度需求引起的，而是供给方面成本上升造成的。在失业率很高并且资源利用不足时，由于成本提高所引起的一般价格水平持续上升称为成本推动型通货膨胀。可用图 7－9 来说明成本推动型通货膨胀。假设最初经济处在 AS 和 AD 曲线的交点 E 上，这时经济处在低于充分就业水平。如果成本增加，AS 曲线将向左上方移动，经济的均衡点从 E 移动到 E′，价格从 P 上升到 P′，成本增加推动了价格上升。

谁在推动成本上升？一种理论是工资推进型通货膨胀。这是不完全竞争的劳动市场由于工资过快增长引起的价格水平上升。劳动市场不完全性的一个重要表现就是工会的存在。如果工资率由纯粹竞争的市场力量决定，那么工资推进的通货膨胀就不会发生，因为在这种情况下，工资率将随着劳动供给和需求的变动而上升或下降，而劳动供给和需求的变动又依赖于总需求的变动。但是在现代社会中，工资率并不完全是由市场决定的。一个明显的现象是存在着工资刚性和价格刚性，即工资和物价可以通过上涨来对过多的需求做出反应，但它们却不会因为失业的扩大而下降。在这里起着重要作用的是工会的垄断力量。工会迫使货币工资率的增长超过生产率的增长，这种强制的工资率的增长，提高了所生产的产品的成本，而雇主也就按同样的速度来提高这些产品的价格。这种工资增长将会被推广到别的企业或行业中去，这些产品价格的上升也同时波及其他产品上，最后导致了通货膨胀的产生。工资提高和价格上涨之间存在因果关系：工资提高引起价格上涨，价格上涨又引起工资提高。这样，工资提高和价格上涨形成了螺旋式的上升运动，即所谓工资—价格螺旋。

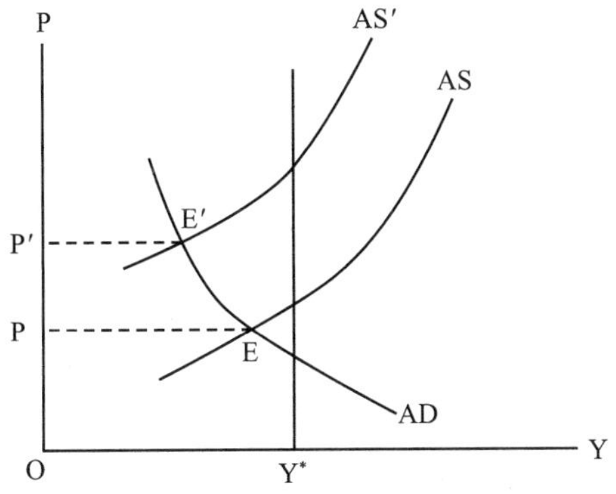

图 7 –9　成本推动型通货膨胀

当然，并不是任何货币工资率的上升都会引起通货膨胀。如果货币工资率的增长速度没有超过边际劳动生产率的增长速度，那么这种工资率的增长就不会引起通货膨胀。即使货币工资率的增长超过劳动生产率的增长，我们也不能得出结论，说它一定是通货膨胀性的。这是因为至少还有另一种情况，即可能存在着对劳动的过度需求，这时不论有没有工会，货币工资率都会增长，这种增长不是物价水平上升的原因，而是其结果。只有当不存在过度需求，同时货币工资率的增长又超过了劳动生产率的增长时，这种通货膨胀才有成本推进的因素。

有些学者不赞成工资推进的通货膨胀理论，他们根据大量经验统计资料证明，在历次萧条或衰退期间，实际工资都是下降的，或者说，货币工资虽有上升但远小于物价的上升，工资总额的增加小于收入总额的增长，因此不能把紧缩时期的通货膨胀归咎于工资的增长。同样，在扩张期间，物价的上涨也不能归咎于高工资，因为在大多数扩张阶段，每 1 单位的劳工成本实际上是下降的，工资成本的变动不可能是大多数扩张阶段物价上涨的原因。他们认为，工人的工资收入往往受到通货膨胀的损害，工资推进的通货膨胀事实上并不存在。

另一种理论是利润推进型通货膨胀。这是不完全竞争的产品市场由于利润过快增长引起的价格水平上升。产品市场不完全性的一个重要表现就是垄断厂商的存在。垄断厂商在追求更大利润时，有可能提高产品价格，使之超过用以抵消任何成本增加所需要的幅度。如果产品价格完全由市场力量所决定，那么这种类型的通货膨胀将不会产生。正是由于竞争的不完全性，许多产品价格受到卖主的操纵。在一个大量存在这种价格操纵的经济中，企业或公司为赚取较多的利润，将使价格上升的速度超过成本增长的速度。如果这一过程得以推广，就会产生利润推进通货膨胀。

一些经济学家对利润推进型通货膨胀理论持怀疑态度。他们认为垄断价格与通货膨胀之间没有必然的联系。微观经济学表明，在需求和成本既定的条件下，垄断厂商会制订一个利润最大化价格。这个价格会高于完全竞争条件下的价格。如果需求和成本条件不发生变化，垄断厂商不会改变产品的价格。如果需求和成本条件发生变化，垄断厂商必然会改变产品的价格，但是这并不是在制造通货膨胀。实际上，在垄断的情况下，厂商的价格会高于完全竞争情况下的价格，但这并不意味着垄断情况下价格的上涨率高于完全竞争情况下的价格上涨率。所以，如果说垄断的存在与价格水平上升有关的话，那一定是经济中的垄断程度不断提高会使一般价格水平上升。

需求拉上和成本推进通货膨胀实际上仅仅是理论上的区分，在现实中我们难以找到它们之间的明确界限。要确定哪一次通货膨胀是需求拉动的，哪一次是成本推进的，或对某一次通货膨胀来说，它在多大程度上是由过度需求引起的，在多大程度上是由成本推进引起的，这几乎是不可能的事情。大多数通货膨胀的发生实际上总是包含了需求和供给两方面因素的共同作用。

7.2.3 适应性预期与通货膨胀惯性

由前面的分析可知，预期通货膨胀是决定短期总供给曲线和短期菲利普斯曲线位置的重要因素。那么，什么决定了预期通货膨胀。一个简单又合理的假设是，人们根据最近观察到的通货膨胀来形成他们的通货膨胀预期。这种假设被称为适应性预期。例如，假设人们预期今年的价格按与上年相同的比率上升，那么，预期通货膨胀率等于上年的通货膨胀率：$\pi^e = \pi_{-1}$，这意味着通货膨胀有惯性。就像物理学上的运动中的物体有惯性一样，预期到的通货膨胀有时又被称为惯性的通货膨胀。

通货膨胀惯性这个概念说明，与一个在空间中运动的物体一样，除非某样东西做出阻止它的行为，否则通货膨胀就会继续下去。特别地，如果失业率等于非加速通货膨胀的失业率，且如果没有供给冲击，价格水平的持续上升既不会加速也不会减慢。

通货膨胀惯性的产生是因为过去的通货膨胀影响对未来通货膨胀的预期，也因为这些预期影响人们设定的工资和价格。在总供求模型中，通货膨胀惯性被解释为总供给曲线和总需求曲线两者的持续向上移动。如果通货膨胀的过程是从总需求方面开始的，这时过度需求的存在会引起物价水平上升，形成通货膨胀。但在这一过程中，物价水平的上升又会引起货币工资增加。例如，在美国，劳资双方签订的工资合同一般是三年期的。在签订一个合同时，工会所要求的工资增长不仅要补偿前一个时期工资相对于物价上涨的延误，还要求为抵消预期到的下一个时期的物价上涨而根据上一期的通货膨胀率来提前增加工资，在这种情况下，工资上升不仅是物价上升的结果，而且是物价上涨的原因。换言之，在这一过程中，需求拉动的通货膨胀引起了成本推进的通货膨胀，成本推进的通货膨胀往往伴随着失业的增加，政府为减少失业常常会采取扩大需求的扩张性财政政策和货币政策，这样成本推进的通货膨胀又进一步引起了需求拉动的通货膨胀，并由此形成了恶性的螺旋式工资和物价的攀升，表现出通货膨胀的惯性。

可以用图 7－10 来说明通货膨胀惯性。假设短期内总供给曲线 AS_1 与总需求曲线 AD_1 最初相交于 E_1 点，经济中出现总需求冲击使得总需求曲线向右移动到 AD_2，从而物价水平从 P_1 上升至 P_2，人们预期物价将继续上升，物价上升引起工资提高，工资提高导致总供给

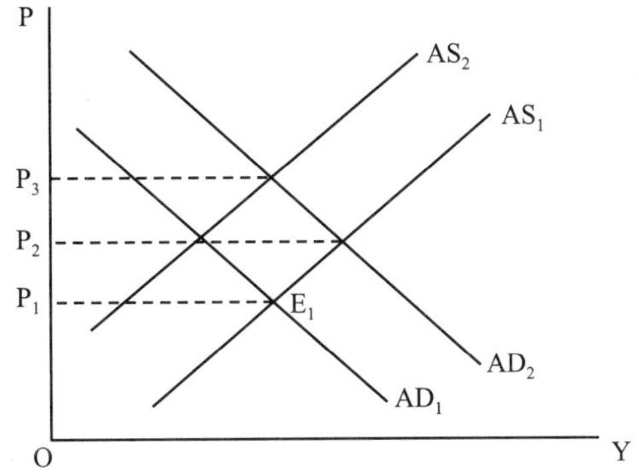

图 7－10 通货膨胀惯性

曲线向上移动，一直移动到有供给冲击改变了通货膨胀，从而改变了通货膨胀预期为止，假设总供给曲线向上移至 AS_2，此时价格水平上升至 P_3。通货膨胀的预期也必须由总需求的增加来巩固，如果总需求稳定，总供给曲线的向上移动会引起衰退，衰退时的高失业将降低人们的通货膨胀预期，从而导致通货膨胀惯性消失。

如果这种需求拉上的通货膨胀没有成本推动起作用，那么，价格上升实际工资下降就会自发地减少总需求，从而使通货膨胀结束。

如果通货膨胀的过程是从总供给方面开始的，即货币工资的增加使成本增加引起物价水平上升，那么，除非在这一过程中有总需求的相应增加，否则通货膨胀也不会持续下去。这是因为，没有总需求的相应增加，价格上升使需求减少，厂商不得不减少产量，从而失业增加，最终导致经济萧条，在这种情况下，通货膨胀也会停止。这就是说，通货膨胀可能开始于供给方面，但如果没有需求方面的相适应的增长，它是不可能持续下去的。

滞胀：经济增长停滞、高失业与高通货膨胀同时并存。

通货膨胀惯性意味着预期到的通货膨胀具有自我维持原有速度的倾向，当某一国家的物价水平年复一年地按 5% 左右的速度上升时，人们对这一速度就开始有所预期，这一预期的通货膨胀率就会构成经济制度的一个组成部分，一旦内在化于经济制度中，人们就会适应这个通货膨胀率，各种交易合约都将考虑通货膨胀因素，劳动者和经理人员在订立劳动合同时根据大约 5% 的通货膨胀率确定工资；借贷合约中的利息率和租约中的租金都含有 5% 的通货膨胀因素；政府计划人员要在货币和财政政策中考虑价格上涨的因素，每个企业对自己产品或服务的定价也要考虑价格总水平的上升。只要政府、投资者、消费者、劳动者、经理人员都预期和认定同样的通货膨胀率，通货膨胀就没有理由不以预期的速度在较长时间内持续下去。但是，通货膨胀率并不是固定不变的，因为经济会经常受到各种冲击。当各种事件冲击经济时，通货膨胀就会变动到高于或低于它的惯性的水平。

7.2.4 反通货膨胀与牺牲率

通货膨胀可能是总需求增长过快引起的，也可能是货币供给过多过快增长引起的，而货币供给过多过快增长往往是财政赤字过大引起的，所以，政府控制通货膨胀一般采用紧缩性财政政策或紧缩性货币政策或两种政策的某种组合。根据菲利普斯曲线，采用紧缩性财政货币政策反通货膨胀，往往要付出高失业的代价。

下面用图 7－11 来说明紧缩性政策的作用过程。假设经济最初处在A点，当政府实行紧缩性财政货币政策以紧缩总需求时，总需求减少使企业生产的物品和服务数量减少，生产减少引起就业减少，经济沿着短期菲利普斯曲线由A点移动到B点，B点是较低通货膨胀与较高失业的组合，随着时间推移，人们了解到物价上升放慢，预期通货膨胀和短期菲利普斯曲线都会向下移动，经济从B点移动到C点，通货膨胀降低了，而失业率又回到其自然率水平。

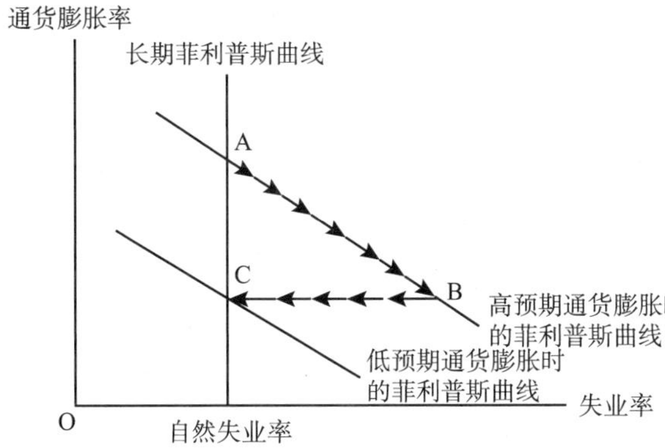

图7－11　降低通货膨胀的代价

可见，如果不存在有利的供给冲击，一个经济要降低通货膨胀，就会有一个必须忍受高失业和低产量的时期，在图7－11中经济从A点到C点时通过B点代表了这种代价。

经济学家用牺牲率这一概念来说明降低通货膨胀的代价。牺牲率是指通货膨胀每降低1个百分点所必须放弃的一年的实际GDP的百分比。根据美国的实证数据，通货膨胀率每下降1%，一年的GDP必须牺牲5%。我们也可以用失业率来表示牺牲率。按照奥肯定律，失业率变动1个百分点，GDP将会有2个百分点的变动。因此，通货膨胀降低1个百分点要求周期性失业提高约2.5个百分点。

对于牺牲率大小的估计，经济学家的意见并不相同。

新凯恩斯主义者承认通货膨胀率与失业率之间不存在长期的交替关系，但是他们非常强调二者之间短期的交替关系。在他们看来，在短期内，由于工资具有黏性，货币工资调整比较缓慢，从而菲利普斯曲线的移动也是非常缓慢的。政府扩张性的货币政策可以使失业率在低于自然失业率的水平上停留几年甚至更长的时间。同样，如果政府采用紧缩性的货币政策来降低通货膨胀率，失业率在高于自然失业率的水平上也会停留很长时间。这就意味着采用紧缩性的货币政策来控制通货膨胀，会引起经济衰退，需要付出较大的产出和就业方面的成本。因此，因此，凯恩斯主义经济学家主张，为了控制通货膨胀，应该采取适度从紧的货币政策，再用工资—物价指导线、工资—物价管制以及促进工资和物价稳定的税收计划等收入政策手段来配合。

货币主义者虽然承认通货膨胀与失业之间短期存在交替关系，也承认短期菲利普斯曲线的移动需要一定的时间，但是他们认为，短期菲利普斯曲线的移动要比凯恩斯主义者所认为的快得多。因此，虽然用紧缩性的货币政策来控制通货膨胀会产生就业和产出的成本，但是这种成本并不像凯恩斯主义所认为的那样巨大。中央银行应该将货币供给保持固定不变的百分率增长，从而使失业率顺利地回到自然失业率水平上。

理性预期学派认为，失业并不取决于通货膨胀而是取决于经济中的随机冲击。如果货币供给增长率的变化是规则的，公众会预期到这一变动。结果，只会引起价格水平和货币工资水平的变化，对就业量和产出不会产生影响。当然，如果发生政策的意外变化或者经济中出现需求或者供给冲击，就业量和产出会发生相应的变化，但是，公众将会很快了解到这种变化，从而使通货膨胀率和失业率在短期也不会具有明显的交替关系。菲利普斯曲线实际上是一条垂直于横轴的直线。它表明无论在短期还是长期，通货膨胀率与失业率之间都不存在替代关系。

理性预期学派把自然率假说和理性预期假说结合起来，否定了短期和长期中通货膨胀与失业率之间存在交替关系。理性预期假设，人们可以最优地利用所有可获得的信息（包括关于当前政府政策的信息）来预测未来。由于财政政策和货币政策影响通货膨胀，预期通货膨胀也应该取决于实际的货币和财政政策。根据理性预期理论，货币或财政政策的变动会改变预期，而且，对任何政策变动的评价都必须考虑对预期的这种效应。如果人们确实理性地形成他们的预期，那么，通货膨胀的惯性就会比乍看起来要小。

理性预期的倡导者认为，短期菲利普斯曲线并没有正确地代表政策制定者可以利用的选择，他们相信，如果政策制定者可信地承诺降低通货膨胀，理性人就会理解这一承诺，迅速降低他们的通货膨胀预期。然后，通货膨胀就会下降而不会引起失业的增加和产出的下降。根据理性预期理论，传统的牺牲率估计值对评估不同政策的影响是无用的。在一种可信任的政策之下，降低通货膨胀的成本可能比牺牲率估计值所暗示的低得多。

无痛苦反通货膨胀有两个条件：第一，降低通货膨胀的计划必须在设定工资与价格的工人和企业形成他们的预期之前公告。第二，工人和企业必须相信这种公告，否则他们就不会降低自己的通货膨胀预期。如果这两个条件得到满足，这种公告就将立即使通货膨胀与失业之间的短期取舍关系向下移动，允许在不提高失业的情况下降低通货膨胀率。

虽然理性预期方法仍然充满争议，但几乎所有经济学家都同意，通货膨胀预期影响通货膨胀与失业之间的短期取舍关系。因此，降低通货膨胀政策的可信性是这种政策代价有多大的一个决定因素。

在理性预期主义者看来，牺牲率可能比凯恩斯主义者所估计的要小得多。在最极端的情况下，牺牲率可以是零，降低通货膨胀不会发生任何的成本。因为，如果政府做出降低通货膨胀的可信承诺，人们的理性就足以立即降低通货膨胀预期，短期菲利普斯曲线将向下移动，经济将很快达到低通货膨胀，而没有暂时高失业和低产出的代价。按照理性预期学派的看法，牺牲率的估算对政策是一种不可靠的指导。

20 世纪 80 年代美国的反通货膨胀政策

7.3 失 业

7.3.1 实际工资刚性与失业

凯恩斯主义对失业的解释

古典劳动市场均衡模型是以实际工资水平的灵活变动为前提的，即实际工资的充分调整使劳动的总供给等于总需求。但实际工资并不总是有弹性的。如果人为或制度的约束限制了实际工资的均衡作用的发挥，有时实际工资会停滞在高于市场出清的水平上。我们把实际工资不能调整到劳动供给等于需求的水平称为实际工资刚性（real-wage rigidity）。

当实际工资停滞在市场出清的水平之上时，愿意在该工资水平上接受工作的工人不一定会如愿以偿。图 7 - 12 表明实际工资高于均衡水平引起的失业情况。由于实际工资无法向下调整，使得劳动供给大于劳动需求，就业水平由企业的需求决定。因此，就业水平等于 N_d，非自愿失业量为（$N_S - N_d$）。

这里讨论的失业与第 2 章古典主义的失业有何不同?

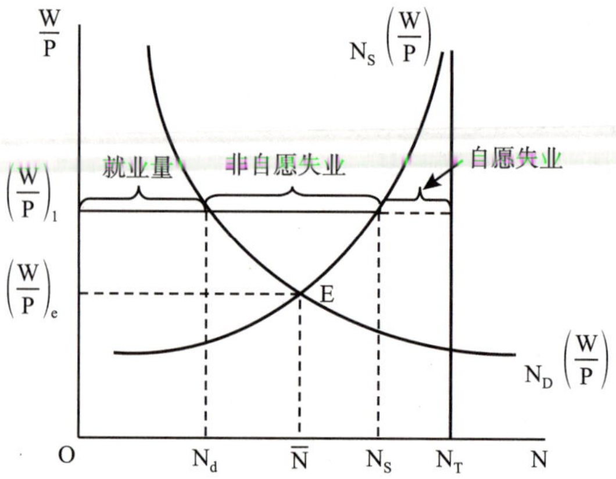

图 7－12　工资刚性与非自愿失业

在该工资水平上，工人失业并不是因为他们积极搜寻最适合于他们个人技能的工作，而是因为愿意工作的人数与可以提供的工作岗位数量之间存在根本性的不匹配。因此，这种失业也被视为结构性失业的一部分。

实际工资即使在劳动供给过剩的情况下仍然具有刚性，古典主义和凯恩斯主义一直存在着争论。导致实际工资刚性的原因包括最低工资法、工会和集体谈判以及效率工资。

1. 最低工资法

最低工资法规定了企业要为其雇员支付的工资的法定最低水平。为了保证劳动者的基本生活需要，各个国家都规定了最低的工资水平。当政府禁止工资下降到均衡水平时，就造成了工资刚性。对于大多数劳动者来说，最低工资对他们的就业没有什么影响，因为他们的工资远高于最低工资水平。但是对于一些非技术或者低技术的劳动者来说，最低工资提高了他们的实际工资水平，导致企业对他们的劳动需求下降。

一般认为，最低工资法对青少年的就业影响最大。青少年的均衡工资水平通常较低。一方面是由于青少年往往受教育少，属于劳动力中技能最低而又经验最少者，他们的边际生产力往往很低。另一方面，企业往往以提供在职培训——学徒制的形式支付给青少年较低的报酬——支付学徒工资而非正常工资。由于这两个方面的原因，青少年的均衡工资水平较低。因此，最低工资法对雇用青少年的企业的约束力较大，企业不愿意为青少年提供培训或不再雇用他们。有证据表明，最低工资增加 10%，青少年就业人数减少 1%～3%（Charles Brown，1988）。

人们对最低工资存在着争议。最低工资法的确有助于处于不利群体脱贫，但提高了劳动者的就业成本，从而提高了失业率，特别是增加了青少年的失业率，降低了青少年获得职业培训和工作经验的机会。因此，在最低工资的设计中，面临着一个减轻低收入者的痛苦与增加失业的可能性二者之间的权衡替代问题。

2. 工会与集体谈判

工会的垄断力量是导致工资刚性的另一个原因。工会作为劳动者集体的代表与雇主就工资水平进行谈判时，讨价还价的力量大为增强。参加工会工人的工资水平并不是由劳动力市场供求决定，而是由工会领导人与雇主之间的集体谈判决定，通常的最终协议是把工资确定在高于均衡工资水平之上。实证研究表明，参加工会的工人的收入比不属于工会的类似工人高出10%～20%。工会集体力量的存在不仅会提高工资水平，而且会提高劳动者在其他方面的谈判能力，如要求缩短工作时间、改善工作环境、提高福利待遇等，从而增加了劳动成本，雇主对劳动需求下降。

集体谈判的合同协议有时只对那些签约的企业有效，有时它们的适用范围将自动扩大到本部门或者经济中的所有企业和所有工人，导致这些企业也不得不支付高于均衡工资的工资水平。

工会对劳动力市场的影响可以用“内部人—外部人”模型来说明。内部人是指已经在企业就业的劳动者；外部人是指劳动市场的失业者。内部人在工资决定上有较强的讨价还价的能力，工会代表已就业的内部人与雇主谈判，只代表内部人利益，而不考虑外部人的利益，一旦企业做出解雇内部人而引进外部人的决策，就会遭到内部人的集体抵制。这样劳动工资就可能维持在高于劳动力市场出清的水平，内部人享受高工资的好处，而外部人即失业者即使愿意接受比现行工资水平低的工资却仍然失业。

3. 效率工资

即使不考虑最低工资法和集体谈判的能力，从企业自身角度考虑，它们也可能愿意支付高于均衡水平的工资。企业为了提高工人劳动效率而支付的高于市场均衡水平的工资称为效率工资（efficiency wage）。这种高于均衡工资的结果是降低了就业率，增加了失业。经济学家提出各种理论来解释工资如何影响工人的生产率和企业的利润。

对效率工资的一种解释是高工资水平可以增加工人的营养，而健康的工人生产效率更高。因此企业可能愿意支付高于均衡水平的工资，以确保有健康的劳动力。这一说法主要适用于低收入的发展中国家的雇员。对于美国和大多数欧洲国家而言，工人的均衡工资远远高于维持良好健康所需要的水平。

对效率工资的另一种解释是高工资减少了劳动力的更替。工人由于许多原因而离职——接受了其他企业更好的职位、改变职业或者迁移到其他地方。如果企业希望熟练的、有技能的工人能够留下来，以减少用于雇用和培训新工人的时间，企业就会支付更高的工资，使得这些工人留在企业。这将减少离职的频率，并且提高企业的生产率。

对效率工资的第三种解释是企业劳动力的平均素质取决于它向雇员所支付的工资。如果企业降低工资，最好的雇员就会到其他企业工作，而留在企业的是那些没有什么其他机会的低素质雇员。企业通过支付高于均衡水平的工资可以减少逆向选择，提高自己企业劳动者的素质，从而提高生产率。

对效率工资的第四种解释是高工资提高了工人的努力程度，减少了道德风险问题。由于信息不对称，企业不可能完全监督其雇员的努力程度。工资越高，工人被解雇的代价就越大。通过支付高工资，企业促使更多的雇员不偷懒，从而提高了生产率。

许多研究表明，工资水平与工人在工作中的努力程度在一定范围内是正相关的关系。比如 1914 年，美国福特汽车公司向工人支付每天 5 美元的工资，当时劳动市场上的工资水平是每天 2 ~ 3 美元。高工资并没有导致高成本，相反却降低了劳动力成本，因为工人对企业的忠诚度和劳动效率提高了。

7.3.2 失业与产出的关系：奥肯定律

经济学家一致认为，虽然在短期内实际失业率有可能偏离自然失业率，但在长期中两者相等。失业带来两个成本。

对长期失业者个人来说，失去工作给失业者及其家庭会带来收入减少和身心折磨。虽然失业者不用缴纳税赋却能得到失业救济金，亦即社会也承担了部分成本，但决不能全部分散失业的负担。由于失业者长时间处于失业状态，承受巨大的压力，工作技能会慢慢丧失，自尊心也将受到沉重打击，进而带来严重的社会问题。然而，失业者也存在着两种可能的补偿性利益。一种可能的补偿性利益是，失业者有更多的闲暇时间来与家人和朋友分享，从事家务劳动等。然而，如果失业是非自愿性的，则这种闲暇的价值很小。大多数失业者认为增加的休闲时间不足以弥补他们失去的收入。另一种补偿性利益是，失业者通过寻找新工作、获得新技能，有助于提高未来的产出，从而弥补了当前失业者造成的产量损失。特别是摩擦性失业提高了未来的生产率和产量，几乎不产生净经济成本，反而带来了经济收益。

对整个社会来说，失业的最大成本是产出的损失。美国经济学家阿瑟·奥肯（Arthur Okun）估算了短期偏离自然失业率的周期性失业与产出的经验关系。他曾在20世纪60年代的约翰逊政府担任美国总统经济顾问委员会主席。

奥肯定律（Okun's Law）是指失业率与实际产出增长率存在负相关关系。根据奥肯定律，失业率每上升1%，实际产出的增长一般减少2%。[①] 奥肯定律的代数表达式为：

$$\frac{\bar{Y}-Y}{\bar{Y}}=2(u-\bar{u})$$

其中，$\bar{Y}$ 为充分就业产出或潜在产出，$\bar{u}$ 为自然失业率，$(\bar{Y}-Y)/\bar{Y}$ 为产出缺口（output gap），即实际产出偏离潜在产出的百分比。$(u-\bar{u})$ 为周期性失业。该式表明：失业率 u 每上升1%，充分就业产出水平与实际产出水平之间的缺口将扩大2%。例如，假设自然失业率为6%，实际失业率为7%，周期性失业率等于1%。根据奥肯定律，实际产出将比充分就业产出下降2%。

图7－13用美国的年度数据来证实奥肯定律。横轴表示失业率的年变化率，纵轴表示实际GDP的年变化率。该图显示了失业率的年变化率与实际GDP增长率的变动紧密相关。

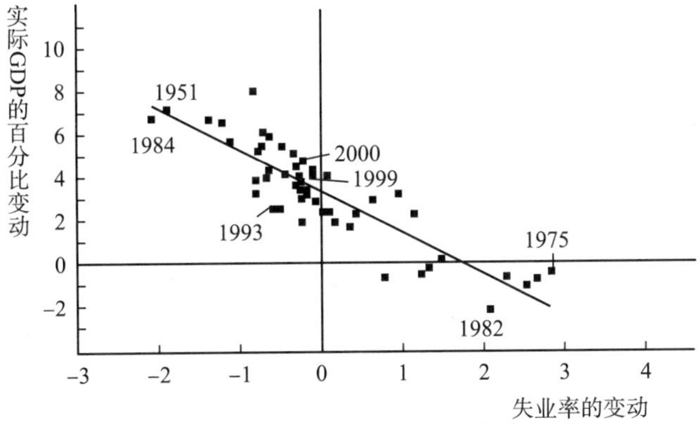

图7－13　奥肯定律

资料来源：U. S. Department of Commerce，U. S. Deparment of Labor.

① 在奥肯最初的研究中，奥肯定律的系数为3而非2，当前奥肯定律的系数估计值接近于2。

根据奥肯定律，失业率上升1%，就业率降低1%，为什么会导致产出下降2%而不是1%呢？原因在于我们迄今为止所忽略的两个因素——劳动力人数和劳动生产率都随时间而变化。随着周期性失业的增长，会使参加工作的劳动力人口（包括人数和周工作小时数）、劳动的平均生产率等决定产出的其他变量值下降，进而放大了失业增加对产出的影响。

奥肯定律也可以表示为增长率形式：

$$\frac{\Delta Y}{Y}=3-2\Delta u$$

式中，$\Delta Y/Y$ 是实际产出增长率，Δu 为实际失业率相对于前一年的变化。3%是美国20世纪60年代以来充分就业产出的平均增长率。上式说明，当失业增加时（$\Delta u>0$），实际产出的年增长速度低于3%。

奥肯定律所描述的产出增长率与失业率之间的比例关系，只是一种粗略的估算法则。在不同年份中，其比例关系未必是2∶1。尽管并不确切，但它毕竟为增长与失业之间的转换提供了一种实用性的方法。

附录

现代菲利普斯曲线方程可以从总供给曲线方程推导出来。

短期总供给曲线方程为：

$$Y=Y^*+a(P-P^e),\ a>0$$

把总供给曲线方程变形为：

$$P=P^e+(1/a)(Y-Y^*)$$

在方程式右边加上一项供给冲击v，代表改变价格水平和使短期总供给曲线移动的外生事件（如世界石油价格变动），则有：

$$P=P^e+(1/a)(Y-Y^*)+v$$

方程式两边减去上一年的物价水平 P_{-1}，得出：

$$P-P_{-1}=(P^e-P_{-1})+(1/a)(Y-Y^*)+v$$

可以用 π 代表（$P-P_{-1}$），用 π^e 代替（P^e-P_{-1}），从而有：

$$\pi=\pi^e+(1/a)(Y-Y^*)+v$$

由奥肯定律可知，实际产出对充分就业产出的偏离和失业率对自然失业率的偏离负相关，也就是说，当产出高于自然产出水平时，失业率低于自然失业率。将这种关系写为：

$$(1/a)(Y-Y^*)=-\varepsilon(u-u^*)$$

因而得出：

$$\pi=\pi^e-\varepsilon(u-u^*)+v$$

本章小结

1. 菲利普斯曲线表示失业率与通货膨胀率之间的短期交替关系。

2. 在长期中，通货膨胀与失业率之间不存在交替关系，菲利普斯曲线是一条位于自然失业率水平上的垂直线。

3. 根据短期菲利普斯曲线，通货膨胀率取决于三种力量：预期的通货膨胀率、失业对自然率的偏离（即周期性失业）、供给冲击。

4. 除了货币供给过多过快增长会引起通货膨胀，需求过多和成本上升也会导致通货膨胀。

5. 需求拉动型通货膨胀是在经济处于或高于潜在的产量水平时，需求的增加使社会对物品和服务的总需求超过在现行价格条件下可以得到的总供给，引起的一般物价水平上升。

6. 成本推动型通货膨胀是在失业率很高并且资源利用不足时，由于成本提高所引起的一般价格水平持续上升。

7. 适应性预期会导致通货膨胀惯性。预期到的通货膨胀具有自我维持原有速度的倾向。

8. 采用紧缩性财政货币政策反通货膨胀，往往要付出高失业的代价。牺牲率是指通货膨胀每降低 1 个百分点所必须放弃的一年的实际 GDP 的百分比或失业率上升百分比。

9. 如果政策制定者可信地承诺降低通货膨胀，而且人们理性地形成他们的预期，那么，降低通货膨胀引起的失业增加和产出下降会较小。

关键概念

菲利普斯曲线	附加预期的菲利普斯曲线	自然率假说
需求拉动的通货膨胀	成本推进的通货膨胀	牺牲率
奥肯定律		

复习思考题

1. 选择题

（1）下列因素中，哪一个最可能是成本推进型通货膨胀的原因（　　）。

A. 投资率的下降　　B. 银行贷款的扩张

C. 预算赤字　　D. 世界性商品价格的上涨

（2）菲利普斯曲线表明（　　）。

A. 通货膨胀是失业造成的

B. 通货膨胀引起失业

C. 通货膨胀与失业无关

D. 通货膨胀率与失业率之间呈负相关

（3）弗里德曼对菲利普斯曲线提出异议是因为（　　）。

A. 该曲线不随时间的变化移动

B. 提高价格来降低失业率的企图在长期无效

C. 该曲线关系只存在于长期

D. 提高价格无法降低自然失业率

（4）长期菲利普斯曲线说明（　　）。

A. 通货膨胀和失业之间不存在相互替代关系

B. 传统菲利普斯曲线仍然有效

C. 在价格很高的情况下通货膨胀与失业之间仍有替代关系

D. 政府的需求管理政策在一定范围内有效

（5）"滞胀"用菲利普斯曲线表示为（　　）。

A. 一条垂直于横轴的曲线

B. 一条长期存在的斜率为正的曲线

C. 短期菲利普斯曲线的不断外移

D. 一条不规则的曲线

（6）按照理性预期学派的观点，下列哪个说法是正确的（　　）。

A. 可以以高通胀率来换取低失业率

B. 必须维持自然失业率，否则会出现滞胀

C. 降低通货膨胀不会发生任何成本

D. 短期内可以降低失业率，长期却不行

2. 简答题

（1）简述短期与长期的菲利普斯曲线。

（2）不同的经济学派对失业与通货膨胀之间替代关系的观点。

（3）下图为某一经济社会的菲利普斯曲线，预期通货膨胀率为0，自然失业率为5%，试回答下列问题：

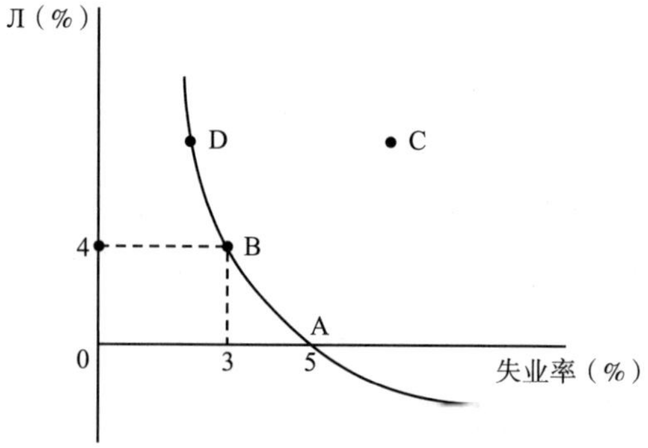

①为了降低失业率（即从A点移向B点），政府应采取怎样的宏观经济政策？

②假设该地区发生自然灾害，农业受到严重影响，物价水平和失业率将有何变化？（原来的位置无B点）

③如果政府增加开支，物价水平和失业率将有何变化？（原来的位置为B点）

第 8 章

开放经济的一般均衡

本章要点

- ◇ 了解开放经济的长期均衡条件
- ◇ 掌握购买力平价
- ◇ 理解并掌握蒙代尔—弗莱明模型

迄今为止，我们主要关注封闭经济中各个经济变量之间的关系和经济的运行模式。但在现实世界中，大多数国家都与其他国家或经济体发生相互的经济交往，这包括产品与服务的进出口，在世界金融市场上借款与贷款。任何一国的经济在不同程度上都是开放经济（open economy）——一国与其他国家或地区存在广泛贸易和金融联系。因此，我们有必要把宏观经济扩展到开放经济条件下进行分析，考察经济开放对一国宏观经济的影响。

8.1 小型开放经济中的长期均衡

8.1.1 净出口与资本净流出

延伸阅读：国际收支平衡账户 180

根据第 1 章定义的开放经济的国民收入恒等式：

$$Y = C + I + G + NX$$

我们把上式改写为：

$$NX = Y - (C + I + G)$$

该式表明，在一个开放经济中，国内支出（C + I + G）无须等于产出。当产出超过国内支出时，产品将出口到国外，净出口是正的；当产出小于国内支出时，需要从国外进口以填补差额，净出口为负。

与第2章所介绍的封闭经济相类似，国民收入核算恒等式也可以表示为储蓄等于投资的形式。我们将总产出等于总支出的恒等式改写为如下形式：

$$Y - C - G = I + NX$$

恒等式左边即为国民储蓄，即私人储蓄（Y - T - C）和公共储蓄（T - G）之和。我们以S代表国民储蓄，从而：

$$S = I + NX$$

将方程两边同时减去I，我们可以得到：

$$S - I = NX$$

该恒等式说明，一国储蓄和投资间的差额总是等于净出口。恒等式的右边是净出口，恒等式的左边是国内储蓄和国内投资的差额，S - I 被称为资本净流出（net capital outflow）或对外净投资（net foreign investment）。资本净流出等于本国借给国外的数额减去外国借给本国的数额。如果资本净流出是正的，表示本国经济中的储蓄大于投资，余额被贷给了外国；反之，如果资本净流出为负，表示本国经济中的储蓄小于投资，本国经济要向国外进行融资，以弥补本国的储蓄不足。因此，资本净流出反映了国际上为资本积累融资的资金流动。

开放经济的国民收入恒等式表明，金融市场和产品市场是密切相关的。如果国内储蓄大于国内投资，多余的储蓄可以向外国贷款。而外国需要这些贷款是因为本国为外国提供的产品大于外国向本国所提供的产品，本国存在贸易盈余。如果国内储蓄小于国内投资，二者之间的差额必须通过向国外借贷来融资。这些外国贷款可以购买更多的外国产品，这意味着本国存在贸易赤字。

8.1.2　小型开放经济模型

为了说明投资、储蓄与国际交易的关系，我们从小型开放经济开始。小型开放经济是指其经济仅占世界市场的很小部分，不能影响世界实际利率。假定资本可以完全流动，即小型开放经济中的居民可以完全自由地在国际金融市场上按照世界实际利率 r^* 进行借贷。如果本国利率高于世界实际利率水平，本国居民可以从国际市场上借入资金；如果本国利率低于世界实际利率水平，本国居民将从向国际市场投资。因此，小型开放经济的利率水平 r 将与世界利率水平 r^* 保持一致：

$$r = r^*$$

与封闭经济类似，我们可以使用投资等于储蓄来分析小型开放经济的产品市场均衡。我们仍然采用第 2 章中关于长期的三个假设：

（1）产出 Y 由固定的投入要素和技术决定：

$$Y = AF(\bar{K}, \bar{N}) = \bar{Y}$$

（2）消费 C 和储蓄 S 是利率的函数：

$$C = C(\bar{Y}, r), \ S = S(\bar{Y}, r)$$

（3）投资 I 是利率的函数：

$$I = I(r)$$

在开放经济中，国民收入核算恒等式为：

$$NX = Y - (C + I + G)$$

$$NX = S - I$$

将小型经济体 $r = r^*$ 代入上式，得到：

$$NX = S(r^*) - I(r^*)$$

式中的 $S(r^*)$ 和 $I(r^*)$ 分别代表国内意愿储蓄和国内意愿投资，该式是开放经济的产品市场均衡条件。在任意给定的世界实际利率下，小型开放经济的产品市场均衡时，净出口必须等于意愿国民储蓄与意愿投资之间的差额。

小型开放经济的产品市场均衡也可以用投资－储蓄图来说明，如图 8－1 所示，意愿储蓄与利率正相关，意愿投资与利率负相关。在第 3 章所讨论的封闭经济中，市场均衡利率是由投资曲线和储蓄曲线的交点 E 决定的。但是，在小型开放经济中，当产品市场均衡时，意愿国内储蓄可以不等于意愿投资。

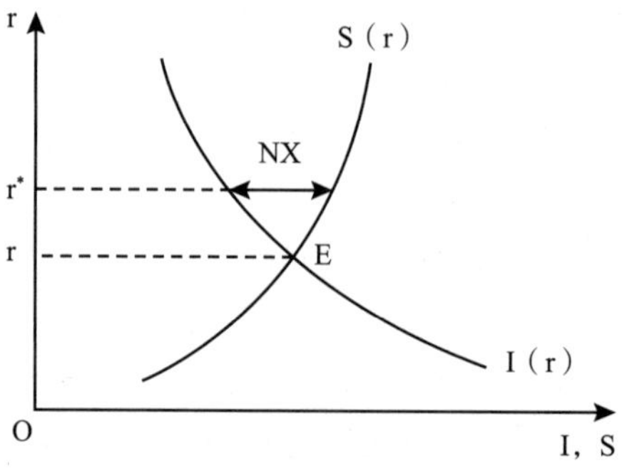

图 8－1　小型开放经济体的投资和储蓄

小型开放经济中的利率由世界实际利率 r^* 决定，假定世界实际利率 r^* 高于封闭经济的均衡利率 r。在世界利率水平 r^* 下，本国意愿储蓄大于意愿投资。在封闭经济条件下，经济体是不可能处于均衡状态的，因为多余的储蓄没有投资去向，实际利率将趋于下降，直到意愿储蓄等于意愿投资以达到均衡。然而，在开放经济中，多余的国内储蓄可以流向国际金融市场，形成对外国的投资。也就是说，国内储蓄与投资的差额就构成了本国的资本净流出（对外净投资）。这种金融流出消除了经济体内的不均衡，使产品市场达到均衡状态。

储蓄与投资之间的差额决定了净出口。当产品市场达到均衡时，一国的净出口正好等于资本净流出。在图 8－1 中，该经济体存在贸易盈余（$NX > 0$）。

如果世界实际利率低于封闭经济时的均衡利率，该经济体存在贸易赤字。如果世界实际利率等于封闭经济时的均衡利率，该经济体处于贸易平衡状态。

8.1.3　供给冲击对贸易余额的影响

利用小型开放经济模型，我们可以讨论供给冲击对贸易余额和资本净流出的影响。供给冲击包括天气变化、技术创新，以及影响企业生产方法和技术选择的政府规制等。

假设小型开放经济遭受了严重的自然灾害。这种不利的供给冲击会暂时性地降低产出。图 8－2 展示了这种供给冲击的影响。世界实际利率为 r^*，初始的投资曲线和储蓄曲线分别为 I_1 和 S_1，初始贸易

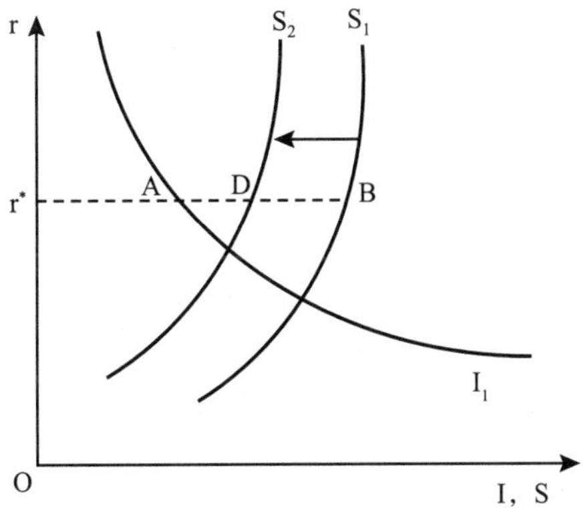

图 8－2　不利的供给冲击对贸易余额的影响

余额为 AB 之间的距离，存在贸易盈余。给定世界利率水平，暂时性的收入减少将使储蓄减少，储蓄曲线从 S_1 向左移动到 S_2。由于不利的供给冲击为暂时性的，资本的边际产量不变，故投资曲线位置不变。当市场达到均衡时，贸易盈余缩减至 AD 之间的距离。

8.1.4 财政政策对贸易余额的影响

现在我们讨论本国财政政策的变动对贸易余额的影响。为了分析方便，我们假定初始的小型开放经济处于贸易平衡状态，即在世界实际利率 r^* 下，国内投资 I 等于国内储蓄 S，净出口为 0。

对于给定的世界实际利率水平，我们首先考察增加政府购买将如何影响国内储蓄、投资和贸易余额的。政府购买增加减少了国民储蓄，因为 $S = Y - C - G$。反映在图 8－3 中，储蓄曲线从 S_1 向左移动到 S_2。在世界实际利率不变的情况下，储蓄小于投资，那些希望投资的本国投资者必须通过从国外借款来融资。这种资本流入消除了经济体内的不均衡，产品市场达到均衡。由于资本流入为增加的投资融资，因此，资本净流出是负的。由于 $NX = S - I$，所以净出口为负，出现贸易赤字。

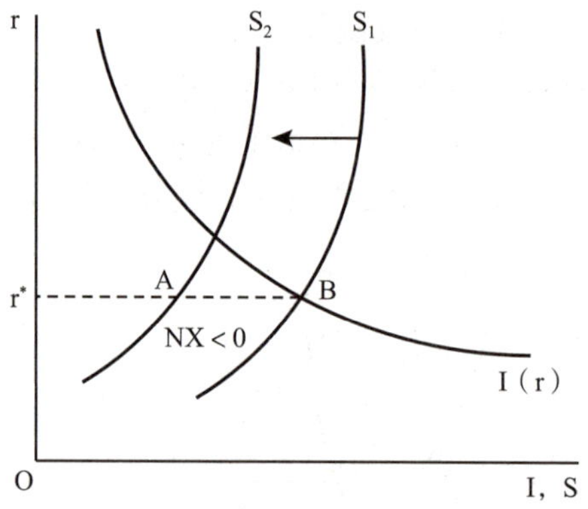

图 8－3　政府购买增加对贸易余额的影响

如果政府采取投资税减免的政策以鼓励国内投资，会刺激国内投资需求增加，使投资曲线向右移动。在世界实际利率给定情况下，国内投资超过储蓄，一些投资者必须从国外借款来融资，也就是说，净出口为负，贸易出现赤字，如图 8－4 所示。

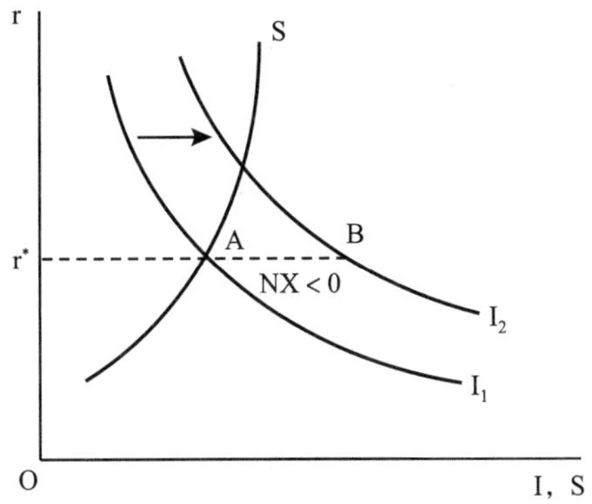

图 8－4 投资税抵免政策对贸易余额的影响

8.2 汇 率

8.2.1 名义汇率与实际汇率

名义汇率（nominal exchange rate）是两国之间货币的相对价格。例如，如果人民币与美元的名义汇率为 6.2 元人民币/1 美元，则在外汇市场上，1 美元可以换来 6.2 元人民币。当人们提到两个国家之间的汇率时，通常是指名义汇率。

名义汇率有两种表示方法：用 1 单位本国货币兑换的外国货币的数量。另外一种方法是用 1 单位外国货币兑换的本国货币数量。例如，1 元人民币可以兑换 0.1613 美元，1 美元可以兑换 6.2 元人民币。从两种标价法可以看出，它们相互之间正好互为倒数。在本书中，我们用 1 单位本国货币兑换的外国货币数量表示名义汇率。

外国货币和本国货币之间的汇率每天都在变化。汇率的变动被称为名义升值或贬值。1 单位本币兑换的外币数量减少，表示本币贬值，汇率下降；1 单位本币兑换的外币数量增加，表示本币升值，汇率上升。例如，如果 1 美元兑 120 日元变为 1 美元兑 106 日元，表示美元贬值，汇率下降；如果 1 美元兑 120 日元变为 1 美元兑 125 日元，表示美元升值，汇率上升。

实际汇率（real exchange rate）是两国产品的相对价格。为了说明实际汇率与名义汇率之间的关系，假定美国和中国都生产一种产品：茶杯。一个茶杯在美国的价格是 6 美元，而一个类似的茶杯在中国的价格是300元人民币。为了比较这两种货币的购买力，必须用名义汇率把价格转换成用同一通货表示的价格。如果1元人民币兑换0.16美元，那么一个美国茶杯价格等于37.5元人民币，中国茶杯的价格是美国茶杯的8倍。换言之，在现期价格下，我们可以用8个美国茶杯换1个中国茶杯。可以用公式计算实际汇率：

$$\text{实际汇率}=\frac{\text{名义汇率}\times\text{国内价格}}{\text{国外价格}}$$

$$=\frac{(0.16\text{ 美元/元})\times(300\text{ 元/中国茶杯})}{6\text{ 美元/美国茶杯}}$$

$$=8(\text{美国茶杯/中国茶杯})$$

如果考虑到"一篮子"商品或所有商品，我们就需要使用美国生产的"一篮子"商品或所有商品的价格指数和中国生产的"一篮子"商品或所有商品的价格指数来计算实际汇率。实际汇率的计算公式为：

$$\varepsilon=\frac{eP}{P^f}=e\times\frac{P}{P^f}$$

其中，ε 代表实际汇率，P 代表本国价格指数，P^f 代表国外价格指数，e 为名义汇率。我们可以根据两个国家的名义汇率和价格水平来计算这两个国家之间的实际汇率。如果实际汇率高，外国产品就相对便宜，国内产品相对昂贵。如果实际汇率低，国外产品相对昂贵，国内产品相对便宜。

8.2.2 实际汇率与净出口

实际汇率也称为贸易条件，表明两国的产品按照什么比例进行交换。国内产品与国外产品的相对价格影响这些产品的需求。如果实际汇率上升，国内产品价格相对上升，国外产品价格相对下降，那么国内居民将购买更多的国外产品，而外国居民将购买较少我们的产品，我们的净出口下降。如果实际汇率下降，国内产品价格相对下降，国外产品价格相对上升，那么国内居民将购买更少的国外产品，而外国居民将购买较多我们的产品，我们的净出口上升。因此，净出口与实际汇率负相关。我们把实际汇率与净出口之间的关系写为：

$$NX=NX(\varepsilon)$$

净出口与汇率的关系可以用图8－5表示。图8－5中横轴代表净出口，纵轴代表实际汇率。净出口曲线NX向右下方倾斜，表示随着实际汇率的下降，净出口量增大。

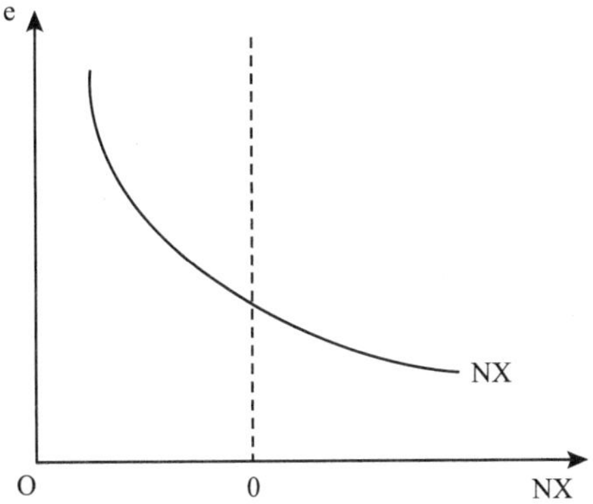

图 8-5　净出口与实际汇率

8.2.3　实际汇率的决定因素

现在我们将上面讨论的净出口与实际汇率之间的关系和小型开放经济模型结合起来，说明实际汇率是如何决定的。

实际汇率与净出口负相关：

$$NX = NX(\varepsilon)$$

净出口必须等于资本净流出——意愿储蓄与意愿投资之间的差额：

$$NX = S - I$$

由于在小型开放经济中，储蓄和投资取决于世界实际利率，与实际汇率无关。因此，实际汇率由下式决定：

$$NX(\varepsilon) = S - I$$

如图 8-6 所示，由于储蓄和投资与汇率无关，S-I 是一条垂直线。净出口曲线向右下方倾斜，这两条曲线的交点决定了均衡的实际汇率。

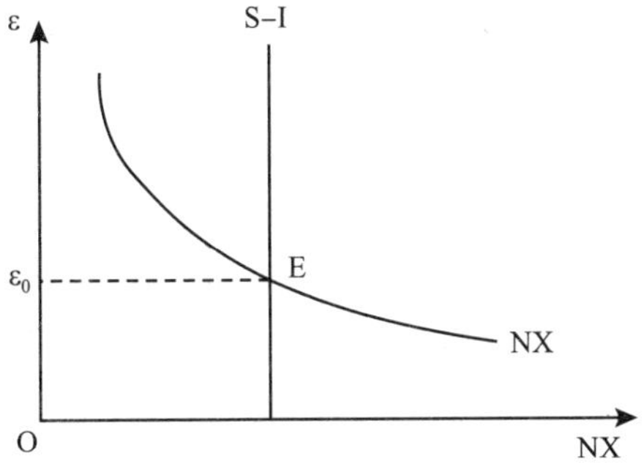

图 8-6　实际汇率的决定

实际汇率的决定也可以用外汇市场的供求来解释。NX 曲线代表外国人想用我们的货币购买我们的产品的净外汇（对外国人而言）需求。S－I 表示用于资本净流出的外汇（对外国人而言）供给。均衡点 E 表示用于资本外流的外汇供给量恰好等于用于产品与服务净出口的外汇需求量。

8.2.4 经济政策对实际汇率的影响

利用上面的均衡汇率模型，我们可以进一步讨论经济政策对实际汇率和净出口的影响。

首先讨论财政政策的影响。假设本国政府通过增加政府支出或减税来实施扩张性的财政政策。这种扩张性政策将减少国民储蓄，从而 S－I 降低了，降低了可投资国外的外汇供给。外汇供给的减少使均衡实际汇率上升。实际汇率上升使得国外产品相对于国内产品变得便宜，导致进口增加和出口减少，净出口 NX 降低了。

如图 8－7 所示，扩张性政策使 S－I 曲线向左移动，均衡汇率从 ε_0 上升到 ε_1，净出口从 NX_0 下降到 NX_1。

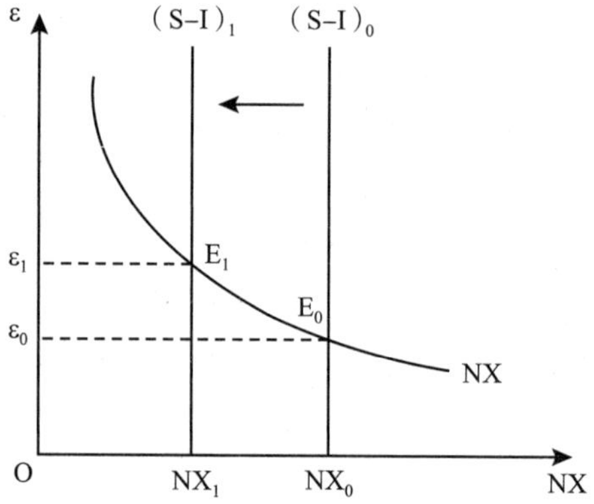

图 8－7　扩张性财政政策对实际汇率的影响

现在考虑外国政府增加支出对均衡汇率和净出口的影响。如果外国占世界经济的一大组成部分，它们的政府支出增加就会减少世界储蓄。世界储蓄减少引起世界实际利率上升。世界利率上升降低了国内投资，从而增加 S－I。反映图 8－8 中，S－I 曲线右移，均衡实际汇率降低。本币贬值，使本国商品价格相对便宜，NX 增加了。

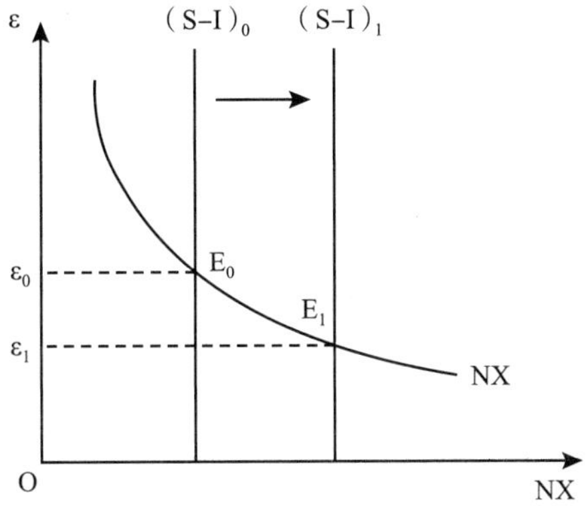

图 8－8　国外扩张性财政政策对实际汇率的影响

我们还可以用这个模型考察贸易政策对实际汇率和净出口的影响。贸易政策一般是指限制进口的贸易保护政策，包括进口配额和关税壁垒等，用于保护本国产业免受外国产品的竞争。

贸易保护政策的效果可以通过图 8－9 来说明。对于给定的实际汇率，政府实施贸易保护政策，使得进口减少，净出口增加。净出口曲线向外移动，导致实际均衡汇率上升。实际汇率上升，导致国内产品价格相对上升，国外产品价格相对下降。汇率升值，又导致本国产品出口减少，进口增加，净出口减少。汇率升值抵销了由于贸易保护政策而直接增加的净进口。因此，贸易保护政策既减少了进口量又减少了出口量。

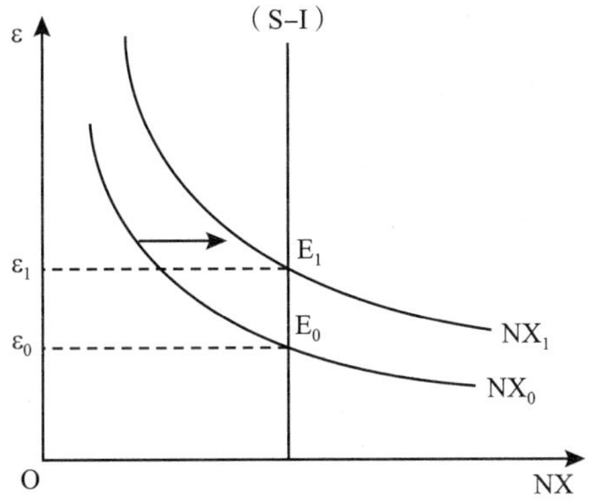

图 8－9　贸易保护政策对实际汇率的影响

8.2.5 名义汇率的决定：购买力平价

购买力平价理论

为了讨论名义汇率的决定，我们假设所有国家都生产相同的产品，各国之间自由贸易。如果忽略运输成本，则任何人都会按照1:1的原则将本国产品与外国产品进行交换，实际汇率将始终等于1。根据前述的实际汇率定义，在这种情况下，当外国产品的价格用本国货币来表示时，本国产品的价格与外国产品的价格必然相等。即：

$$e \times P = P^{f}$$

其中，e表示名义汇率，P表示相同商品的本国价格，P^{f}表示相同商品的外国价格。

上式表明，在使用同一货币来度量时，相似的外国产品和本国产品应该具有相同的价格。这种观点被称为购买力平价（purchasing power parity，PPP）。如果国内产品相对于国外商品便宜，在其他情况相同的情况下，意味着套利者很可能在国内购买产品并在国外出售它们。这常常被解释为本国产品竞争力的加强。这样，人们对国内产品的相对需求将会增加。结果是或者迫使国内价格上升，或者迫使汇率下降，最终趋近于购买力平价。国际套利者的迅速行动，促使净出口对汇率的变动极其敏感。购买力平价表明，名义汇率应该等于外国价格水平除以本国价格水平，即：

一些实证研究表明，购买力平价理论不能完全准确地解释短期汇率的波动。这是因为，许多产品以及大多数服务并不在国际上进行交易；各国生产的是差异很大的“一篮子”产品或服务，它们之间不能完全替代；许多产品在国家之间的移动存在诸多障碍，如运输费用和合法的贸易壁垒使不同国家间产品和服务的交易价格并不相等。

$$e = \frac{P^{f}}{P}$$

购买力平价理论指出了货币之间兑换的实质是购买力的比较，因此，购买力平价被认为是解释汇率应有的稳定趋势的一种理论，也被认为是解释长期汇率的一种理论。

购买力平价反映了价格水平与名义汇率水平之间的关系，它有时也被称为绝对购买力平价。但是，如果考虑到价格水平变动与汇率水平变动之间的关系，名义汇率的变化率则等于本国通货膨胀率与外国通货膨胀率之差。这种观点被称为相对购买力平价（relative purchasing power parity）。例如，美国物价一年上涨10%，而中国物价一年上涨5%时，相对购买力平价理论预测美元对人民币将会贬值5%。

根据实际汇率的定义：

$$\varepsilon = \frac{eP}{P^{f}}$$

实际汇率的变化率可以表示为：

$$\frac{\Delta\varepsilon}{\varepsilon} = \frac{\Delta e}{e} + \frac{\Delta P}{P} - \frac{\Delta P^{f}}{P^{f}}$$

对上式进行变化，得到：

$$\frac{\Delta e}{e}=\frac{\Delta \varepsilon}{\varepsilon}+\pi^{f}-\pi$$

上式表明，名义汇率的变化率等于实际汇率的变化率加上外国通货膨胀率与本国通货膨胀率的差额。当实际汇率保持不变时，名义汇率的变化率可以表述为：

$$\frac{\Delta e}{e}=\pi^{f}-\pi$$

相对购买力平价在高通货膨胀国家往往非常有效，因为这些国家的相对通货膨胀率的变化通常比实际汇率的变化大得多。

8.3　开放经济的短期均衡：蒙代尔—弗莱明模型

蒙代尔—弗莱明模型是在 20 世纪 60 年代初由蒙代尔（Robert Mundell）和弗莱明（Marcus Fleming）建立起来的，它是将 IS－LM 模型扩展为对资本完全流动情况下的开放经济的分析，说明在浮动汇率和固定汇率制度下，财政政策和货币政策的作用。

蒙代尔—弗莱明模型

蒙代尔—弗莱明模型假定：（1）国内和国外价格水平都是固定不变的，从而实际汇率与名义汇率成比例。（2）经济是一个资本完全流动的小型开放经济。在资本完全流动的条件下，投资者能够在他们选定的任何国家，以很低的交易成本，迅速而无限量地购买资产。资本的自由流动将消除任何国内市场和世界市场上的利率差别，因此，国内利率 r 与世界市场上的利率 r^{*} 是一致的。即：

$$r=r^{*}$$

8.3.1　开放经济的 IS 曲线

蒙代尔—弗莱明模型对产品市场的描述与 IS－LM 模型大致相同，但它增加了净出口这一项。产品市场的均衡可用下式表示：

$$Y=C(Y-T)+I(r)+G+NX(e)$$

上式表示，总收入等于消费、投资、政府购买和净出口之和。在短期内，消费取决于可支配收入，消费与可支配收入正相关。投资与利率负相关。

净出口与实际汇率负相关。假设国内和国外价格水平都是固定不变的，实际汇率与名义汇率成比例。也就是说，当名义汇率上升时，相对于国内产品而言，国外产品变得更便宜，这就引起进口增加而出口减少。这样就可以把净出口函数表示为名义汇率的函数：$NX = NX(e)$。

假设小型开放经济中的资本可以自由流动，对小型经济体而言世界利率 r^* 是外生变量。因此把产品市场均衡等式简化成关于汇率 e 和产出 Y 的函数。

小型开放经济的 IS^* 方程表述为：

$$Y = C(Y - T) + I(r^*) + G + NX(e)$$

我们通过凯恩斯交叉图、净出口曲线来推导小型开放经济的 IS^* 曲线。图 8－10（a）表示净出口函数。汇率上升导致净出口减少，汇率从 e_0 上升到 e_1，净出口从 NX_0 减少到 NX_1。图 8－10（b）是凯恩斯交叉图，净出口减少使计划支出线向下移动，从而使收入水平下降，国民收入从 Y_0 下降到 Y_1。IS^* 曲线概括了汇率 e 与收入 Y 之间的关系。在图 8－10（c）中，纵轴表示汇率，横轴代表收入。IS^* 曲线向右下方倾斜。

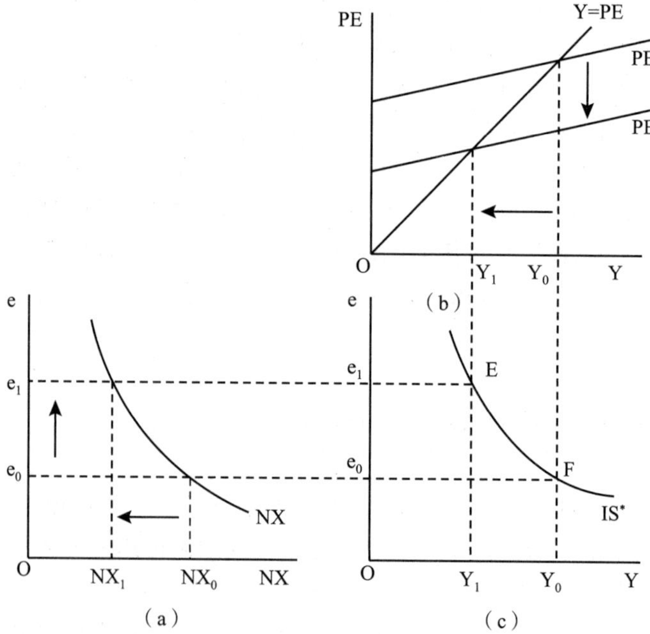

图 8－10　开放经济的 IS 曲线

在开放经济中，如果政府购买增加，IS^* 曲线向右移动。政府购买减少，IS^* 曲线向左移动；外国产出的增加使外国居民对本国产品的需求增加，使本国的净出口提高，IS^* 曲线向右移动；贸易保护政策会使得净出口增加，IS^* 曲线也会向右移动。

8.3.2　开放经济的LM 曲线

蒙代尔—弗莱明模型对货币市场的描述与 IS - LM 模型大致相同，把货币供给等于货币需求的方程写为：

$$\frac{M}{P}=L(Y,\ r)$$

我们假定货币余额的供给是给定的，货币余额的需求依赖于经济中的交易水平（由实际产出 Y 来测度），以及持有货币而不是持有债券的机会成本（即债券的利率 r）。在开放经济中，对本国货币的需求基本上仍然是本国居民的需求。因为在大多数国家，本国居民不能用外汇进行交易——支付需用本国货币进行，从而本国居民的货币需求依赖的因素和原来一样，即货币需求函数和国内货币供给量保持不变。也就是说，LM 曲线在开放经济中不需要修改，所以同封闭经济一样，开放经济中的 LM 曲线也是向右上方倾斜的。在其他条件给定时，货币供给的增加会导致利率的下降。给定实际货币供给量，收入的增加使得对货币的需求增加，从而均衡利率提高。

在一个小型开放经济中，我们假设国内利率等于世界利率，即 $r=r^*$，则货币市场均衡条件可以改写为：

$$\frac{M}{P}=L(Y,\ r^*)$$

小型开放经济的 LM^* 曲线可以如图 8 - 11 所示。LM^* 曲线之所以垂直是因为汇率并没有进入 LM^* 方程。在给定的世界利率条件下，无论汇率如何变动，LM^* 曲线决定了总收入。当货币供给量增加时，LM^* 曲线向右移动。当实际货币余额减少时，LM^* 曲线向左移动。

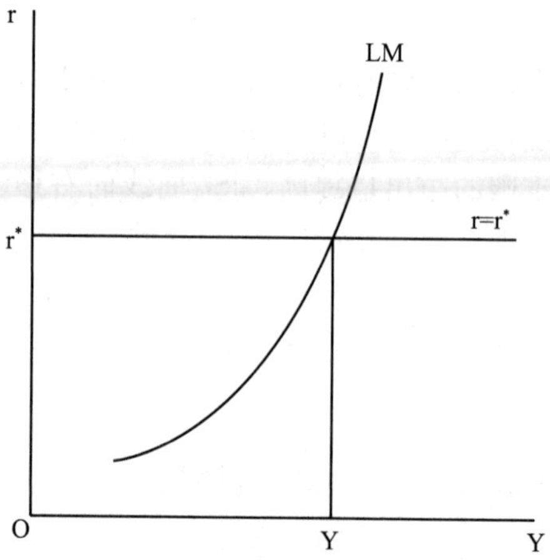

（a）本国货币市场均衡

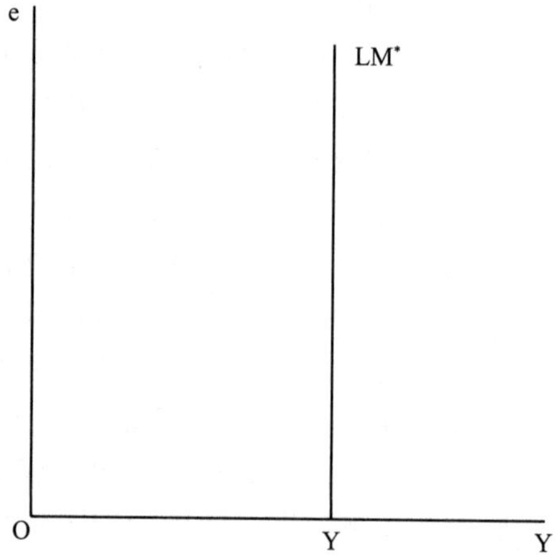

（b）开放经济中的LM*曲线

图 8－11　开放经济中 LM* 曲线

8.3.3　产品市场与货币市场的均衡

将 IS* 曲线和 LM* 曲线综合在一起就构成了蒙代尔—弗莱明模型。它可以用两个方程来表示：

$$Y = C(Y - T) + I(r^*) + G + NX(e)$$

$$\frac{M}{P} = L(Y, r^*)$$

产品市场和货币市场的均衡在图 8－12 中的 E 点同时达到，即在 IS* 曲线和 LM* 曲线的交点 E，均衡收入为 Y_0，均衡汇率为 e_0。

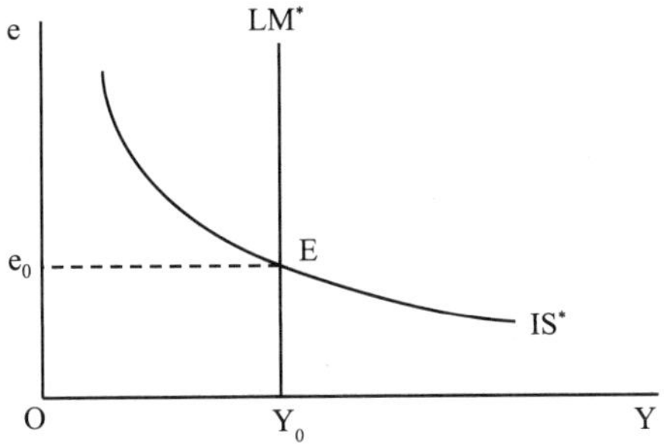

图 8-12　蒙代尔—弗莱明模型

8.4　小型开放经济中的政策效应

8.4.1　汇率制度

在短期中，开放经济模型中的经济政策的作用与汇率制度密切相关。世界上的汇率制度主要有固定汇率制与浮动汇率制。

固定汇率制（fixed exchange rate system）指一国货币同其他国家货币的汇率基本固定，其波动幅度限制在极小范围内的汇率制度。在这种制度下，中央银行固定了汇率，并按这一水平进行外汇买卖。如果汇率涨落超出了规定的幅度，各国中央银行就必须动用本国的黄金与外汇储备来稳定既定汇率。例如，在汇率过低时，中央银行必须以本币来收购过多的外币，以维护固定汇率。反之，在汇率过高时，中央银行必须抛出外汇储备来收购过多的本币。由此可以看出，实行固定汇率要求一国的中央银行有足够的外汇或黄金储备，如果不具备这一条件，必然出现外汇黑市，这样反而会不利于经济发展与外汇管理。

浮动汇率制（floating exchange rates system）指一国中央银行不规定本国货币与他国货币的官方汇率，本国货币同其他国家货币的兑换率完全由外汇市场上本国货币及外国货币的供求关系自由决定。浮动汇率又分为自由浮动和管理浮动。自由浮动又称清洁浮动，在这种制度下，中央银行对外汇市场不采取任何干预措施，汇率完全是由外汇市场的供求力量自发决定。这意味着，在自由浮动汇率制下，国际收支余额为0。

管理浮动汇率又称肮脏浮动汇率，在有管理的浮动汇率制下，中央银行干预外汇市场，主要是根据外汇市场的供求状况买入或卖出外汇，试图影响汇率。

固定汇率曾经为世界上大多数国家所采用。发达国家在第二次世界大战后建立的布雷顿森林体系就是一种固定汇率制度。在该体系下，各主要发达国家的货币均与美元挂钩，按照某个固定的汇率同美元兑换；美元同黄金挂钩，规定 35 美元兑换 1 盎司黄金。20 世纪 70 年代初，美国宣布放弃美元与黄金挂钩，布雷顿森林体系宣告解体，从而与美元挂钩的固定汇率制度也随之结束。目前，大多数发达国家采取的是有管理的浮动汇率制度。在 1997 年的亚洲金融风暴期间，泰国、印度尼西亚、韩国等国由于没有足够的外汇储备来对付大规模的资金外逃而不得不放弃固定汇率制度。我国自 2005 年 6 月开始实行浮动汇率制度[①]。

需要指出的是，固定汇率仅仅是在一定时期内保持不变，当经济形势发生根本性的变化时，就需要调整目标的汇率水平。汇率目标可能是显性的，也可能是隐性的；有时是一个特定的值，有时是一个区域或者一个范围。为了简化分析，我们假设固定汇率是指汇率被固定在某一个值上。

固定汇率是就名义汇率而言的。固定汇率是由一国政府根据国际协议确定的。由政府规定的汇率可能与由外汇市场供求关系决定的均衡汇率不相等。如果官方汇率低于由外汇市场供求自由决定的均衡汇率，称之为法定贬值（devaluation）；如果官方汇率高于由外汇市场供求自由决定的汇率价值，称之为法定升值（revaluation）。

8.4.2 浮动汇率下的政策效应

浮动汇率下的政策效应

下面我们利用蒙代尔—弗莱明模型，考察在完全资本流动与浮动汇率制度下经济政策的作用。尽管汇率是可变的，但这里仍然假定国内价格水平固定不变。

在完全浮动汇率制度下，一国的中央银行不会干预外汇市场。在这种情况下，汇率进行调整以达到产品市场和货币市场的同时均衡。当某种力量改变均衡时，汇率会运行到新的均衡点。

1. 财政政策

假设小型开放经济下，政府暂时性增加支出，这种扩张性的财政政策使开放经济中的 IS^* 曲线右移，如图 8 - 13 所示。

① 我国香港特别行政区实行港元联系汇率制度。

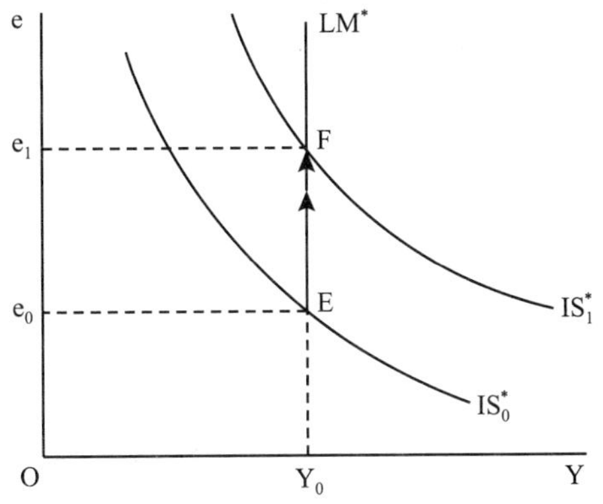

图 8－13　开放经济的扩张财政政策

从图 8－13 可以看出从初始均衡点 E 开始的财政扩张的情况。扩张性财政政策将使 IS_0^* 曲线向右移至 IS_1^*，与 LM^* 曲线相交于 F 点，这将导致汇率上升，而收入水平不变。

财政政策在小型开放经济中的效应与封闭经济差别很大。在封闭经济的 IS－LM 模型中，扩张性的财政政策提高了收入，提高了本国利率，因为更高的收入增加了对货币的需求。而在小型开放经济中，这种情况是不可能的。因为只要利率上升到世界利率 r^* 以上，资本会迅速从国外流入本国以便从较高的回报中获益。这一资本流入，不仅使利率回到 r^*，还有另一个作用：由于国外投资者需要购进本币投资，资本流入增加了外汇市场上对本币的需求，从而抬高了本币的价值。本币升值使本国产品相对于国外产品变得更加昂贵，从而降低了净出口。净出口的减少恰好抵消扩张性财政政策对收入的影响。

我们还可以从货币市场的均衡来说明在开放经济中，财政政策为什么完全无力影响收入的。由货币市场均衡等式：

$$\frac{M}{P}=L(Y,\ r)$$

在封闭经济中，财政扩张引起收入水平上升，又提高了货币需求。由于实际货币余额固定不变，利率必须上升，以使货币市场均衡。与此相反，在小型开放经济中，利率 r 固定在世界实际利率 r^* 上，因此，满足这个方程式的只有一个收入水平，当财政扩张时收入水平保持不变。

2. 货币政策

假设价格水平不变，央行采用暂时性扩张性的货币政策，增加的货币供给量意味着实际货币余额的增加。这种扩张性的货币政策使 LM^* 曲线右移，如图 8－14 所示。

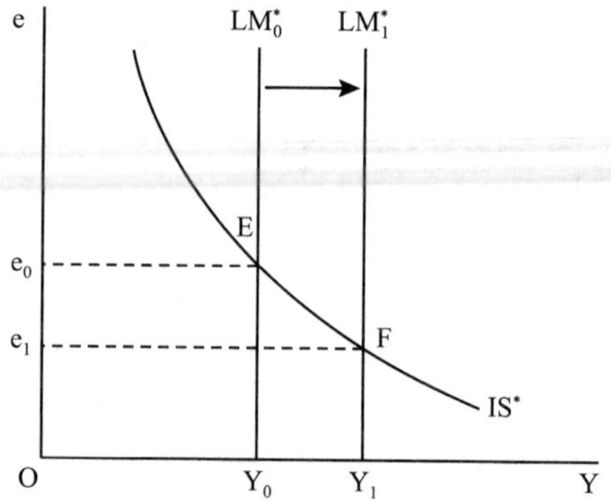

图 8－14　浮动汇率下的扩张性货币政策效应

扩张性的货币政策使 LM^* 曲线从 LM_0^* 向右移动到 LM_1^*，IS^* 曲线位置不变。均衡点由 E 点变化至 F 点。货币供给的增加，降低了汇率，提高了收入。

小型开放经济的货币政策传导机制与封闭经济不同。在封闭经济中，货币供给增加将降低利率，刺激投资使收入增加。而在小型开放经济中，由于利率是由世界实际利率固定的，所以这一传导渠道无法获得。那么货币政策是如何影响收入的呢？

小型开放经济的传导机制是通过货币贬值引起净出口增加而实现的。货币供给的增加，使本国利率存在向下的压力。在国际资本自由流动的条件下，资本会流出本国。资本的流出增加了外汇市场上本币的供给，引起本币贬值，汇率下降。汇率下降使本国商品价格降低，刺激了净出口，增加了总收入，因此在一个小型开放经济中，扩张性的货币政策会有效地改变均衡产出水平。

3. 贸易政策

假设政府通过提高进口关税或设置配额的方式来限制进口，小型开放经济中的 IS^*、LM^* 曲线将受到怎样的影响？

图 8－15 说明，由于净出口是国民收入的组成部分，在其他因素不变的条件下，保护性的贸易政策可以限制进口，使净出口提高，使 IS_0 曲线向外右移到 IS_1，本国收入提高。Y 的增加又提高了货币需求，本国利率由向上的压力。世界利率不变的条件下，外国资本流入，降低了本国利率的上升压力，同时造成本币升值。最后，本币升值使本国产品价格上升，减少了净出口，净出口的减少又会引起 IS 向左下方移动到初始均衡状态，收入回到最初的水平。

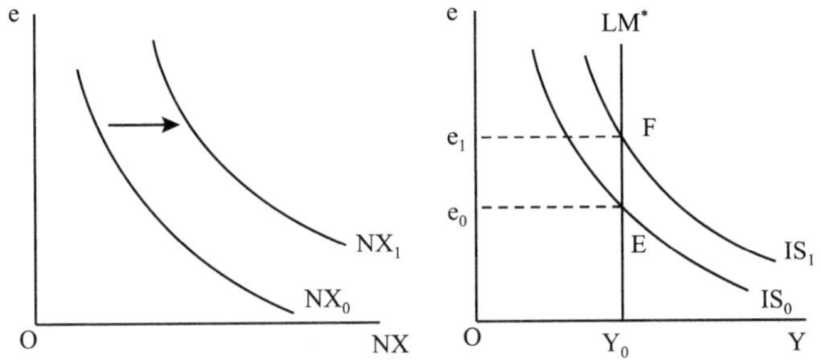

图 8－15　贸易政策的影响

8.4.3　固定汇率下的政策效应

固定汇率是汇率由中央银行宣布，并且为了维持稳定的汇率可以随时买入和卖出本国货币。固定汇率制度的核心是中央银行的承诺，即将汇率保持在承诺的水平，并且允许货币供给随时调整，以保证外汇市场的均衡汇率等于承诺的汇率水平。

如图 8－16 所示，在图 8－16（a）中，由于均衡汇率高于固定汇率，套利者可以在国外市场上用比较低的价格购买到外币，然后转卖给本国银行。当本国银行购买这些外汇时，它为此支付的本币增加了货币供给量，使 LM 曲线右移，逐渐降低了汇率。

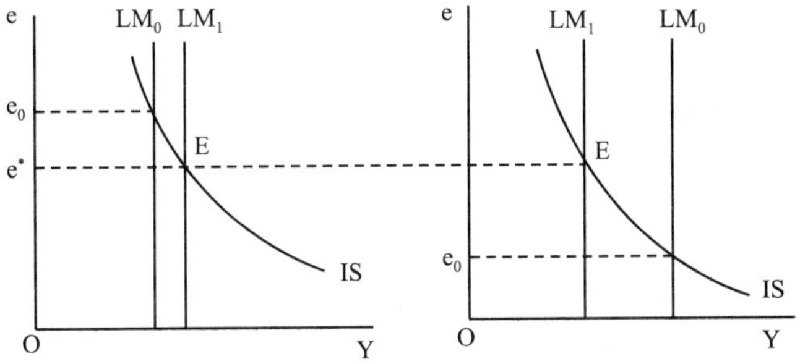

（a）均衡汇率高于固定汇率　　（b）均衡汇率低于固定汇率

图 8－16　固定汇率与货币供给

固定汇率下的政策效应

在图 8－16（b）中，均衡汇率低于固定汇率，这种情况下套利者可以向本国银行用比较低的价格买入外币，然后将外币在市场上卖出，获取利差。套利者在本国银行买入外币时，本国银行要收回本币，因而减少了本币供给量，使 LM 曲线左移，逐渐提高了汇率。

固定汇率固定的是名义汇率。如果长期中价格是富有弹性的，则实行固定汇率的国家，其实际汇率也可能是变动的。因此，固定名义汇率的政策并不影响任何实际变量，固定汇率影响的只是名义货币供给量和价格水平。

1. 财政政策

假设价格不变，政府通过增加政府支出的方式刺激国内支出，对本国经济的影响如图 8－17 所示。

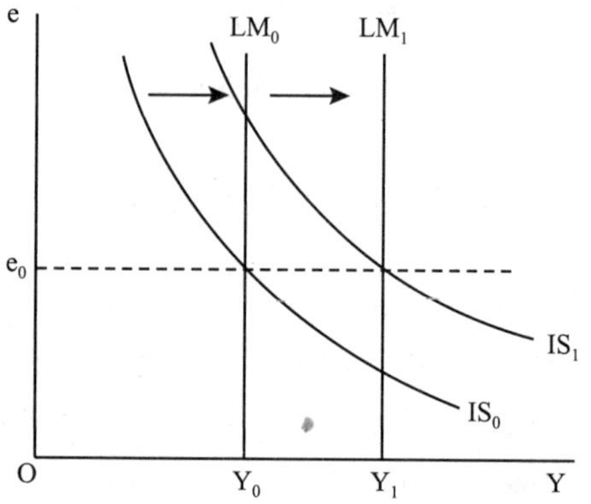

图 8－17　固定汇率下的扩张财政政策效应

暂时性扩张式的财政政策使 IS 曲线右移，国民收入增加，本国对国外的商品需求增加，这降低了净出口并出现贸易逆差，外国资本流入。在外汇市场上，外币的供给量上升，本币有升值的压力，套利者将通过把外汇卖给央行来逐利，央行的买卖行为，提高了本币的供给量，LM 曲线也右移，因此汇率水平可以维持稳定，产出增加。

2. 货币政策

假设价格不变，中央银行增加货币供给量，对本国经济的影响如图 8－18 所示。

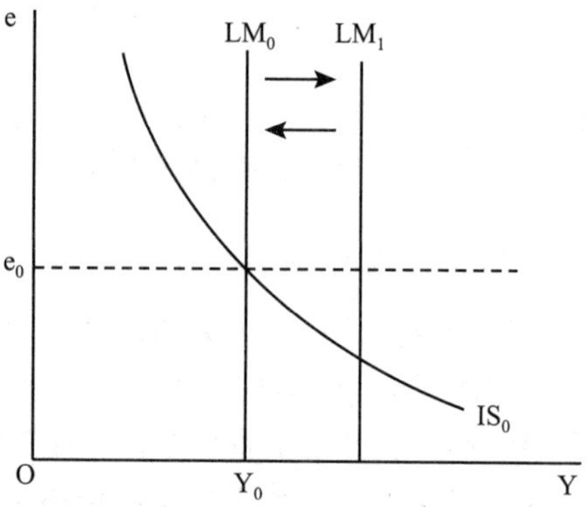

图 8－18　固定汇率下的扩张货币政策效应

中央银行采用积极的货币政策，使LM曲线右移，本国利率有下降的压力。在资本自由流动的条件下，资本流出，外汇市场上外币数量减少，本币有贬值的压力，汇率下降。套利者将向央行抛售本币换回外币，央行为此收回本币，LM曲线又移回原来的位置。在固定汇率下，货币政策无效。

但是，固定汇率并不意味着汇率水平不变，央行可以根据经济环境改变固定汇率。央行降低本币价值被称为货币贬值。在小型开放经济模型中，货币贬值可以使LM曲线右移，相当于增加货币供给，货币贬值增大了净出口，提高了收入水平。央行提高本币价值被称为货币升值。在小型开放经济模型中，货币升值可以使LM曲线左移，相当于减少货币供给，货币升值减少了净出口，降低了收入水平。

3. 贸易政策

假设政府通过提高进口关税或设置配额的方式来限制进口，小型开放经济中的收入将受到怎样的影响？如图8－19所示。

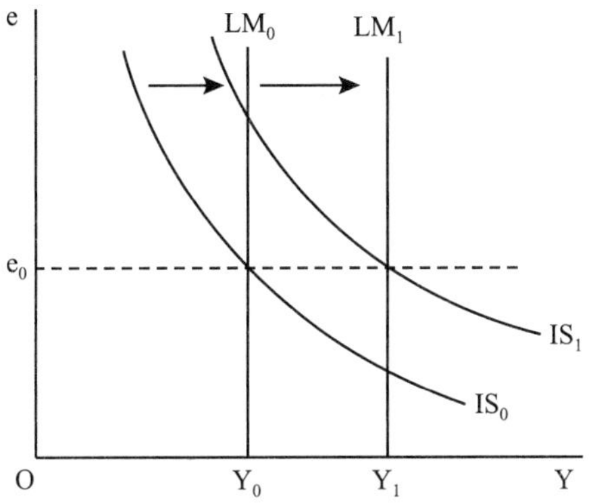

图8－19　固定汇率下的贸易政策效应

政府的保护性贸易政策将降低进口，净出口增加，使IS曲线右移。IS曲线右移可以提高汇率，为了维持本币汇率稳定，套利者将向央行抛售外币，央行增加了货币供给量，LM曲线也右移，最终稳定汇率并提高了收入。与浮动汇率制度下的贸易保护政策比较，我们发现其结果的差异主要是因为固定汇率下的贸易保护引起了货币供给量提高而不是汇率升值，因此收入水平最终上升。

本章小结

1. 开放经济体中，市场均衡是意愿储蓄等于意愿国民投资加贷出的资金量。净出口是意愿储蓄与意愿投资之间的差额。

2. 小型开放经济面临的是固定的世界利率。小型开放经济的产品市场均衡是国民储蓄和投资等于世界实际利率水平所对应的水平。任何使意愿国民储蓄增加或意愿投资降低的因素都可以使小型开放经济的对外贷款增加，增加量等于经常账户余额。

3. 名义汇率是一国货币交换另一国货币的比率，实际汇率是交换两国产品的比率。实际汇率升值，降低净出口。均衡的实际汇率是使净出口的需求量等于资本净流出量的实际汇率。

4. 实际汇率是影响进出口的重要因素。汇率下降，本币贬值，使本国产品更加便宜，从而增加了净出口。然而实际汇率下降也会增加进口产品的成本，因此进口量和出口量都需要时间来调整，短期中净出口减少，这就是J曲线。

5. 蒙代尔—弗莱明模型是小型开放经济的IS－LM模型。该模型假设价格水平既定，分析引起收入和汇率波动的原因。

6. 蒙代尔—弗莱明模型说明，浮动汇率制度下财政政策无效，财政扩张引起的本币升值会减少净出口并抵消对总收入的扩张效应。固定汇率制度下财政政策有效。

7. 蒙代尔—弗莱明模型说明，固定汇率制度下货币政策无效，央行必须将汇率维持在同一水平，任何改变货币供给的企图都是无效的。浮动汇率制度下货币政策有效。

关键概念

开放经济	小型开放经济	名义汇率
实际汇率	购买力平价	蒙代尔—弗莱明模型

复习思考题

1. 选择题

(1) 当一国的净资本流出为正值时（　　）。

A. 该国存在贸易盈余以及资本和金融账户赤字

B. 该国存在贸易赤字以及资本和金融账户盈余

C. 该国资本和金融账户处于平衡

D. 该国存在贸易赤字以及资本和金融账户赤字

(2) 固定汇率制度下，一国的货币同其他国家货币的汇率（　　）。

A. 绝对固定　　B. 基本固定

C. 保持不变　　D. 在一定范围内波动

(3) 浮动汇率制度下，一国的货币同其他国家货币的汇率（　　）。

A. 基本固定　　B. 绝对固定

C. 保持不变　　D. 在一定范围内波动

(4) 经常项目账户的顺差意味着（　　）。

A. 出口大于进口

B. 出口小于进口

C. 出口的减少大于进口的减少

D. 出口的增加大于进口增加

(5) 以外币表示的人民币价格大幅度上升将使中国的对外贸易（　　）。

A. 增加出口，减少进口　　B. 减少出口，增加进口

C. 同时增加进出口　　D. 同时减少进出口

(6) 如果本国货币贬值，显而易见的贸易结果是（　　）。

A. 本国进出口增加　　B. 本国进口增加，出口减少

C. 本国进口减少，出口增加　　D. 本国进出口减少

2. 简答题

(1) 简述固定汇率资本完全流动下的货币政策效应。

(2) 在一个实行浮动汇率制，资本可以自由流动的开放经济中，如果政府的目标是增加本国的净出口，那么：

①减少公共支出是否有助于此目标的实现？

②如果“购买力平价”成立，增加货币供给是否有助于此目标的实现？

3. 计算题

假设某国的经济模型为：

$$C = 28 + 0.8Y_D$$

$$\bar{I} = 20 \quad \bar{G} = 26$$

$$TR = 25$$

$$T = 25 + 0.2Y$$

$$EX = 20$$

$$IM = 2 + 0.1Y$$ （单位：10亿美元）

求该国的均衡收入与贸易赤字（或盈余）。

第 9 章
消费与投资理论

本章要点

- ◇ 理解并掌握绝对收入假说
- ◇ 理解并掌握持久收入假说
- ◇ 理解并掌握生命周期假说
- ◇ 掌握托宾的 q 理论

在考察产品市场时，我们假定消费依赖于当前的收入，投资依赖于利率。实际上，消费部分依赖于当前收入，部分依赖于财富和利率。投资既取决于利率又取决于经济中的产出。因此，本章进一步考察家庭关于消费多少和企业投资的决定因素，介绍适用于分析宏观经济问题的微观经济模型，扩展 IS－LM 模型分析。

9.1 消费理论

消费是总需求中最主要的部分，消费占 GDP 的 2/3，消费的波动是繁荣与衰退的关键因素。前面我们把消费设计为可支配收入的单一函数，但是它过于简单，不能提供对消费者行为的全面解释。现在我们进一步研究消费函数，并对决定总消费的因素提出一个更为完整的解释。

绝对收入假说

9.1.1 绝对收入假说

凯恩斯消费函数的重要特征是当前的消费依赖于当前的收入。凯恩斯认为收入的绝对水平决定了消费。因此，凯恩斯的消费理论一般称之为绝对收入假说。

凯恩斯消费函数具有以下三个性质：

（1）消费由现期可支配收入决定，利率没有重要作用。这里所说的现期收入是指本期按货币购买力计算的收入，不考虑过去收入与未来收入。凯恩斯认为，利率对个人给定收入中的支出的短期影响是第二位的和较不重要的。这一命题有别于古典经济学家的判断。古典经济学家认为，较高的利率鼓励储蓄而抑制消费。

（2）边际消费倾向的数值在0～1之间。凯恩斯认为，当收入增加时，人们会增加他们的消费，但消费增加量小于增加的收入，边际消费倾向随收入增加而递减。这就是凯恩斯著名的“边际消费倾向递减规律”，这是一条经验性心理规律。

（3）边际消费倾向小于平均消费倾向。平均消费倾向是消费占收入的比例，边际消费倾向的递减必然带动平均消费倾向的下降。

图9－1描述了凯恩斯消费函数的三个性质。图9－1中，边际消费倾向MPC是消费曲线的斜率，平均消费倾向APC＝C/Y等于从原点到消费曲线上的一点的直线的斜率。

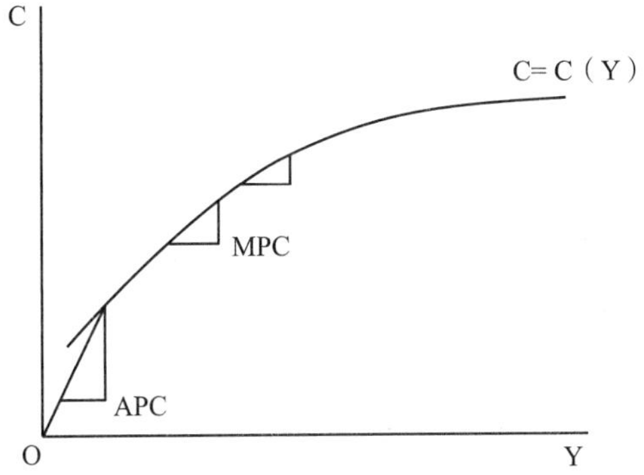

图9－1　凯恩斯消费函数

在凯恩斯提出消费函数后不久，经济学家就开始收集并考察家庭消费与收入的数据。早期的研究似乎证实凯恩斯的结论。他们发现，收入较高的家庭消费较多，这就证实了边际消费倾向大于0。收入较高的家庭储蓄较多，这就证实了边际消费倾向小于1。较高收入的家庭把他们收入中的大部分储蓄起来，这证实了随着收入增加，平均消费倾向下降。

凯恩斯推测的边际或平均的消费倾向随收入提高而下降的结论与

第二次世界大战结束后的现实不相符合。从美国来看，二战后收入比二战前有了大幅度提高，但并未引起消费的大幅度下降，平均消费倾向随收入增加而下降的结论不能成立。

延伸阅读：杜森贝利的相对收入假说

当经济学家西蒙·库兹涅茨追溯到1869年构建美国的消费与收入关系的总体数据时，他发现，尽管所研究的时期中，收入有了较大增长，但从一个10年到另一个10年，消费与收入的比例是稳定的[①]。为什么在家庭数据研究和短期序列数据研究中，凯恩斯的结论得以成立，而考察长期时间序列时却失效了？这是一个谜，被称为库兹涅茨之谜、消费函数之谜。后来，弗里德曼和莫迪利亚尼通过发明持久收入理论和生命周期理论解开了这个谜，这项成就也是他们两人获得诺贝尔经济学奖的原因之一。

9.1.2 持久收入假说

持久收入假说

米尔顿·弗里德曼认为，消费者的消费支出是由持久收入决定的。这一假说建立在三个基本命题之上。

（1）持久消费是持久收入的稳定函数。一个人的收入 Y 分为持久收入 Y_P（permanent income）和暂时收入 Y_t（transitory income）。即：

$$Y = Y_P + Y_t$$

与收入相对应，现实的消费支出由持久消费 C_P 和暂时消费 C_t 两部分组成。即：

$$C = C_P + C_t$$

持久收入是在现有财产水平与现在和未来可以赚到的收入为既定的条件下，消费者可以在较长时期中维持的稳定的收入比率。暂时收入是收入中人们预期不能持续的那部分，如彩票中奖的收入。一定时期的持久收入是在过去的持久收入水平的基础之上形成的。持久收入大致可以根据所观察到的若干年收入数值的加权平均数得到。例如，可以根据去年的收入加上从去年到今年收入变化额的一定比例来估算持久收入：

$$\begin{aligned} Y_P &= Y_{-1} + \theta(Y - Y_{-1}) \\ &= \theta Y + (1-\theta)Y_{-1} \end{aligned}$$

其中，Y 为今年收入，Y_{-1} 为去年收入，θ 是加权数，$0<\theta<1$。上式表明，持久收入 Y_p 为当前收入与去年收入的加权平均数。如果

① 库兹涅茨研究了1869～1933年的长期消费资料，得到1869～1898年、1884～1913年的平均消费倾向为0.867，1904～1933年的平均消费倾向为0.879。

今年的收入高于去年，那么持久收入就以小于当前收入的幅度上升。这是因为个人并不知道今年增加的收入是否是持久性的，他估算收入增加额中的一部分将得以持续。

为了使持久收入的估算准确，还可以用以前更多年份的收入和现期收入来估算。这时，离现在越近的年份，加权数越大，离现在越久远，加权数越小。而且，所包括的以前的年份越多，估算也就越准确。估算持久收入的公式可以写为：

$$Y_{Pt} = \theta Y_t + \theta(1-\theta)Y_{t-1} + \theta(1-\theta)^2 Y_{t-2} + \cdots + \theta(1-\theta)^n Y_{t-n}$$

（2）持久消费在持久收入中所占比例是固定不变的常数。

$$C_P = cY_P \quad (0 < c < 1)$$

其中，c 为持久收入不变的平均消费倾向和边际消费倾向。弗里德曼根据美国 1905 ~ 1951 年资料，得到持久消费函数为 $C_P = 0.88Y_P$。这与库兹涅茨关于长期边际消费倾向的估计基本一致。

（3）暂时消费与暂时收入无关，暂时收入的边际消费倾向为 0。因为暂时性收入要受诸多偶然因素影响的经常变动的量，而人们的消费却不会随这种收入的波动而经常变动。暂时收入的变化反映在储蓄的变化上，而不是消费的相应变化。获得一笔意外之财的家庭不会增加其消费支出，全部意外收入成为储蓄。同样，蒙受意外损失的家庭不会削减其消费支出，而是减少其储蓄。这个分析说明，人们的消费同短期的经常变动的收入没有稳定的函数关系。

根据估算持久收入的公式，可以把持久收入假说的消费函数写为：

$$C_P = cY_p = c\theta Y + c(1-\theta)Y_{-1}$$

持久消费函数推测，现期收入的边际消费倾向要大大低于持久收入的边际消费倾向。现期收入中的边际消费倾向为 $c \cdot \theta$，因为 $\theta < 1$，所以，$c\theta < c$。现期收入的边际消费倾向之所以小于持久收入的边际消费倾向，是因为在现期收入增加时，人们无法确定这种收入的增加能否长期维持，因此就不能完全根据这种收入的增加来调整自己的消费。但是，如果这种增加变为长期的，即如果下一期的收入仍然像上一期那样增加，那么，人们在下一期就要根据较高的收入水平来调整消费支出。

图 9 -2 可以用来说明这种调整过程。从原点出发，斜率为 c 的直线为长期消费函数 C。假定在 Y_0 上，实际收入等于持久收入，也就是长期消费函数与现期消费函数相等，这两条消费曲线相交于 E_0，当收入水平增加到 Y_1，在短期中，人们要修改对持久收入的估算，即持久收入增加 θ 倍，增加的消费为所增加的持久收入的 c

倍，即为 $c\theta Y$。这样，消费沿着原来的短期消费曲线 C_0 移动到 E_1。当消费从 E_0 移动到 E_1 时，短期中的边际消费倾向就下降了。如果下一期收入仍增加这么多，即收入的增加变为持久性的，短期消费曲线就要随着对持久收入的估算增加至 Y_1 而向上移动。短期消费曲线就是 C_1，截距为 $c(1-\theta)Y_1$，消费增至 E_2。消费增加是因为新的较高的收入已成为持久收入。当消费增至 E_2 时，短期边际消费倾向又与长期消费倾向相等。由此可以看出，短期中收入增加引起边际消费倾向下降是因为无法肯定收入的增加是持久的。一旦认识到收入的增加是持久的，消费就要根据这种新的较高的持久收入进行调整。

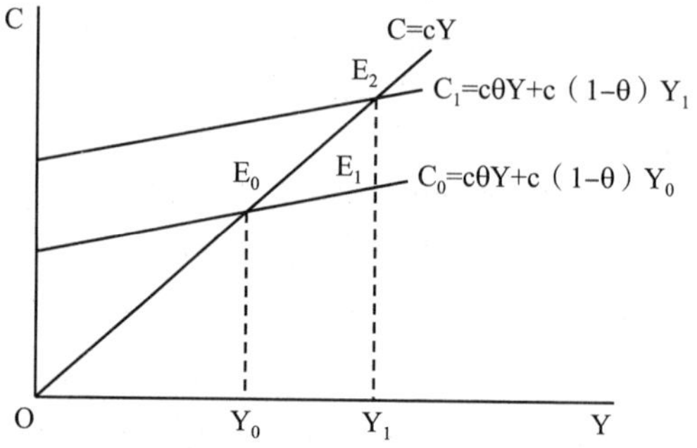

图 9－2　收入持续增加对消费的影响

根据持久收入理论，当政府想通过税收政策来影响消费时，如果减税或增税只是临时性的，则消费并不会受到很大影响，只有持久性税收变动，政策才会有明显效果。例如，1964 年，美国政府实行减税并宣布税率将会大幅度和持久地下降。这一政策变动产生了刺激经济的预期效果。1968 年，约翰逊总统与国会通过了一项临时（一年）所得税附加税，其目的是冷却因为越南战争支出所产生的暂时性经济过热现象。但是，附加税并没有产生减少总需求的令人满意的效应。

9.1.3　生命周期假说

生命周期假说

生命周期假说是由莫迪利亚尼等人提出的。莫迪利亚尼等人认为，人们是根据其预期寿命来安排收入用于消费和储蓄的比例的，每个人总想把他一生的全部收入在消费上做最佳分配，以得到一生最大的满足。

为了简化分析，我们把人生全程分为青壮年和老年两个时期。某人预期寿命为 NL 年，其中，他要工作 WL 年并且每年赚取收入 YL，然后过退休生活（NL－WL）年。他从其生命的第一年就开始工作。我们在下述分析中还将忽略有关预期寿命或者工作时间的任何不确定因素；并且假定储蓄不赚取任何利息，价格保持不变，从而当前储蓄将等额地转换为未来可能的消费。

在这些假设条件下，个人生命周期内的消费完全来自他本人的劳动收入。给定工作时间 WL 年，终身收入为（YL · WL），即每年工作收入乘以工作时期年数。他在整个生命周期的消费不可能超过其终身收入，除非他在出生时就拥有财富，不过我们现在假设这种情形是不存在的。他在整个生命周期内的最大可能支出为（YL · WL）。

由于生命周期内消费等于终身收入，计划消费水平 C 乘以生命年数，就等于终身收入：

$$C \cdot NL = YL \cdot WL$$

$$C = \frac{WL}{NL} \cdot YL$$

该式表明，在工作期间的每一年中，劳动收入的一部分被用于消费，其所占比重 WL/NL。

由于储蓄等于收入减去消费，从而可得：

$$S = YL - C = \frac{NL - WL}{NL} \cdot YL$$

假定某人从 20 岁开始工作且计划工作到 60 岁，预期在 80 岁时去世。这样，他工作时期 WL 为 40 年（＝60－20），生活年数 NL 为 60 年（＝80－20），每年劳动收入 YL 为 30 000 元。他的终身收入＝YL · WL＝30 000×40＝1 200 000（元）。

由于他计划在整个生命期内均匀地消费这 1 200 000 元，因而他每年的消费将是：

$$C = \frac{WL}{NL} \times YL = \frac{40}{60} \times 30\,000 = 20\,000 \text{（元）}$$

在这个例子中，该人在工作期间内每年工作收入的 2/3 用于消费，因为 2/3 是他一生中工作时间所占的比例（WL/NL＝2/3），每年收入的 1/3 是他为一生中 1/3 的退休时间的消费而进行的储蓄。

可以用图 9－3 来说明消费、储蓄和负储蓄的生命周期模型。

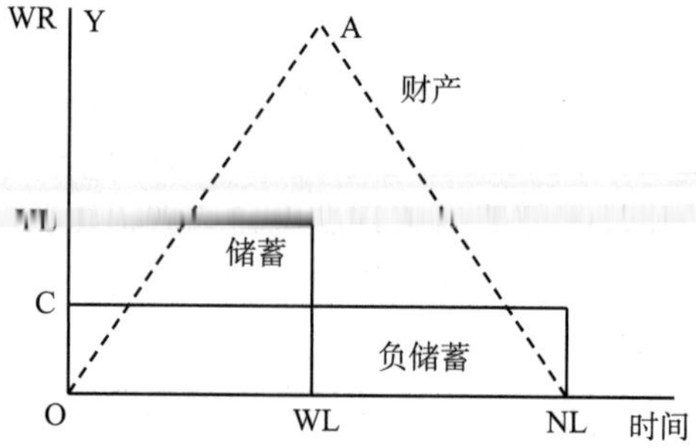

图9－3　终身收入与消费、储蓄

在图9－3中，一生的总消费为C·NL，工作期总储蓄为（YL－WL）·WL，退休期的总储蓄为－C·（NL－WL）。这两者是相等的。但是，储蓄总量在退休前是一直增加的，直到退休时达到最大。我们用WR表示储蓄量（存量），则最大的储蓄量为WR＝C·（NL－WL）。

现在我们引入财富继承问题。即个人除了劳动收入外还有遗产可以用来消费。假定某人在人生之某一年龄T，持有财富存量（包括储蓄存量）WR，在今后的工作期间（WL－T）劳动收入为YL，而他的有生之年为（NL－T），则他可能的消费为：

$$C(NL-T)=WR+(WL-T)YL$$

他每年的消费为：

$$C=\frac{1}{NL-T}WR+\frac{WL-T}{NL-T}YL$$

$$a=\frac{1}{NL-T},\quad c=\frac{WL-T}{NL-T}$$

生命周期消费函数可以写为：

$$C=aWR+cYL$$

其中，WR代表财富，a为财富的边际消费倾向，由于财富的支出都分布到生命持续的年限中，因而财富的边际消费倾向很小。c为劳动收入的边际消费倾向。

图9－4画出了生命周期模型所描述的消费与收入之间的关系。该图与线性消费函数（见图9－2）相似，但实际上有很大区别。这里的截距是aWR，取决于财富水平。在任一既定财富水平上，生命周期消费函数与凯恩斯主义消费函数相同。在长期中，财富WR会增加，消费函数就会向上移动，这种上移阻止了平均消费倾向随收入增加而下降，从而破解了消费函数之谜。

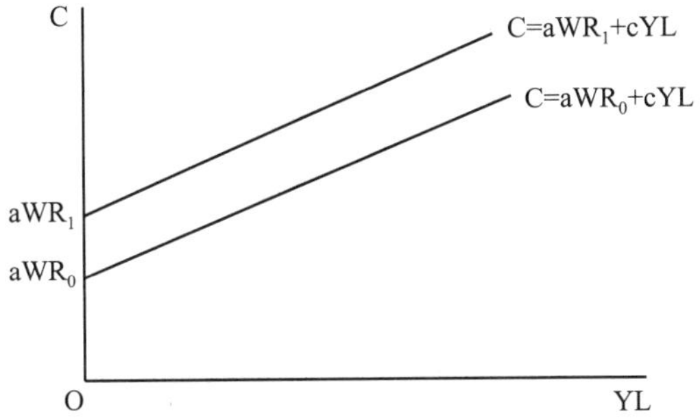

图 9－4 生命周期消费函数

延伸阅读： 跨时期消费选择

生命周期假说的结论包括以下几方面。

（1）消费者的终生收入与财产决定其消费支出。为了实现终生效用的最大化，消费者会根据自己一生所能得到的劳动收入与财产总额来安排一生的消费，使一生中的收入与财产总额等于一生的消费总额。消费者在有生之年将所积累的储蓄消费殆尽。

（2）消费者偏好平稳的消费，希望实现一生中各年的消费基本相等。消费者会把一生的收入与财产平均分配到各年中，用于消费支出，从而确保消费路径是平稳的。

（3）在长期中，随着财富的增加，平均消费倾向不随着收入的增加而改变。

延伸阅读： 中国居民消费特征和消费函数

生命周期理论有助于将消费和储蓄行为与对人口的年龄分布联系起来。如果社会上年轻人和老年人比例增大，则消费倾向会提高；如果社会上中年人比例增大，则消费倾向会下降。

9.2 投资理论

投资是 GDP 中变化最大的部分，在经济衰退时期产品和劳务支出下降时，大部分通常都是由于投资支出的下降引起的。因此，研究投资就可以理解经济的波动。在收入—支出模型中，我们一直假定投资支出是一个外生变量，其决定过程外在于收入决定模型本身。本章放宽这一假定，对决定投资的因素提出一个更为完整的解释。

投资支出有三种类型。企业固定投资包括企业购买的用于生产的设备和建筑物。住房投资包括人们为居住（或出租）而购买的新住房。存货投资包括企业持有的作为储备的产品。我们分别讨论这三种类型投资的决定因素。

9.2.1 企业固定投资

在微观经济学中，按照新古典理论，所有家庭的储蓄构成资本的供给，所有企业的投资构成对资本的需求。在新古典投资模型中，企业在决定生产中使用多少资本时，企业通过比较每单位资本的成本与收益来决定租用多少资本。资本的边际收益就是资本的边际产量 MP_K——在生产中多使用 1 单位资本所增加的产量。资本的边际产量随着资本量的增加而递减。资本的租用成本是在生产中多使用 1 单位资本的成本。不管企业实际上是购买自己的资本还是租赁它，租用成本都是对机会成本的正确量度。只要资本的边际产量高于租用成本，企业就值得增加其资本存量。因而，企业将继续投资，直到多增加 1 单位资本所生产的边际产量等于使用资本的成本——资本的实际租用成本为止。

为了推导资本的租用成本，我们假定企业以名义利率 i 借款为购买资本融资，如果 P_K 是 1 单位资本的购买价格，那么，使用 1 单位资本的利息成本就是 iP_K。假定企业以价格 P 出售其产品，我们可以把企业租用每单位资本的实际成本（real cost of capital，rc）写为：

$$rc = iP_K/P$$

在出现通货膨胀时，资本的名义货币价值随时间延长而上升，假设资本品的价格与其他产品的价格同比例上升，在这种情况下，使用资本一年的实际成本是名义利率减去通货膨胀率 π，$i - \pi = r$。企业进行投资时，名义利率是已知的，但并不知道下一年的通货膨胀率。因此，企业必须以预期通货膨胀率 π^e 为基础来做出决定。换言之，借款的实际成本是预期实际利率 $r = i - \pi^e$。我们可以把资本的实际成本写为：

$$rc = (P_K/P)(i - \pi^e)$$

由于资本会随时间延长而磨损，所以，折旧成本必须被加上去。如果 δ 是折旧率，K 是资本存量，则折旧的成本就是 δK。

这样，资本的实际成本就是：

$$rc = (P_K/P)(i - \pi^e + \delta) = (P_K/P)(r + \delta)$$

该式说明，资本的实际租用成本取决于资本品的相对价格 P_K/P、实际利率 r，以及折旧率 δ。

对于追求利润最大化目标的企业来说，如果资本的边际产量大于资本的成本，企业发现增加其资本存量是有利可图的。如果资本的边际产量小于资本的成本，企业就会减少自己的资本存量。因此，投资就等于资本存量的变动。我们把投资函数写为：

$$\Delta K = g[MP_K - (P_K/P)(r+\delta)]$$

上面讨论的投资是一种净投资，即投资均用于新资本的形成，而实际上由于资本在使用过程中的折旧，每一期总投资中有一部分是为补偿旧资本的消耗。企业固定投资总支出是净投资和折旧资本的更换之和，总投资函数是：

$$I = g[MP_K - (P_K/P)(r+\delta)] + \delta K$$

上式表示，企业固定投资取决于资本的边际产量、资本的成本，以及折旧量。方程说明：

（1）投资取决于利率。实际利率的下降减少了资本的成本，企业增加资本存量将更有利可图，企业的固定投资增加；实际利率的上升增加了资本的成本，企业的固定投资减少。投资曲线向右下方倾斜，如图9－5所示。

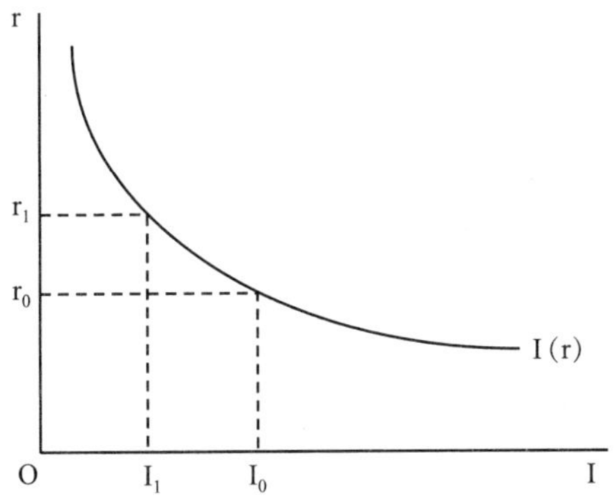

图9－5　资本边际产量与资本存量的关系

（2）在任何给定的利率水平上，任何一个提高资本的边际产量的事件都增加了投资的获利性并使投资曲线向外移动。例如，技术创新增加了资本的边际产量，资本边际产量曲线向右移动会增加对资本的需求，投资需求量从 I_0 增加到 I_1，如图9－6所示。

（3）政府的税收政策也会改变对投资的激励，引起投资曲线移动。资本的租用成本除了受利率与折旧率的影响之外，还受税收的影响。在1962～1986年，美国政府采取投资税减免（investment tax credit）的政策，即准许企业将其每年投资的一部分，比如10%从其纳税额中扣除。如果企业在给定的年份投资支出100万美元，就可以从纳税额中扣除10%即10万美元，这10万美元等于是政府为企业支付的投资项目的成本。这种投资税减免降低了企业的资本品的实际购买价格 P_K，也就是降低了资本的租用成本，企业投资增加。

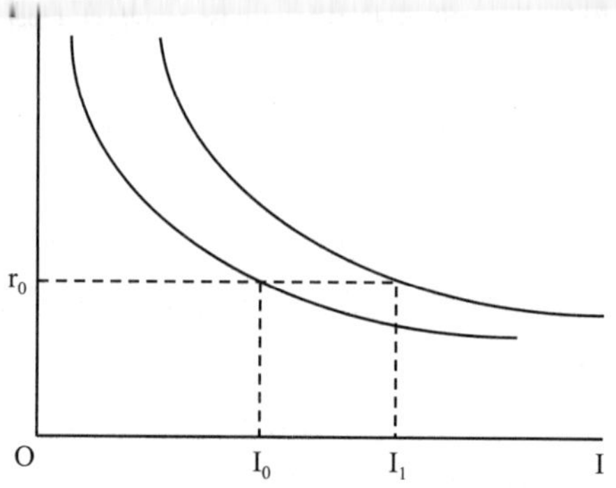

图 9－6　投资函数的移动

（4）在长期中，当资本存量调整达到稳定状态时，最后 1 单位资本的边际产量等于资本的实际租用成本。即：

$$MP_K = (P_K/P)(r + \delta)$$

向稳定状态调整的速度取决于企业调整资本存量的快慢，这种调整又取决于建造、交付、安装新资本的成本状况。

总之，当产出水平提高和资本的租用成本降低时，投资就会增加。当实际利率与折旧率以及投资税减免提高时，资本的租用成本就会下降，投资就会增加。

9.2.2　托宾的 q 理论

在新古典投资模型中，企业通过借款或是以自有资金来进行投资。实际上，企业也可以通过股票市场来筹集投资所需的资金。当企业的股票价格较高时，它仅出售较少量的股票就能筹集到大量钱款，企业的所有者就愿意用出售股票的方式来筹集提供投资所需的资金。相反，当企业的股票价格较低时，它必须出售较多的股票才能筹集到既定数量的货币，这时，企业的所有者就不太愿意通过出售股票来筹措资金、进行投资。这就说明，股票市场与企业投资之间存在着联系。

许多经济学家看到了股票市场波动与企业投资波动之间的联系。诺贝尔经济学奖得主、美国经济学家詹姆斯·托宾（James Tobin）提出了投资的 q 理论来解释股票市场和企业投资之间的关系。他认为，企业的市场价值与其重置成本之比，可作为衡量企业是否进行投资的标准，他将这一比率称为“q”。

$$q=\frac{\text{企业的股票市场价值}}{\text{企业的重置成本}}$$

由于该比率是托宾提出的，因此它又称为托宾的q值（Tobin’s q）。在上式中，企业的股票市场价值是指这个企业的股票的市场价值总额，它等于企业股票每股的价格乘以总股数。例如，企业的总股数是1 000万股，每股股票的价格为8元，这个企业的股票市场价值就是8 000万元。企业的重置成本指的是重新建造这个企业所需要的成本。

如果 $q>1$，企业的股票市场价值高于企业的重置成本，这说明新建造一家企业要比买旧企业便宜，因此就会有新投资。相反，如果 $q<1$，企业的股票市场价值小于企业的重置成本，这说明购买一家旧的企业比建设新企业便宜，因此就不会有投资。股票的价格越高，q越高，企业的投资需求就越大。

9.2.3 存货投资：加速数模型

企业储备物品的存货投资是支出中最小的一部分，平均约占GDP的1%，但它明显的变动使它成为经济波动研究的中心。

企业存货的动机有多种，所以，解释存货投资的模型也有多种，但比较常用的是把存货投资与企业产出水平相联系的加速数模型（accelerator model）。

加速模型假设，在任何时期，厂商持有的存货投资与其产出水平有一固定不变的比率β，即：

$$K_t=\beta Y_t$$

$$K_{t+1}=\beta Y_{t+1}$$

$$K_{t+1}-K_t=\beta(Y_{t+1}-Y_t)$$

上式表示，如果企业预期投资项目产品的未来市场需求会增加，就会增加投资以增加产出。当产出增加时，企业需要持有更多的存货量，存货投资很高。当产出减少时，企业想持有的存货量减少，存货投资是负的。

如果以I表示存货量的增量，$I=K_{t+1}-K_t$，用 ΔY 表示产出增量，$\Delta Y=Y_{t+1}-Y_t$，则：

$$I=\beta\Delta Y$$

其中，β是参数，反映厂商希望持有的存货占产出中的比例，也称为加速数。这个模型说明了存货投资取决于经济是加快还是在减缓。

与投资的其他部分一样，存货投资也取决于实际利率。当厂商持有作为存货的物品在以后销售，就放弃了一段时间的利息收入。因此，实际利率是衡量持有存货的机会成本。当实际利率提高时，持有存货变得昂贵，理性厂商会努力减少自己的存货，这样，实际利率提高就降低了存货。

9.2.4 住宅投资

住宅投资是指在新房建造及现有住宅改善和维修上的支出。可以从两个方面加以分析。第一，现有住房存量市场决定了均衡的住房价格；第二，住房价格决定了居民的住房投资流量。

假定我们分析的是住房出租市场。住房价格为 P_H。图 9－7（a）显示了住房的相对价格 P_H/P 如何由现有住房存量的供求关系所决定的。在任一时点上，住房的供给量是固定的，住房的需求曲线向右下方倾斜，住房价格的调整使供求相等。

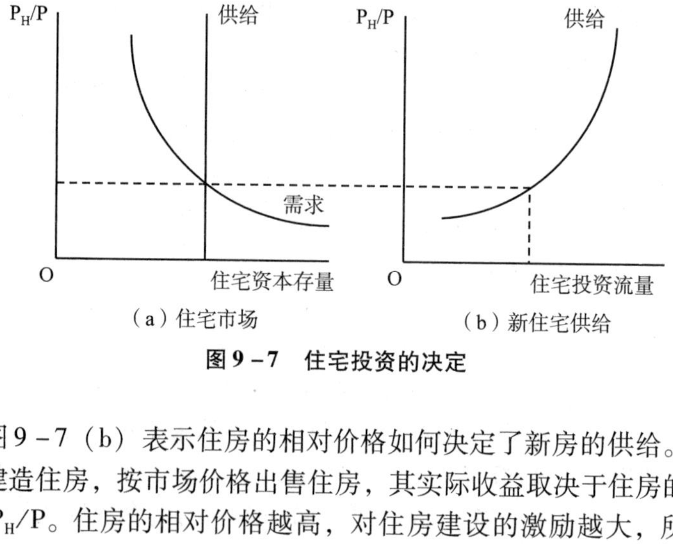

（a）住宅市场　　（b）新住宅供给

图 9－7　住宅投资的决定

图 9－7（b）表示住房的相对价格如何决定了新房的供给。建筑企业建造住房，按市场价格出售住房，其实际收益取决于住房的相对价格 P_H/P。住房的相对价格越高，对住房建设的激励越大，所建的住房就越多。因此，新住房的供给取决于现有住房市场上确定的均衡价格。

住宅投资模型与企业固定投资的托宾的 q 理论类似。企业固定投资取决于相对于其重置成本的已安装资本的市场价格；这一相对价格又取决于拥有已安装资本的预期利润。根据这个住房市场模型，居住投资取决于住房的相对价格；住房的相对价格又取决于住房的需求，需求又取决于个人预期从其住房中得到的估算租金。因此，住房的相对价格对居住投资所起的作用与托宾的 q 对企业固定投资所起的作用大体是一致的。

当住房需求发生变动时，住房的均衡价格也就会发生变化，从而影响住房投资量。需求曲线的位置本身取决于许多经济变量。如国民收入的增加和人口的增加，都会使住房的需求量增加，如图 9－8（a）所示，住房需求量的增加使需求曲线由 D_0 移到 D_1，均衡的住房价格由 P_H^0 上移到 P_H^1。图 9－8（b）描述了房价上升的结果，价格的上升刺激了建筑企业投资于住房，因此住房投资由 I_0 增加到 I_1。

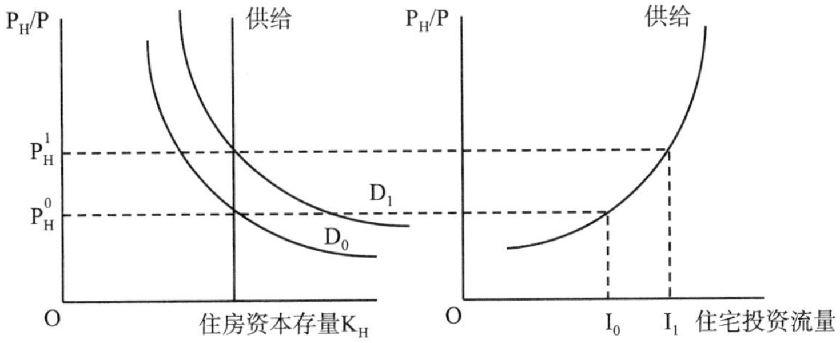

（a）住宅市场　　（b）新住宅供给

图 9－8　住宅投资的决定

住房需求的一个重要因素是实际利率。许多人贷款购买住房，利率是贷款的成本。利率下降增加了住房需求，提高了住房价格，并增加了居民投资。

本章小结

1. 凯恩斯认为，现期收入是消费的主要决定因素，消费倾向随收入的增加而下降。

2. 弗里德曼的持久收入假说强调决定人们消费支出是他们持久收入，而不是暂时收入。因为暂时性收入受诸多偶然因素影响因而是一个经常变动的量。

3. 莫迪利亚尼的生命周期假说强调了人一生中收入的变动在某种程度上是可预期的，消费在消费者的一生中保持不变，消费取决于财富和终身收入。

4. 投资既取决于利率和国民收入。根据新古典模型，当产出水平提高和资本的租用成本降低时，投资就会增加。技术进步会增加资本的边际产量，并增加固定投资；人口的增加提高了住房需求，进而增加了住宅投资；政府的财政政策（投资税减免）刺激了企业投资，股票价格也会影响企业投资。

关键概念

绝对收入假说　　库兹涅茨之谜　　持久收入假说
生命周期假说　　托宾的 q 理论

复习思考题

1. 选择题

（1）当消费函数为 C = a + bY，a、b > 0，这表明，平均消费倾向（　　）。

A. 大于边际消费倾向　　B. 小于边际消费倾向
C. 等于边际消费倾向　　D. 以上三种情况都有可能

（2）凯恩斯消费函数认为消费的主要影响因素是（　　）。

A. 其当前收入　　B. 利率
C. 其未来收入　　D. 其持久性收入

（3）持久收入假说认为人们（　　）。

A. 依据当前的收入来作出消费决策
B. 工作时期储蓄以便为退休后的消费提供资金
C. 依据持久收入来作出消费决策
D. 暂时性收入对消费有很大影响

（4）以下哪一项强调预期的未来收入对当前消费的影响（　　）。

A. 凯恩斯的消费函数　　B. 生命周期假设
C. 永久性收入假设　　D. 选项 B 和选项 C

（5）依据持久收入假说和生命周期理论，如果收入税的变化是暂时的，则（　　）。

A. 它对刺激消费的作用远小于凯恩斯模型所预测的变化
B. 对刺激消费的作用等于凯恩斯模型所预测的变化
C. 它对刺激消费的作用远大于凯恩斯模型所预测的变化
D. 它对刺激消费的作用远大于永久性的税收变化

（6）依据持久收入假说和生命周期理论，预期为永久性的个人财富的增加将（　　）。

A. 增加其消费　　B. 对其消费没有影响
C. 增加其储蓄　　D. 减少其消费

2. 简答题

(1) 简述生命周期假说的中心观点。

(2) 简述持久收入假说的基本观点。

(3) 生命周期假说和持久收入假说是如何解释消费函数之谜的?

第 10 章
经济增长

本章要点

- ◇ 了解经济增长率的计算公式
- ◇ 理解索洛模型的稳态增长含义
- ◇ 理解并掌握储蓄率和人口增长对稳态增长率的影响
- ◇ 掌握资本积累的黄金律
- ◇ 理解内生增长模型

经济发展是与经济增长相关的概念。经济增长假定制度（法律体系、政府形式等）是给定的，而经济发展不仅包括经济增长，还包括社会制度等各个不同方面的总体进步。因此，经济发展是反映一个经济社会总体发展水平的综合概念——归于发展经济学范畴。

经济增长（economic growth）通常被定义为潜在产出水平随时间变化的持续增加。经济增长的程度既可以用总产出增长率 $\Delta Y/Y$，也可以用人均产出增长率 $\frac{\Delta y}{y}$ 来描述。

经济增长理论主要包括两方面的内容：一是增长核算，测算产出增长的各种决定因素的贡献程度；二是构建各种增长模型，描述资本积累、技术进步等因素与经济增长之间的互动关系。宏观经济学对经济增长理论的集中研究有两个时期。第一个时期是 20 世纪 50 年代末期和整个 60 年代，这个时期的研究创造了著名的经济增长理论——索洛增长模型（Solow growth model）；第二个时期是 20 世纪 80 年代后期与 90 年代初期，这个时期的研究产生了内生增长理论（endogenous growth theories）。

在本章我们分三步进行研究：首先，对经济增长的决定因素——资本、劳动以及生产率的贡献进行测度；其次，考察资本积累、人口增长率和技术进步与经济增长之间的互动关系，分别阐明索洛增长模型和内生增长模型；最后，考察各种影响经济增长的社会政策。

10.1 增长核算

10.1.1 经济增长的源泉

一个经济体的总产出取决于可获得的各种投入要素的数量及其生产率。在第3章中，我们用生产函数描述产出与投入之间的关系，即：

$$Y = AF(N, K)$$

其中，Y表示给定时期的总产出，A代表技术水平的衡量指标，被称为全要素生产率（TFP）。N表示给定时期的工人数量，K表示资本的投入数量，F表示产出Y与劳动N和资本K的函数关系。

如果一国经济中的要素数量和生产率保持不变，那么随着时间的推移，各时期的产出水平保持不变，即不存在经济增长。如果要素投入量增加，或者提高生产率，或者两者同时增加，总产出就会增加。

当生产率增加ΔA、劳动量增加ΔN、资本量增加ΔK，则总产出的增加量可以近似写为：

$$\Delta Y = MP_N \times \Delta N + MP_K \times \Delta K + F(N, K) \times \Delta A$$

其中，MP_N和MP_K分别是劳动与资本的边际产量。将方程两边分别同除以$Y = AF(N, K)$，简化得到：

$$\frac{\Delta Y}{Y} = \frac{MP_N}{Y} \times \Delta N + \frac{MP_K}{Y} \times \Delta K + \frac{\Delta A}{A}$$

将上式进一步调整可得：

$$\frac{\Delta Y}{Y} = \left(\frac{MP_N \times N}{Y}\right) \times \frac{\Delta N}{N} + \left(\frac{MP_K \times K}{Y}\right) \times \frac{\Delta K}{K} + \frac{\Delta A}{A}$$

根据微观经济学的原理，上式中的（$MP_N \times N$）和（$MP_K \times K$）分别为劳动和资本的总收益，（$MP_N \times N$）/Y和（$MP_K \times K$）/Y分别是劳动总收益和资本总收益在产出中的份额。假定生产函数具有规模报酬不变的特性，资本份额恒为θ，由于资本的边际产出递减，故θ小于1；劳动的边际产出恒为1－θ。则上式可进一步表述为：

$$\frac{\Delta Y}{Y} = \frac{\Delta A}{A} + \theta\frac{\Delta K}{K} + (1-\theta)\frac{\Delta N}{N}$$

即：

产出增长率 = 生产率的增长 + 资本份额 × 资本增长率
+ 劳动份额 × 劳动增长率

这就是增长核算的关键方程。它表明经济增长的三个源泉是全要素生产率的变动、资本量的变动和劳动量的变动。

增长核算方程中有一点很重要：资本和劳动的增长率必须以它们各自的收入份额为权数，其权数之和等于1。如果资本和劳动同时增加1%，产出也将增加1%。例如，在美国，资本的产出份额约为0.3，劳动的份额为0.7。因此，在劳动和生产率不变时，资本量增加10%（$\Delta K/K = 0.10$）将导致美国的产出增长约3%，也就是 $\Delta Y/Y = 0.3 \times 10\%$。类似地，在资本和生产率保持不变时，劳动量增加10%（$\Delta N/N = 0.10$）使产出增加7%。

全要素生产率的增长率是在所有投入不变的情况下，由于生产方法改进所导致的产出增加的数额。换言之，用相同的生产要素得到更多的产出时，全要素生产率增加了。产出增长率、资本增长率以及劳动增长率是易于观察的经济数据，资本和劳动在产出中的份额也是容易观察到的数据。而全要素生产率 $\Delta A/A$ 是不能用投入变动解释的产出变动，无法直接观察到，所以需要间接地衡量。我们把增长核算方程改写为：

$$\frac{\Delta A}{A} = \frac{\Delta Y}{Y} - \theta \frac{\Delta K}{K} - (1 - \theta)\frac{\Delta N}{N}$$

该式表明，全要素生产率的增长是作为一个余量计算出来的，即经济增长率扣除其他因素对经济增长的贡献后剩余的产出增长量。这种计算方法由罗伯特·索洛（Robert M. Solow，1957）给出，因而 $\Delta A/A$ 有时被称为索洛余量（Solow residual）或索洛残差。

由于生活标准（个人福利水平）是以人均产出衡量的，因此，我们有时把总产出增长核算方程转换成人均形式：

$$\frac{\Delta Y}{Y} - \frac{\Delta N}{N} = \frac{\Delta A}{A} + \theta\left(\frac{\Delta K}{K} - \frac{\Delta N}{N}\right)$$

由于人均产出增长率等于总产出增长率减人口（劳动）增长率：

$$\frac{\Delta y}{y} = \frac{\Delta Y}{Y} - \frac{\Delta N}{N}$$

人均资本为 $k = \frac{K}{N}$，也称作资本—劳动比率（capital-labor ratio）。人均资本增长率等于总资本增长率减人口增长率：

$$\frac{\Delta k}{k} = \frac{\Delta K}{K} - \frac{\Delta N}{N}$$

因此，人均产出增长率可写为：

$$\frac{\Delta y}{y}=\frac{\Delta A}{A}+\theta\frac{\Delta k}{k}$$

该式表明，人均产出增长取决于生产率的增长和资本积累的贡献。

10.1.2 增长的经验估算

在推动经济增长的各因素中，哪一个更重要呢？这就涉及经济增长的经验估算问题。经济学家围绕这一问题所进行的研究十分丰富。

罗伯特·索洛最早使用上面的核算方程检验美国1909～1949年增长的三种源泉的贡献。1909～1949年，美国GDP的年平均增长率为2.9%。根据索洛的测量，总产出每年0.32%的增长来源于资本存量的增加，劳动投入增加导致产出每年增长1.09%，剩余的每年1.49%的增长率归因于生产率的提高。因此，索洛认为，生产率的提高、劳动供给增加和资本存量增加是总产出增长的重要决定因素。

但是，如果按照人均产出增长率来测量，生产率的提高对人均产出增长的贡献为87.5%，人均资本存量增加的贡献为12.5%。也就是说，生产率的提高和资本积累是人均产出增长的重要决定因素。

在对增长源泉进行的实证研究中，美国布鲁金斯学会的爱德华·丹尼森（Edward F. Denison，1985）的研究影响较大。他运用增长核算框架分析了美国1929～1982年的经济增长。他把影响经济增长的因素分为生产要素投入总量的增加和单位投入量的产出量（生产率）两大类，具体细分为劳动、资本存量的规模、资源配置、规模经济、知识进展以及其他影响单位投入产量的因素。丹尼森估算的各种因素对经济增长的贡献归纳于表10－1中。

表10－1　总国民收入增长的源泉（1929～1982年）　单位：%

增长因素	增长率
总要素投入	1.90
劳动	1.34
资本	0.56
单位投入的产量	1.02
知识进展	0.66

续表

增长因素	增长率
资源配置	0.23
规模经济	0.26
其他	-0.03
国民收入	2.92

从表 10-1 中可以看出，1929～1982 年美国总产出的年均增长率为 2.92%，由要素投入总量增加带来的增长率为 1.90%。其中，劳动力增加带来的增长率为 1.34%。由要素生产率的增长带来的增长率为 1.02%。其中，知识进展（包括技术知识、管理知识的进步和改善产品物理特性等）对人均产出增长的贡献占 2/3。

丹尼森的结论是：要素投入量的增加和要素生产率的提高对美国经济增长起到了同等重要的作用；由知识进展所带来的生产率提高是人均产出增长的重要决定因素。

延伸阅读：中国的全要素生产率（TFP）

在关于增长核算的研究中，丹尼森发现 1973～1982 年美国的生产率的增长率明显放慢了。这一结论得到其他研究的证实。经济学家提出许多假说解释生产率增长减缓的原因，诸如指标测量中可能存在的问题、石油价格上升的影响、法律和管理环境的改变、劳动力质量以及技术变革等。

10.2 索洛增长模型

索洛增长模型是由美国麻省理工学院的罗伯特·索洛于 20 世纪 50 年代末构建的[①]，有时也被称为新古典增长理论。索洛增长模型旨在说明资本存量的增长、劳动力的增长和技术进步如何在一个经济中相互作用，以及它们如何影响产出水平随时间变化的增长过程。

索洛增长模型的基本假设是：（1）经济体只生产一种产品。这种产品既可以当作消费品也可当作投资品；（2）经济体是封闭经济，且不存在政府购买；（3）储蓄 S 是国民收入的函数：$S = sY$，s 为储

① Robert M. Solow. *A Contribution to the Theory of Economic Growth* [J]. Quarterly Journal of Economics, February 1956, pp. 65-94.

蓄率，s 的取值在 0 和 1 之间；（4）人口和劳动力均以固定速率 n 增长：$n = \Delta N/N$；（5）生产的规模报酬不变；（6）该经济体的技术进步和资本折旧的速率由外生因素决定。

在本节中，我们依次考察资本积累、人口增长和技术进步的作用。

10.2.1 资本积累与经济增长

为了集中讨论资本积累在经济增长中所发挥的作用，我们先假设劳动力和技术进步都是固定不变的，而在后面的分析中将重新把劳动力的变动和技术进步纳入考察范围之中。

资本积累与经济增长

1. 产出与资本积累

索洛模型考察产出是如何随时间而变化的。假设在任意年份 t 中，人口和劳动力为常数，且不存在技术进步（即 $A = 1$）。一个经济体的总产出取决于可获得的总资本存量 K_t 和总劳动量 N。[①] 总生产函数为：

$$Y_t = F(N, K_t)$$

规模报酬不变的假设意味着，对于任意正数 λ，生产函数满足：

$$\lambda Y_t = F(\lambda N, \lambda K_t)$$

我们可以把生产函数转换成人均形式，令 $\lambda = \frac{1}{N}$，则上式变为：

$$\frac{Y_t}{N} = F\left(1, \frac{K_t}{N}\right)$$

Y_t/N 代表人均产出，用 y_t 表示。K_t/N 代表人均资本存量，用 k_t 表示。生产函数可以简写为：

$$y_t = f(k_t)$$

该式表明，在任意年份 t 中，人均产出取决于人均资本的数量。图 10-1 画出了人均生产函数，横轴表示人均资本，纵轴表示人均产出。人均生产函数对应的曲线向右上方倾斜意味着，随着人均资本存量 k 的增加，人均产出 y 也将不断增加。当人均资本已经相当高时，追加一个单位资本所增加的人均产量将越来越小，生产函数曲线变得越来越平坦，这表明资本边际产量（MP_K）递减。我们下面将看到，边际产量递减是索洛模型阐释为什么经济不能无限增长的关键。

① 我们假定 N 为常数，不需要时间下标。

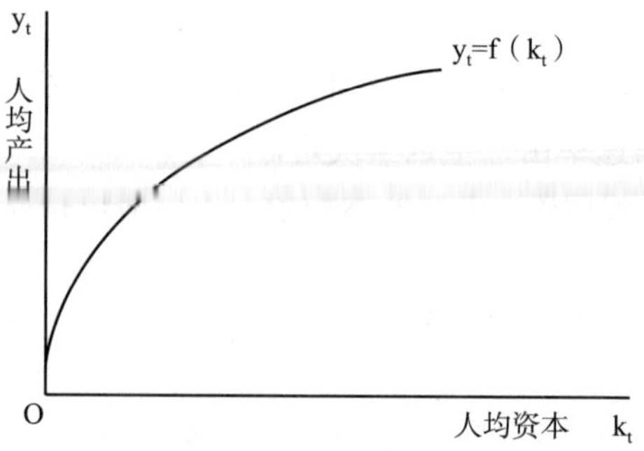

图 10－1　人均生产函数

资本存量的变化取决于储蓄与投资。在封闭经济中，假设不存在政府部门，国民储蓄等于私人储蓄，而且储蓄与收入成比例：$S_t = sY_t$。在每一年中，投资总是等于储蓄，即我们在第 3 章所讨论的经济均衡条件：

$$I_t = sY_t$$

该式表明，投资与产出成比例：产出水平越高，投资水平越高。

资本存量的变化不仅取决于投资，而且取决于资本损耗，即折旧。折旧是指资本存量的损耗。为了简单起见，假设资本存量每年以固定比率 $\delta(0 < \delta < 1)$ 提取折旧，参数 δ 被称为折旧率。假定 t 年初的资本存量为 K_t，每年折旧的资本量为 δK_t。

资本存量的变化量等于 t 年内的投资减去 t 年的折旧量。资本存量的变化由下式表示：

$$\Delta K_t = K_{t+1} - K_t = I_t - \delta K_t$$

其中，ΔK_t 为 t＋1 年初的资本存量 K_{t+1} 与 t 年初的资本存量 K_t 之间的变化量。

在上式中用产出 sY_t 代替投资 I_t，然后两边同时除以 N，则有：

$$\frac{\Delta K_t}{N} = s\frac{Y_t}{N} - \delta\frac{K_t}{N}$$

由于工人数量为常数，人均资本的增量 $\Delta(K_t/N) = \Delta K_t/N$，用 Δk_t 表示。该式可以写成人均形式：

$$\Delta k_t = sy_t - \delta k_t$$

通过将 y_t 替代为人均生产函数 $f(k_t)$，得到：

$$\Delta k_t = sf(k_t) - \delta k_t$$

这就是索洛模型的基本方程，它描述了资本和产出随时间所发生的变化。等式右边第一项表示人均投资。在任意年份 t 中，人均资本水平决定了人均产出的数量。给定储蓄率，人均产出决定了人均储蓄的数量，因而也决定了人均投资。第二项表示人均折旧，人均资本存量决定了人均折旧。这个方程表明，如果人均投资超过人均折旧，人均资本增加；如果人均投资小于人均折旧，人均资本减少。

2. 经济稳态

为了描述人均资本和产出随时间的动态调整过程，我们使用图10－2来说明。在图10－2中，代表人均投资 $sf(k_t)$ 的曲线的形状与人均生产函数大致相同。投资随资本增加而增加，但是增加得越来越少。当资本已经处于很高水平时，进一步的投资增加对产出的影响以及产出对投资的影响变得很小。人均折旧 δk 为一条斜率为 δ 的直线，即折旧与资本成比例地增加。

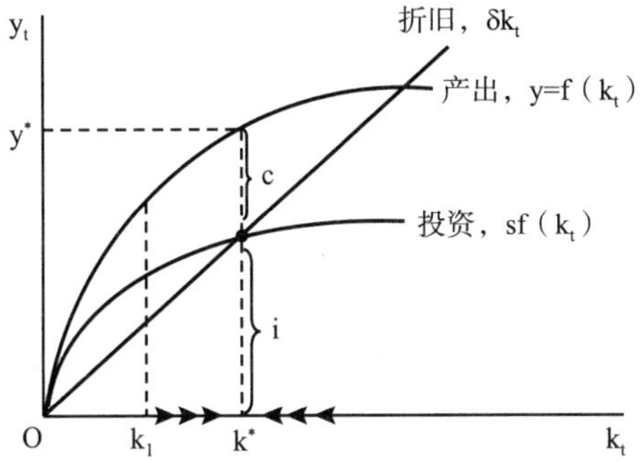

图10－2 资本积累与稳态

当资本存量处于 k^* 的位置时，投资曲线 $sf(k_t)$ 和折旧线 δk 相交，投资量正好等于折旧量，而在其他任何 k 值上，投资和折旧都不相等。也就是说，在 k^* 点，$\Delta k=0$ 且 $\Delta y=0$，即人均资本和产出将保持不变。人均资本和人均产出均不随时间发生变化的状态称为经济的稳态（steady state）。经济的稳态条件是：

$$sf(k^*)=\delta k^*$$

根据稳态条件，我们能够确定稳态人均资本 k^*。[①] 人均资本的稳态值是使人均储蓄（投资）刚好弥补资本存量折旧的资本水平。将 k^* 代入人均生产函数，就得到稳态人均产出：

$$y^*=f(k^*)$$

但是，如果人均资本偏离稳态水平时，它会向 k^* 做出调整吗？假设初始人均资本存量为 k_1，$k_1<k^*$，如图10－2中的 k_1 点。在这种情况下，投资量 sf(k) 大于折旧量 δk，$\Delta k>0$。随着时间的推移，

① 由于稳态条件下人均资本 k 为定值，因此时间下标被舍去。

人均资本存量将增加，其值从 k_1 一直移动到稳态 k^* 为止。人均产出也随之上升，直至达到稳态产出水平。

同样，如果人均资本存量高于稳态水平，则折旧大于投资，$\Delta k<0$。在这种情况下，经济中的资本存量将随时间的推移而减少，k 趋向于稳态 k^*。与此相对应，y 也趋向于稳态值 y^*。这就是说，无论经济初始的资本水平如何，它最终会到达稳态的资本水平。此时，人均资本、人均产出均不随时间发生变化。这意味着，稳态代表经济的长期均衡。

索洛模型清晰地预测了一些国家因为战争而损失了大部分资本存量时所要发生的情况。例如，第二次世界大战摧毁了德国、日本的大量资本存量，比如资本存量从图 10－2 中的 k^* 减少到 k_1，从而立即降低其产出水平。但是，如果储蓄率和生产函数（技术条件）不变，那么，这些国家将会经历一段时间的快速资本积累和产出增长。这种高增长持续到经济回归原来的稳态水平。

3. 储蓄率上升与产出

现在我们考虑储蓄率上升如何影响产出。如图 10－3 所示，假设经济体最初的储蓄率 s_1，初始投资量与折旧量恰好相等，稳态人均资本是 k_1^*。当储蓄率从 s_1 上升到 s_2 时，人均投资曲线从 $s_1f(k)$ 上移到 $s_2f(k)$。储蓄率提高导致投资超过折旧，人均资本量将持续增加，直至经济达到新的稳态人均资本 k_2^* 时为止。此时，较高的投资量正好足够维持较高的折旧量，人均资本存量和人均产出也都高于初始稳态的水平。

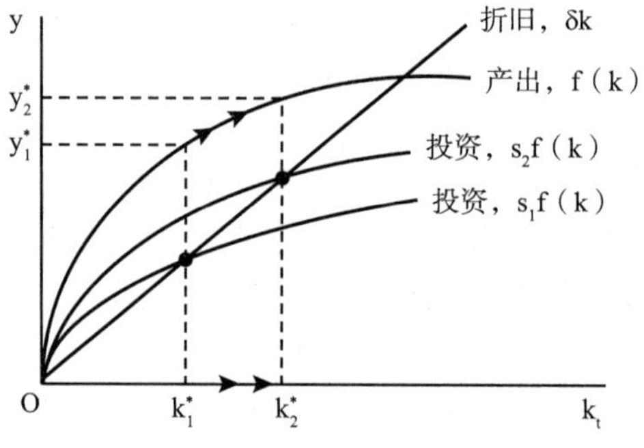

图 10－3　储蓄率上升的影响

图 10－4 显示了人均产出随时间的变化，它与图 10－3 中的移动

相互印证。人均产出在 t_0 时点保持在 y_1^* 水平上，储蓄率上升引起投资增加与人均资本存量的增长，人均产出将以递减的速率持续增长一段时期，直到产出达到新的稳态产出 y_2^* 和增长率重新为0时才停止。

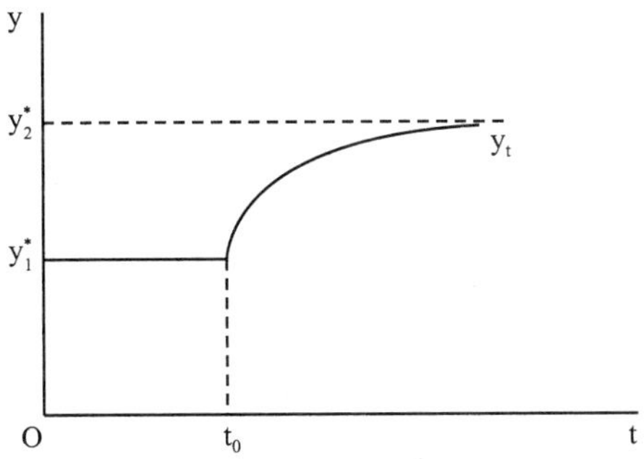

图10－4 人均产出随时间的变化

索洛模型的两个结论是：

(1) 储蓄率对稳态增长率没有影响。这是索洛模型的一个关键结论。

(2) 尽管储蓄率的提高不影响稳态增长率，但可以提高稳态人均收入水平。换言之，储蓄率提高对人均收入只有水平效应：储蓄率上升引起一段迅速增长的时期。当经济达到新的稳态时，这一增长时期将会结束。因此，较高的储蓄率产生较高的稳态收入水平。

索洛模型的结论有助于解释本章一开始提出的问题：为什么一些国家如此富裕而另一些国家如此贫穷？根据索洛模型，储蓄率或投资率是决定一国富裕或者贫穷的关键因素。储蓄率或投资率较高的国家通常有比较高的稳态资本存量和较高的人均收入水平；储蓄率或投资率较低的国家，其稳态资本存量和收入水平较低。世界大多数国家的经验数据与索洛模型的预测相一致：具有高储蓄率和高投资率的国家平均要比低储蓄率和低投资率的国家富裕。

然而，储蓄率和投资率并不能完全解释生活水平的国际差别。例如，美国和秘鲁的投资率相近，但美国的人均收入是秘鲁的8倍以上。下面我们将看到，在储蓄和投资之外，人口增长率和技术进步也是生活水平的决定因素。

4. 资本的黄金律水平

根据索洛模型，如果一个经济体具有较高的储蓄率和投资率，其人均资本存量和人均收入将维持在较高水平上。因此，政府的政策目标似乎应该是尽可能地提高储蓄率。然而，人均资本存量越高，意味着收入中必须被用于弥补折旧的投资也就越多，用于当期消费的也就越少。可见，储蓄的增加是以当期消费下降为代价的。如果经济中的储蓄率为100%（$s=1$），资本水平和收入将非常高，但所有收入都用于储蓄，长期的消费为0。

在任何一个社会中，人们本质上关心的不是经济中的资本量，也不是产出量，而是他们可以消费的产品和服务的数量。因此，一个社会应当选择使得稳态时消费水平最高的储蓄率或资本水平。使消费达到最大化的稳态资本水平被称为资本的黄金率水平（golden rule level of capital），记为k_g^*。

现在我们来考察一个经济体的黄金律水平是由什么决定的。我们首先确定稳态的人均消费水平。我们把人均产出 y 划分为人均消费 c 和人均投资 i：

$$y=c+i$$

该方程是国民收入核算等式的人均形式。重新整理为：

$$c=y-i$$

我们把产出和投资的稳态值代入上式，就可以确定稳态的人均消费。由于稳态人均产出为$f(k^*)$，其中，k^*是稳态人均资本存量。而且稳态投资正好等于折旧δk^*。因此，用$f(k^*)$替代 y，用δk^*替代 i，我们可以把稳态人均消费写为：

$$c^*=f(k^*)-\delta k^*$$

即稳态人均消费是稳态人均产出与稳态折旧的差额，它们都是稳态资本存量的函数。稳态资本的增加对稳态消费有两种相反的影响：更高的资本存量导致更高的人均产出和人均消费；但更高的资本存量又导致更多的产出被折旧的增加所抵销，从而导致更低的人均消费。

图10-5（a）描述了稳态消费与稳态产出和折旧的关系。稳态消费c^*是稳态产出曲线$f(k^*)$与稳态折旧线δk^*之间的垂直距离。该图表明，使$f(k^*)$曲线与δk^*线之间的垂直距离最大的稳态资本就是资本的黄金律水平。在黄金律的资本存量k_g^*点，$f(k^*)$曲线与δk^*线的斜率相同。当资本存量低于黄金律水平时，资本存量的增加所引起的产出增加大于折旧的增加，因此人均消费水平上升。当资本存量高于黄金律水平时，资本存量的增加减少了消费，因为产出的增加不能弥补折旧的增加：经济拥有了太多的资本。

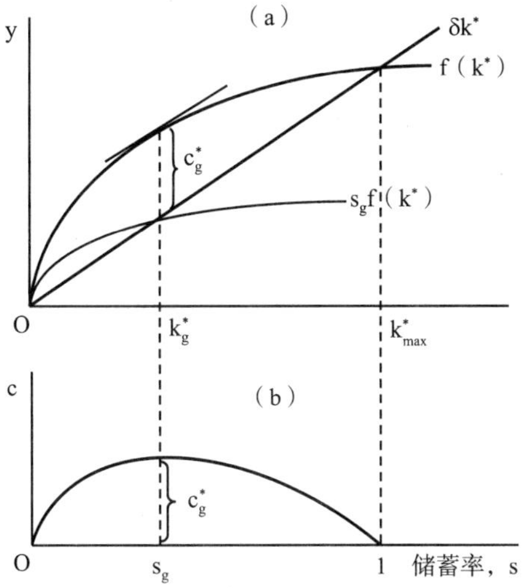

图 10-5 资本的黄金律水平

图 10-5（b）描述了稳态消费与储蓄率的关系。图中画出了对应于不同的储蓄率取值的稳态人均消费水平。随着储蓄率的上升，稳态人均消费先增加，后减少。当储蓄率 s 小于 s_g 时，储蓄率的上升导致人均资本、人均产出和人均消费增加；当储蓄率等于 s_g——产生黄金律资本水平时，最大化的稳态人均消费为 c_g^*；当储蓄率大于储蓄的黄金律水平 s_g 时，储蓄率的上升仍然导致更高的人均资本和人均产出，但是导致更低的人均消费。这是因为产出的增加更多地被折旧的增加所抵销，而折旧的增加是太多的资本存量所引发的。当 s = 1，人均占有资本达到最大，所有产出都被用来替代折旧，人均消费为 0。

现在我们可以得出资本的黄金律水平的简单条件。由于 $f(k^*)$ 曲线与 δk^* 线的斜率在 k_g^* 点相同，而人均生产函数的斜率是资本的边际产量 MPK，δk^* 线的斜率是折旧率 δ。所以，资本的黄金律水平的基本条件是：

$$MPK = \delta$$

即在资本的黄金律水平，资本的边际产量等于折旧率。①

必须指出，无论初始的资本水平如何，经济最终会自动收敛于稳态的资本水平。但是，经济并不会自动地趋向于黄金律的稳态资本水平。

① 黄金律条件的微分推导：对于 $c^* = f(k^*) - \delta k^*$，要找到使 c^* 最大化的 k^*，上式对 k^* 求一阶导数等于零，得到 $f'(k) = \delta$，式中 $f'(k)$ 是资本的边际产量。

经验证据表明，大多数富裕国家的人均资本都远远低于黄金律资本水平，这意味着储蓄率远远低于黄金律稳态所需要的水平。政策制定者关于储蓄率的选择面临着当期消费与未来消费之间的权衡替代：如果这些国家提高储蓄率，在未来将会引起更高的消费，但是代价是当期消费减少。因此，政府在决定是否要达到黄金律稳态时不得不权衡当前几代人的福利与将来几代人的福利。因为提高储蓄率的政策更有可能使当前几代人遭受损失，而将来几代人获益。

10.2.2 人口增长与经济增长

人口增长与经济增长

基本的索洛增长模型表明，提高储蓄率或投资率只能导致一段时期的正增长，但经济最终会趋向于使资本与产出都保持不变的稳态水平。因此，资本积累本身并不能解释世界上大多数国家持续的经济增长。为了阐述持续的经济增长，我们需要把人口增长引入到这个模型。

索洛模型假定人口不断增长，且在任意特定的考察期内，劳动人口占总人口的比例保持不变：人口和劳动力均以不变的速率 n 增长。例如，如果 $n=0.05$，则每年的工人数量都比上一年多5%。

我们首先讨论人口增长如何影响人均资本积累。对于任意年份 t，N_t 表示该年可获得的工人数量，人均资本存量的变动是：

$$\frac{\Delta K_t}{N_t}=\frac{I_t}{N_t}-\delta\frac{K_t}{N_t}=s\frac{Y_t}{N_t}-\delta\frac{K_t}{N_t}$$

我们仍然用小写字母代表人均数量：即 $y_t=Y_t/N_t$，$k_t=K_t/N_t$。这里需要注意，工人数量 N_t 是随时间增长的。

$$\frac{\Delta K_t}{N_t}=sy_t-\delta k_t=sf(k_t)-\delta k_t$$

我们将 $k_t=K_t/N_t$ 两边对时间 t 求导，并整理得到：

$$\frac{dk_t}{dt}=\frac{dK_t/dt}{N_t}-\frac{dN_t/dt}{N_t}\cdot\frac{K_t}{N_t}$$

令$\frac{dX}{d}t=\Delta X$，整理得到：

$$\Delta k_t=\frac{\Delta K_t}{N_t}-\frac{\Delta N_t}{N_t}\cdot k_t=\frac{\Delta K_t}{N_t}-nk_t$$

从而

$$\frac{\Delta K_t}{N_t}=\Delta k_t-nk_t$$

将此式代入 $\Delta K_t/N_t = sf(k_t) - \delta k_t$，整理得到：

$$\Delta k_t = sf(k_t) - (n+\delta)k_t$$

在任意年份 t 中，人均资本存量的变化取决于人均储蓄（投资）、折旧和人口增长。由于经济每年需要投资 nk_t 来为新工人提供资本，并需要一部分投资来补偿损耗的资本折旧 δk_t，因此，保持人均资本水平不变所必需的投资是 $(n+\delta)k_t$——称为平衡投资（break-even investment），有时也称为资本的广化。这个方程表明，如果储蓄（投资）超过必需投资，人均资本增加；如果储蓄（投资）小于必需投资，人均资本减少。Δk 有时也被称为资本的深化。

稳态定义为 $\Delta k = 0$，并且在 y^* 和 k^* 的值满足下式：

$$sf(k^*) = (n+\delta)k^*$$

图 10－6 画出了稳态的人均资本和人均产出。该图是将图 10－2 的分析扩展到包括人口增长的影响。直线 $(n+\delta)k_t$ 表示为保持人均资本不变所必需的投资量，在人均储蓄（或投资）曲线 $sf(k_t)$ 与 $(n+\delta)k_t$ 直线的交点 D，人均储蓄与必需的投资在稳态人均资本水平 k^* 处达到平衡。而在其他任意 k 值上，储蓄和必需的投资都不相等。

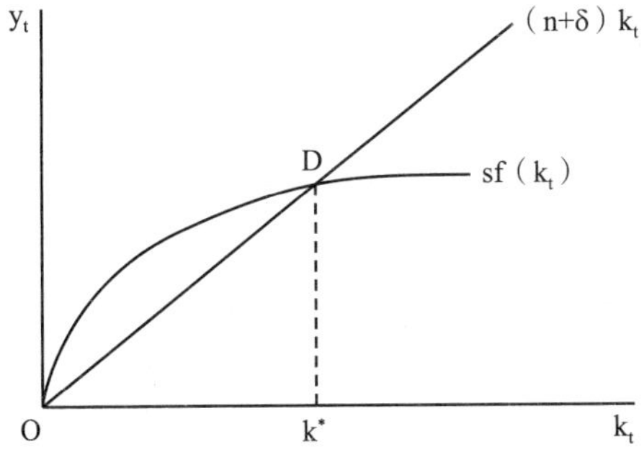

图 10－6　索洛模型中的人口增长

在稳态点 k^*，人均资本和产出将保持不变。然而，由于工人数量以 n 的速率增长，总资本和总产出必定也以 n 的速率增长①。

人口增长改变了资本黄金律水平的条件。由于人均消费为：

$$c = y - i$$

我们把稳态产出 $y^* = f(k^*)$ 和稳态投资 $(n+\delta)k^*$ 代入上式，

① 人均资本 $k = K/N$ 的增长率为：$\Delta k/k = \Delta K/K - \Delta N/N = \Delta K/K - n$。在稳态中，$\Delta k = 0$，因此 $\Delta K/K = n$。同样，人均产出 $y = Y/N$ 的增长率为：$\Delta y/y = \Delta Y/Y - \Delta N/N$。在稳态中，$\Delta y = 0$，因此 $\Delta Y/Y = n$。

得到稳态人均消费：

$$c^* = f(k^*) - (n+\delta)k^*$$

使人均消费最大化的黄金律稳态资本 k_g^* 必须满足：

$$f'(k_g^*) = n+\delta$$

在黄金律稳态水平 k_g^*，资本的边际产量等于折旧率加上人口增长率。

下面考察人口增长率的提高对经济的影响。如图 10 - 7 所示，经济初始的稳态人均资本是 k_1^*，也就是（$n_1+\delta$)k 线与 sf(k）曲线的交点所对应的人均资本。

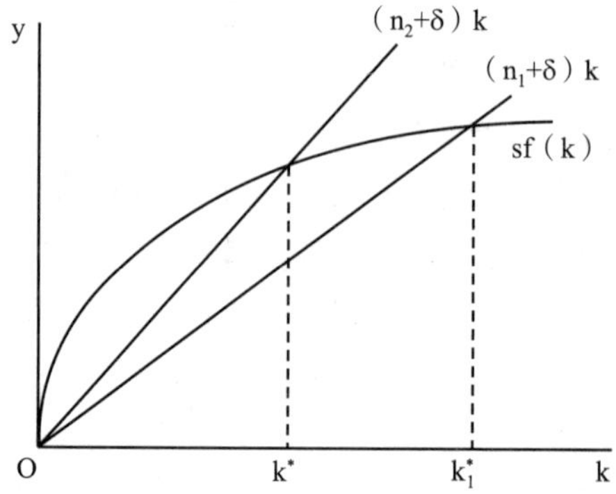

图 10 - 7　人口增长率上升对稳态的影响

现在假设人口增长率从 n_1 提高到 n_2。人口增长率的提高意味着必须为新工人配备资本。因此，人口增长率的提高导致（$n_1+\delta$)k 上移至（$n_2+\delta$)k，这时，新的稳态人均资本为 k_1^*，新的稳态人均资本值低于初始稳态值 k_1^*。由于新的稳态人均资本降低了，稳态人均产出也降低了。

引入人口增长率的索洛模型的结论是：

（1）人口增长率的提高，会增加总产出的稳态增长率。

（2）人口增长率的提高，降低了人均资本的稳态水平和人均产出的稳态水平。索洛模型表明，人口增长率是决定一国生活水平的另一个长期因素，人口增长率较高的国家将会有较低的人均资本水平和人均收入水平。世界大多数国家的经验数据与索洛模型预测的结论相一致：人口增长率高的国家往往比人口增长率低的国家更贫穷。这一结论预示着控制人口增长的确能够提高生活水平。

10.2.3 外生技术进步与经济增长

外生技术进步与经济增长

到目前为止，在基本的索洛增长模型中我们均忽略技术进步。这种简化有助于理解稳态行为，但它不能解释大多数国家的生活水平的持续增长。现在我们需要扩展索洛模型以引入技术进步。

为了引入技术进步，我们先回顾一下总生产函数①。我们前面使用的生产函数为：

$$Y = F(N,\ K)$$

技术进步既可以表示为生产函数的移动，也可以表示为要素的添加。如果把技术水平 A 看作一个变量，它可以在若干位置中以任意一种进入生产函数。为简单起见，我们通常使用特定类型的技术进步形式，即：

$$Y = F(AN,\ K)$$

其中，A 表示劳动效率，意味着新技术或方法提高劳动生产率，A 的提高与增加劳动力的数量具有相同效果。AN 是有效劳动的数量，它是劳动人数 N 与劳动效率 A 的乘积。该生产函数表明，总产出取决于资本投入 K 和有效劳动的数量 AN。这种形式的技术进步被称为劳动改善型（labor augmenting）技术进步。②

关于技术进步的最简单假设是，劳动效率 A 以某种不变的速率 g 增长，也即劳动改善型技术进步的速率为 g。由于人口和劳动力的增长率均以 n 的年增长率增长，这意味着有效劳动 AN 的增长率为（n + g）。例如，劳动力年增长率为 1%，技术进步的年增长率为 2%，那么有效劳动的增长率等于 3%。

我们仍然假定生产函数具有规模报酬不变的特性。给定技术水平 A，对于任意正数 λ，生产函数满足

$$\lambda Y = F(\lambda AN,\ \lambda K)$$

为了得到有效人均产出和资本，令 $\lambda = \frac{1}{AN}$，将上式转换成人均形式：

$$\frac{Y}{AN} = F\left(1,\ \frac{K}{AN}\right)$$

我们把有效劳动的人均产出写为 $\tilde{y}$ = = Y/AN，有效劳动的人均

---

① 以下讨论省略时间下标。

② 有时把这种技术进步称作劳动密集型的。同样，我们把 Y = F(N, AK) 称作资本密集型的技术进步，而把 Y = AF(N, K) 称作中性的技术进步。

资本数量写为 $\tilde{k}=K/AN$。有效劳动的人均生产函数可以写成：

$$\tilde{y}=f(\tilde{k})$$

该式描述了有效人均产出与有效人均资本之间的关系。有效人均产出随着有效人均资本的增加而增加，但速度递减。

现在推导有效人均产出和人均资本随时间变动的方程。由于 $\tilde{k}=K/AN$，有效产出和资本数量 AN 随时间而增加。与我们考察人口增长类似，有效人均资本存量随时间变化的方程可以写为：

$$\Delta\tilde{k}=sf(\tilde{k})-(\delta+n+g)\tilde{k}$$

其中，$(\delta+n+g)\tilde{k}$ 代表为保持不变的有效人均资本所必需的有效人均投资——仍称为平衡投资。该方程表明，有效人均资本存量的变动等于储蓄（投资）减去必需的平衡投资。

按照稳态定义，当 $\Delta\tilde{k}=0$ 时，经济处在稳态。经济稳态条件是：

$$sf(\tilde{k}^*)=(\delta+n+g)\tilde{k}^*$$

经济稳态可以用图 10－8 表示。横轴表示有效人均资本，纵轴表示有效人均产出。有效人均产出曲线 $f(\tilde{k})$ 随有效人均资本的增加而增加，但速度递减。有效劳动的人均储蓄（投资）曲线等于 $f(\tilde{k})$ 乘以储蓄率 s，包含技术进步的平衡投资线 $(\delta+n+g)\tilde{k}$ 的斜率为 $(\delta+n+g)$。在有效劳动的人均储蓄曲线与平衡投资线的交点所对应的有效人均资本 $\tilde{k}^*$ 处，有效人均投资（储蓄）恰好与必需的平衡投资相一致，有效人均资本既不增加也不减少，达到了稳态。此时，有效劳动的人均资本量 $\tilde{k}^*$ 和人均产出 $\tilde{y}^*$ 都保持不变。

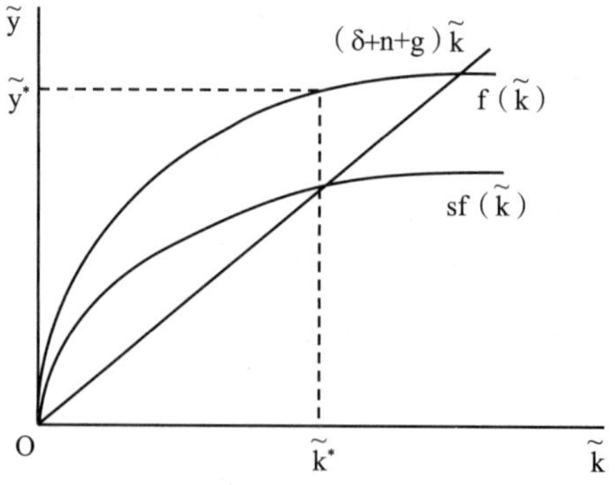

图 10－8　索洛模型的技术进步

需要注意，在稳态中，这个经济中保持不变的是有效人均产出 $\tilde{y}^*=Y/AN$，并不是人均产出 $y=Y/N$。

有效人均产出 $\tilde{y}^*=Y/AN$ 的增长率可以近似写为：

$$\frac{\Delta\tilde{y}^*}{\tilde{y}^*}=\frac{\Delta Y}{Y}-\left(\frac{\Delta A}{A}+\frac{\Delta N}{N}\right)=\frac{\Delta Y}{Y}-(n+g)$$

由于稳态时 $\Delta\tilde{y}^*=0$，因此，总产出 Y 的增长率为：

$$\frac{\Delta Y}{Y}=n+g$$

该式表明，在稳态中，总产出的增长率等于人口增长率加上技术进步率。换言之，总产出 Y 与有效劳动以同样的速度（n+g）增长。

人均产出 Y/N 的增长率为：

$$\frac{\Delta Y}{Y}-\frac{\Delta N}{N}=g$$

人均产出以技术进步率的速率 g 增长。

同样道理，在稳态时，有效人均资本保持不变。资本也以（n+g）的速度增长，人均资本以技术进步率的速率 g 增长。

在稳态中，总产出与资本和有效劳动都以同样的速度（n+g）增长，人均产出与人均资本都以技术进步的速率 g 增长，经济的这种稳态增长也称作平衡增长（balanced growth）。

延伸阅读：亚洲“四小龙”的增长经验

10.3 内生增长模型

由于索洛模型对我们在这个世界上所观察到的许多现象有较好的解释力，加上其精致的数学处理方法，使得它在此后的 30 多年里一直成为多数有关经济增长研究的基本框架。但作为经济增长模型，它存在着一个严重的不足。根据索洛模型，人均收入持续增长最终由技术进步率决定。但是，技术进步率又是由什么决定的呢？在索洛模型中，技术进步仅仅假设是外生的，并没有去解释技术进步的决定因素。

为了弥补索洛模型的这一不足，20 世纪 80 年代中期以来，保罗·罗默（Paul M. Romer）和罗伯特·卢卡斯（Robert Lucars）等试图从模型内部或者说从内生的角度来解释技术进步及其所带来的经济增长。这种使增长率内生化的理论被称为内生增长理论或新增长理论。

10.3.1 基本模型

在索洛模型中，生产函数的边际报酬递减性质是解释经济最终趋于稳态而不是无限增长的关键。储蓄率提高导致暂时的产出增长，但资本边际产量递减最终迫使经济达到稳态。在这种稳态下，增长仅取决于外生技术进步。因此，解决索洛模型的不足，在于修改生产函数的性状。

内生增长模型：
Y = AK 模型

为了说明内生增长理论的思想，我们在这里考察一个简单的内生增长模型。假定劳动力的数量保持不变，从而人均产出增长率简单地等于总产出增长率。总量生产函数为：

$$Y = AK$$

其中，K 为资本存量，参数 A 为一个正的常数。该式表示，产出与资本存量成比例，资本的边际产量为不变常数 A。也就是说，并不存在资本边际产量递减。这是该模型与索洛增长模型的关键差别。

与以前一样，仍假定储蓄率为常数 s，所有储蓄都用来增加资本存量和折旧。得到资本积累方程为：

$$\Delta K = sY - \delta K$$

该方程表明，资本存量的变动等于投资减去折旧。通过将 AK 替换 Y，并将方程两边同时除以 K，得到资本存量的增长率：

$$\frac{\Delta K}{K} = sA - \delta$$

由于产出与资本存量成正比例，产出增长率 $\Delta Y/Y$ 等于资本存量增长率 $\Delta K/K$。因此，上式意味着：

$$\frac{\Delta Y}{Y} = sA - \delta$$

由于我们假设劳动力的数量不随时间而变化，所以人均产出增长率等于总产出增长率。上式表明，只要满足 $sA - \delta > 0$，即使没有外生技术进步的假设，产出也会永远增长下去，如图 10－9 所示。

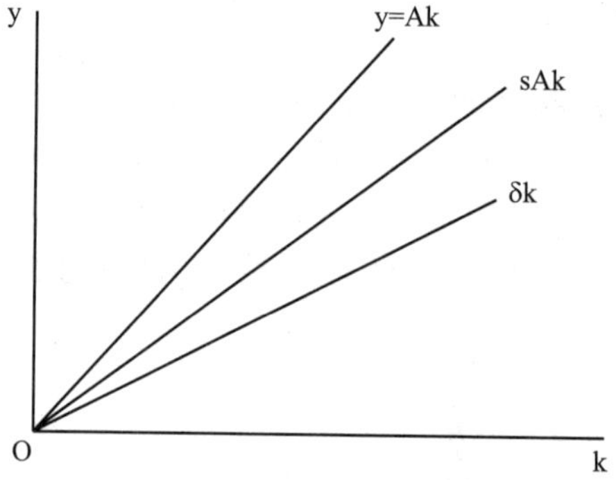

图 10－9　内生增长模型

在这个内生增长模型中，产出增长率依赖于储蓄率 s。储蓄率越高，产出增长率越高。经验数据清楚显示，各国的储蓄率与增长是正相关的。储蓄率会影响产出的长期增长率，这与索洛模型关于储蓄率与长期增长率无关的结论形成了鲜明的对比。

10.3.2 人力资本与技术进步

在放弃资本边际产量递减的假设下，AK 模型得出了与索洛模型截然不同的结论。但是，放弃资本边际产量递减这一假设合理吗？答案取决于对资本 K 的理解。如果资本只是通常意义上的实物资本——如厂房、设备等，则必然会出现资本边际产量递减。然而，如果对资本做出广义的解释，就经济整体而言，资本的边际生产率也许不递减。内生增长理论对此做出了若干种解释。

1. 人力资本的作用

内生增长理论的支持者认为，经济中除了实物资本，还有另外一种类型的资本：工人通过教育和培训所具备的知识、技巧和才能组合，经济学家称之为人力资本（human capital）。通过学校教育、在职培训与其他手段进行人力资本投资，可以增加整个社会的这种技能存量，其方式与实物资本积累是相同的。

引入人力资本 H 的人均生产函数可以写为：

$$\frac{Y}{N}=f\left(\frac{K}{N},\ \frac{H}{N}\right)$$

该式表明，人均产出水平同时取决于人均实物资本水平 K/N 和人均人力资本水平 H/N。人均实物资本增加导致人均产出增加；而平均技能的提高同样也会引起人均产出的增加。因为更熟练的工人可以使用更复杂的机器，可以能够更快地适应新的任务，更容易处理一些突发事件。

如何度量人力资本和实物资本在人均产出决定中的相对重要性？虽然人力资本难以精确测度，但受学校教育的平均年限可用作人力资本的代表。最近研究提供的大量证据表明，在工业化国家中，生产函数中实物资本和人力资本在人均产出随时间变化的过程中起到了大致相同的作用①。实物资本积累和人力资本积累的结合足以抵销资本的边际产量递减。如果实物资本存量增加而人力资本存量固定不变，实

① N. Gregory Mankiw, David Romer, and David N. Weil. *A Contribution to the Empirics of Economic Growth* [J]. Quarterly Journal of Economics, May 1992.

物资本的边际生产率就会发生递减，因为与每1单位实物配合的人力资本的数量变少了；如果给定实物资本，人力资本的增加同样也会使边际产量递减。但如果实物资本存量和人力资本存量协同增加，资本的边际产量就不会下降。

人力资本在生产过程中具有正外部性。在人力资本密集的地方往往会获得递增的规模报酬，因此人力资本会从人力资本稀少的地方流入人力资本密集的地方，相应地，实物资本也会跟随着流入人力资本密集的地方，这就是为什么我们经常看到国际资本流动主要在发达国家之间进行的原因。

2. 技术进步的决定因素

资本边际产量恒定的另一种解释强调了知识积累（技术进步）。在经济增长过程中，企业具有从事研究与开发（R&D）活动的激励。企业对研究与开发进行投资的目的和它们进行实物投资一样，是为了提高利润，而创新能给予企业暂时的垄断地位。在工业化国家中，工业研发费用通常占该国 GDP 的 2% ~3% 。在美国，企业的研发费用支出占总投资支出的 20% 以上，占净投资的 60% 以上。科学家和研究者中大约有 75% 在企业研发部门工作。这些研发活动增加了包括新产品和新生产技术在内的具有商业价值的知识的存量。

研究与开发的投资和购买新机器有重要的区别。研究与开发的成果基本上是一些思想或知识。与机器不同，思想和知识的使用具有非竞争性，即一个人使用某种知识并不影响别人对该知识的使用，任何企业的研究成果都不可能完全保密，知识会传播，知识的复制花费很少或者完全无须费用。由于新知识的贡献，只能部分地为创造者所获取，这表明它存在相当大的正外部性。如果把知识看作一种资本，与实物资本相比，知识的边际收益是递增的。知识能够无限地增长，因为每种新思想会使下一个思想成为可能。① 过去几百年来的证据表明，科学与技术创新增长呈现不断加速的趋势，并由此提高实物资本和劳动的生产率。

内生增长理论表明，一个国家的储蓄用于教育、研究与开发的投资越多，该国就能够取得实质性的更高的人均产出水平。储蓄、一般的人力资本投资和应用性的研究与开发是理解长期增长的关键。

增长陷阱

内生增长模型为技术上居领先地位国家经济的长期持续增长提供

① 保罗·萨缪尔森（Paul Samuelsson）在《经济分析的基础》中写道：“大多数学物理的大学毕业生都比伊萨克·牛顿知道得更多：因为正如牛顿自己所说的，科学家比前人看得更远，因为他站在早先的巨人的肩膀上。”

了一种解释，是对传统的经济增长理论的一大突破。尽管它在解释增长率的国际差异方面并不太重要，但已成为当前经济增长理论主流派的基础，它深化了人们对于增长过程的认识。

10.4　促进增长的政策

在长期中实现更快的经济增长和更高的生活水平是各国政府的主要政策目标。本节深入探讨那些可能有助于提高一国长期生活水平的政策。

10.4.1　影响储蓄率的政策

索洛模型表明，储蓄率是长期生活水平的一个重要决定因素。通过储蓄率的调整不仅可以决定长期的稳态资本存量和产出水平，还可以实现黄金律稳态消费水平。

20 世纪 70 年代以来，美国、日本等发达国家的人均产出水平增长率明显放慢了。根据索洛模型，人均资本水平已经很高，经济已趋于稳定增长状态水平，但并没有达到黄金律的稳态水平。实证研究显示，美国储蓄率明显偏低，人均资本水平远远低于黄金律稳态水平，即 $f'(k) > (\delta + n + g)k$。因此，一些经济学家主张通过提高储蓄率以使经济趋向于黄金律稳态水平。

政府提高国民储蓄最直接的方式是增加公共储蓄的规模。公共储蓄是政府收入和支出之间的差额。通过减少政府购买或者增加税收的方式来消减赤字或增加盈余将带来更多的公共储蓄。

政府还可以通过影响私人储蓄来影响国民储蓄。许多经济学家认为，对家庭征税的依据应该由收入额转向消费额，这样从税收中豁免的那部分收入就可用于储蓄；降低资本收益税可以提高投资的实际回报。

需要指出，按照索洛模型，仅仅通过提高储蓄率来促进经济增长是不可能持久的。在内生增长模型中，储蓄率虽然起着决定作用，但问题的关键仍然在于生产函数的性质，并不在于储蓄率本身。如果储蓄和投资不将实物资本与人力资本、知识结合起来，那么不管资本积累水平多高，边际报酬递减规律迟早会发生作用，经济最终只能在一个低水平上循环。

10. 4. 2　促进生产率增长的政策

无论是引入外生技术进步的索洛模型，还是内生增长理论，都显示技术进步是人均产出和消费不断增长的“最终”推动因素。实证研究的大量数据显示全要素生产率是发达国家经济增长的主要推动因素。政府提高生产率的政策主要体现在三个方面。

1. 鼓励研究与开发

从总体上看，技术进步存在正外部性。知识技术的社会收益大于私人收益，也就是说从事技术创新的资本并不能从技术进步中获得与其贡献等同的收益。这种正外部性会导致高技术产出部门的资本投入与社会最优的要求相比显得不足。

很多研究与开发的项目属于基础性研究——探求一般性的规律和结果。基础研究自身不会带来技术进步，但却是应用研究开发成功的最终基础。计算机工业的很多发展都可以追溯到晶体管和微芯片的发明。由于私人部门不能从基础科学研究中获利，它们一般都不愿意涉足，因此就需要政府出面支持。美国政府直接资助了那些从事基础科学研究的研究机构和大学。大多数科学家都对这种政策持认同态度，因为科技进步将惠及整个经济。而另一些经济学家则进一步指出，旨在商业化的应用研究也应当得到政府的资助。虽然企业能从应用研究中获利，但需要大量资本投入和承担一定程度的风险。

政府为避免由于技术进步的外部性可能导致的产出不足，可以采取的手段是将这种外部性内部化，或者给予一定的补偿。第一，政府通常采用的政策措施包括给予技术创新专利保护，使其在一定时间内通过产品垄断确保资本获得应有的私人收益。第二，政府可以对产生正外部性比较大的创新部门给予税收减免或者优惠。

然而，政府为促进技术进步所实行的政策措施也存在诟病。比如有人质疑政府往往并不能掌握不同部门技术进步的外部性的大小，如果这种判断缺乏依据将使政策执行的效果受到质疑。有人质疑一旦政府采取补贴或者减税的措施对不同部门进行不同程度补偿，这种政治权利可能导致的寻租行为，将使政策效果大打折扣。

2. 积累人力资本

在工业化国家，人力资本非常重要，经济增长与人力资本正向关系显著。人力资本积累和实物资本积累不同，实物资本的折旧可能比人力资本的折旧要高。技能会退化，但退化过程非常缓慢，技能被使用得越频繁，退化得越慢。政府可以通过教育政策、工人培训或重新安置计划、医疗计划以及其他途径影响人力资本存量的增加。

到目前为止，还有一种至关重要的人力资本还没有提及，那就是企业家才能。熊彼特（Joseph Schumpeter，1942）认为，经济进步是通过一个“创造性破坏”过程来实现的，进步背后的驱动力来自少数有冒险精神的企业家的创新活动。当企业家成功地开办新企业或将新产品引入市场时，它对其创新拥有某种程度的垄断力量。现存的生产者往往难以与之竞争，甚至可能被逐出市场。随着时间推移，这一过程不断地自我重复。企业家的企业变成了现存企业，享受着高利润，直到其产品被拥有下一代创新的另一家企业家的产品所替代。

例如，零售巨头沃尔玛（Wal－Mart）通过更好地存货控制、市场营销和人事管理技术，它发现了比以往传统零售商更低的成本把商品提供给消费者的方法。这些变化使消费者和沃尔玛的股东受益，但对小的零售店有逆向影响。当一家沃尔玛店在附近开张时，这些小店很难与之竞争。

现存生产者为了避免成为创造性破坏的牺牲品，他们常常求助于政治程序来阻止新的更有效率的竞争者进入。如果政府能够移除限制企业家活动的障碍（如不必要的规章制度和社会环境），并给予具备企业家才能的人以最大的激励，那么生产率增长可能会大幅加速。

3. 改善基础设施

一些研究表明，生产率与基础设施的质量之间存在着显著的关系。基础设施包括公路、桥梁、机场、公共设施以及其他公共资本。高效的基础设施能够节约运输成本，提高要素生产效率。

一般而言，基础设施是公共产品，它的建设和完善是由政府指定的部门提供的，属于公共决策的一部分。一些经济学家认为，政府应当把基础设施投资作为一个促进生产率增长的长期政策。但是，批评者认为生产率增长与基础设施之间的关系其实并不明朗，有人担心政府的基础设施投资可能包含了某种政治动机，而不是出于改善经济效率的目的。

本章小结

1. 对经济增长的分解显示，技术进步、劳动增长和资本增长是经济增长的三个推动因素。

2. 在索洛模型中，储蓄率对稳态增长率没有影响。

3. 尽管储蓄率的提高不影响稳态增长率，但可以提高稳态人均收入水平。

4. 使稳态消费最大化的资本水平被称为黄金律水平。

5. 索洛模型说明，人口增长率是决定生活水平的一个长期因素。人口增长率的提高，会增加总产出的稳态增长率，降低了人均资本的稳态水平和人均产出的稳态水平。

6. 在索洛模型的稳态中，人均收入增长率仅仅由外生的技术进步率决定。

7. 内生增长理论试图去解释而不是假设技术进步。在内生增长模型中，储蓄率会影响产出的长期增长率。

8. 一般的人力资本投资和具体的研究与开发是理解长期增长的关键。

9. 通过鼓励研发活动、促进人力资本积累、加大对基础设施的投资，可以有效提高长期生活水平。

关键概念

经济增长　　索洛模型　　增长的黄金律

复习思考题

1. 选择题

(1) 在索洛经济模型中，储蓄率的提高会导致（　　）。

A. 稳定状态人均消费的增加

B. 提高人均收入

C. 产量增长率维持在更高的水平

D. 不影响稳定状态中资本的增长率

(2) 以下对索洛增长模型与技术进步的关系描述正确的是（　　）。

A. 技术进步被假定为内生变量

B. 技术进步被假定为外生变量

C. 技术进步被假定为内生或外生变量

D. 技术进步无法被纳入模型

(3) 当 $\Delta\tilde{k}=0$ 时，经济平衡增长率处于稳定状态，则（　　）。

A. 人均资本存量按一定比率增加

B. 人均实际收入不变

C. 人均产出不变

D. 总收入按照 $n+g$ 的比率增长

(4) 人均收入持续走高的最主要原因是（　　）。

A. 社会结构越来越合理

B. 人口增长速度减慢

C. 技术进步

D. 政府的反腐力度不断加大

(5) 在20世纪80年代后的新增长理论中，技术进步被认为是( )。

A. 外生变量　　B. 内生变量

C. 增长的余量　　D. 引起经济增长的唯一因素

(6) 根据索洛增长理论，人口增长率上升引起增长均衡时( )。

A. 人均产出增加　　B. 总产出增加

C. 总产出减少　　D. 总产出不变

2. 简答题

(1) 在新古典增长模型中，储蓄率变化对经济增长有什么影响?

(2) 用索洛模型解释不同国家贫困或富裕的原因。

3. 计算题

假设生产函数为：$Y = K^{\frac{1}{2}}L^{\frac{1}{2}}$，经济社会把产出的30%用于储蓄($s=0.3$)，每年的折旧为资本存量的10%($\delta=0.1$)，初始人均资本为4单位($k=4$)。

(1) 求稳态人均资本水平k^*。

(2) 如果要到达黄金律稳态，需要如何调整储蓄率?

各章复习思考题答案

第1章 宏观经济的衡量

1. （1）D；（2）D；（3）B；（4）B；（5）D；（6）C。

2. （1）①此项不应计入GDP。因为有100年历史的维多利亚式的房子不是计算期当年生产的，其价值不能再一次计入本年的GDP。

②此项应当计入GDP。建造房屋是在本期发生的生产活动，新增加的价值也应该记入本期的GDP。

③约翰从琼斯手中购买了200万美元的IBM股票，这意味着IBM股票的所有权从琼斯手中转移到约翰手中，是一种证券交易活动，是一种产权转移活动，并不是实际的生产经营活动，因此也并未增加实际的资本或资产。

④政府向灾区发放1 000万美元的救灾款，这属于政府的转移支付。

（2）①政府债务是存量。政府债务是对应于某个时点上，政府累计的债务总和。政府随时会发生新的债务或者偿还一部分债务，因此政府债务随时都在变化，只有在某个具体的时点上才有意义。

②个人财富是存量。个人财富是对应于某个时点上，个人累计的财富总和。居民个人随时都会消费或者增加收入而引起个人财富的变化，只有在某一个时点上核算个人财富才有意义。

③失业者人数是存量。因为失业者随时有可能重新就业，原来有工作的人也会随时成为新的失业者，所以，失业者的人数随时都在变化，只有在某个时点上，失业者人数才有意义。所以，失业者人数是一个存量。

④政府预算赤字是流量。政府的预算赤字等于政府的总支出减去政府的总收入。政府的总支出包括政府购买和转移支付都是对应于一个时期发生的变量，是流量；政府的税收也是对应于一个时期的变量，是流量。所以，政府的预算赤字是一个流量。

3. （1）①按收入法计算：

GNP = 工资 + 利息 + 租金 + 利润 + 间接税（减津贴）+ 折旧

= 100 + 10 + 30 + 20 + 10 = 170（亿元）

②按支出法计算：

GNP = C + I + G +（EX − IM）

= 90 + 60 + 30 +（60 − 70）= 170（亿元）

③政府预算赤字：

BD = 支出 − 收入

= 政府购买支出 + 政府转移支付 − 税收（所得税）

= 30 + 5 − 30 = 5（亿元）

④储蓄 = 个人可支配收入 − 消费

= GNP − 所得税 + 转移支付 − 消费

= 170 − 30 + 5 − 90 = 55（亿元）

⑤净出口 = 出口 − 进口 = 60 − 70 = −10（亿元）即贸易逆差 10 亿元。

（2）①国内净产值：

NDP = GDP − 折旧 = GDP −（总投资 − 净投资）

= 60 000 −（800 − 200）= 59 400（亿元）

②净出口：

NX = GDP −（消费 + 投资 + 政府购买）

= 60 000 −（40 000 + 800 + 1 100）= 18 100（亿元）

③政府税收减去转移支付后的收入也就是政府的净税收。

已知政府购买是 1 100，政府的预算盈余是 30。

预算盈余：

BS = 政府的收入 − 政府支出

= 政府税收 −（政府购买 + 政府转移支付）

=（政府税收 − 政府转移支付）− 政府购买

所以：政府税收 − 政府转移支付 = 政府购买 + 预算盈余 = 1 100 + 30 = 1 130（亿元）

④可支配的个人收入：

PDI = 个人收入 − 个人所得税 + 政府转移支付

= 国内生产净值 −（个人所得税 − 政府转移支付）

= 59 400 − 1 130 = 58 270（亿元）

⑤个人储蓄 = 个人可支配收入 − 消费 = 58 270 − 40 000 = 18 270（亿元）

第 2 章　古典宏观经济理论

1. （1）C；（2）A；（3）B；（4）C；（5）C；（6）A。

2. （1）政府的收支行为会对产品市场均衡产生影响。由于加入政府部门后 $S=Y-C-G$，当政府购买增加时，如果政府是通过增税来增加政府购买的，由于税收增加时，消费者只是部分的减少消费，消费的减少不会超过政府购买的增加，所以国民储蓄是减少的。如果税收水平不变，政府通过发行公债为政府增加的开支融资，这时国民储蓄也是减少的。因为政府的收入没有增加而支出增加了，所以政府储蓄减少了，这使得总的国民储蓄水平下降了。随着国民储蓄水平的下降，资本市场竞争的结果是市场均衡利率提高了。由于实际利率水平的提高，企业筹资的难度增加了，减少了企业投资支出，即政府支出增加“挤出”了私人投资支出，产生了“挤出效应”。同时随着利率提高，居民的储蓄增加了，来满足市场的资金需求。这种挤出在利率具有完全伸缩性的情况下，是一种 100% 地对私人投资和消费的完全挤出。

（2）略。

3. （1）①由题意知：

$$S=Y-C-G$$
$$Y=900$$
$$C=630-10r$$
$$G=200$$
$$I=170-10r$$

所以

$$r=4\text{ 时，}C=590,\ I=130$$
$$r=5\text{ 时，}C=580,\ I=120$$
$$r=6\text{ 时，}C=570,\ I=110$$

②当利率提高时，储蓄的收益增加，所以人们会增加储蓄减少消费。利率提高增加了企业使用资金的成本，使得企业减少了投资需求。

③由产品市场均衡条件：

$$S=I$$

可以得到：

$$r=5,\ S=120,\ I=120$$

④当政府采购减少到 160 时，

$$r=3,\ S=140,\ I=140$$

(2) 解：①由题意知：

$$S = Y - C - G$$
$$Y = 12\ 000$$
$$C = 7\ 200 - 4\ 000r + 0.1Y$$
$$G = 2\ 400$$
$$I = 2\ 400 - 8\ 000r$$

由产品市场均衡条件：

$$S = I$$

可以得到：

$$r = 0.1,\ S = 1\ 600,\ I = 1\ 600$$

②当政府采购增加时，市场均衡时利率提高了，

$$r = 0.14$$

均衡的储蓄和投资为：

$$S = 1\ 280,\ I = 1280$$

投资和消费的减少量分别为：

$$\Delta I = 320$$
$$\Delta C = 160$$
$$\Delta I + \Delta C = 480 = \Delta G$$

这时政府购买的增加量，恰好等于投资和消费的减少，总支出没有发生变化。政府购买的增加了产生了100%的挤出效应。

第3章　IS-LM模型

1. (1) B；(2) C；(3) A；(4) C；(5) B；(6) D。

2. 略。

3. (1) ①由题意，得

$$Y = C + I$$
$$C = 500 + 0.5Y$$
$$I = 1\ 250 - 250r$$

所以

$$Y = 3\ 500 - 500r$$

这就是所求的IS曲线方程。

由题意，得

$$L = M$$
$$L = 1\ 000 + 0.5Y - 250r$$
$$M = 1\ 250$$
$$Y = 500 + 500r$$

这就是所求的 LM 曲线方程。

联立 IS 曲线方程和 LM 曲线方程，得

$$Y = 3\ 500 - 500r$$
$$Y = 500 + 500r$$

解之，得

$$Y = 2\ 000$$
$$r = 3$$

即产品市场和货币市场同时均衡时，均衡收入和利率分别为 2 000 和 3。

②若货币供给增加，则货币市场的均衡模型变为：

$$L = M$$
$$L = 1\ 000 + 0.5Y - 250r$$
$$M = 2\ 250$$
$$Y = 2\ 500 + 500r$$

这就是新的 LM 曲线方程。联立不变的 IS 曲线方程，得

$$Y = 3\ 500 - 500r$$
$$Y = 2\ 500 + 500r$$

解之，得

$$Y = 3\ 000$$
$$r = 1$$

即货币供给变化后，均衡收入和利率分别变为 3 000 和 1。

（2）投资函数变化后，产品市场的均衡模型变为：

$$Y = C + I$$
$$C = 500 + 0.5Y$$
$$I = 1\ 750 - 250r$$
$$Y = 4\ 500 - 500r$$

这就是新的 IS 曲线方程。联立不变的 LM 曲线方程，得

$$Y = 4\ 500 - 500r$$
$$Y = 500 + 500r$$

解之，得

$$Y = 2\ 500$$
$$R = 4$$

即投资函数变化后，均衡收入和利率分别变为 2 500 和 4。

由题意知：

$$Y = C + I + G$$
$$C = 100 + 0.8Y_d$$
$$Y_d = Y - T = Y - 0.25Y$$
$$G = 200$$
$$I = 100 - 400r$$

所以 IS 曲线方程为

$$Y = 1\ 000 - 1\ 000r$$

由题意得：

$$M = L$$
$$L = 0.2Y - 200r$$
$$M = 100$$

所以 LM 曲线方程为

$$Y = 500 + 1\ 000r$$

联立 IS、LM 曲线方程

$$Y = 1\ 000 - 1\ 000r$$
$$Y = 500 + 1\ 000r$$

得
$$r = 0.25$$
$$Y = 750$$

即均衡的利率为 0.25，均衡国民收入为 750。

第 4 章　货币政策与财政政策

1. (1) C；(2) C；(3) D；(4) C；(5) A；(6) B。
2. 略。
3. (1) 解：①由 $Y = C + I + G$ 得 IS 方程：

即由

$$Y = 100 + 0.8(Y - 50) + 120 - 8r + 50$$

得
$$Y = 1\ 150 - 40r$$

由 $L = M$ 得 LM 方程：

即由
$$0.3Y = 300$$

得
$$Y = 1\ 000$$

因此，把 $Y = 1\ 000$ 代入 IS 方程

$$Y = 1\ 150 - 40r,$$

得
$$r = 3.75$$

把 $r = 3.75$ 代入投资方程

$$I = 120 - 8r,$$

得 $$I=90$$

②政府支出增加后，IS 方程变为：

$$Y=100+0.8(Y-50)+120-8r+60$$

即 $$Y=1\ 200-40r$$

由于货币供求不变，LM 方程仍为

$$Y=1\ 000,$$

把 $Y=1\ 000$ 代入新 IS 方程

$$Y=1\ 200-40r$$

得 $$r=5$$

把 $r=5$ 代入投资方程

$$I=120-8r$$

得 $$I=80$$

可见，政府支出增加10，使利率由 $r=3.75$ 上升到 $r=5$，投资由90减少为80，也就是说，政府支出增加10单位，挤出的投资也是10单位，因为 LM 曲线处于古典区域，所以政府支出增加只会提高利率和完全挤出私人投资，不会增加国民收入。

（2）①由 $$Y=C+I+G$$

即 $$Y=400+0.8Y+300-50r+200$$

得 IS 方程：

$$Y=4\ 500-250r$$

由 $L=M$ 即

$$300+0.5Y-100r=1\ 500$$

得 LM 方程：

$$Y=2\ 400+200r$$

联立 IS 和 LM 方程，解得 $r=4.67$　　$Y=3\ 333.3$

②财政政策乘数用 γ 表示：

$$\gamma=\frac{1}{(1-c)+\frac{bk}{h}}=\frac{1}{(1-0.8)+\frac{50\times 0.5}{100}}=2.2$$

货币政策乘数用 β 表示：

$$\beta=\frac{1}{(1-c)\frac{h}{b}+k}=\frac{1}{(1-0.8)\cdot\frac{100}{50}+0.5}=1.1$$

（3） $$\Delta Y=4\ 000-3\ 333.3=666.7$$

$$\Delta G=\frac{\Delta Y}{\gamma}=\frac{666.7}{2.2}=303$$

$$\Delta M=\frac{\Delta Y}{\beta}=\frac{666.7}{1.1}=606.1$$

第5章 AD－AS模型

1. （1）D；（2）D；（3）D；（4）D；（5）B；（6）B。

2. （1）略。

（2）假定总需求曲线AD位置不变，短期总供给曲线由于供给冲击（比如石油价格上涨等）而发生变化，短期收入水平与价格的决定如图所示。在图中，总需求曲线AD与短期总供给曲线AS_S相交于E_0点，决定的均衡产量或收入水平为Y_0，价格水平为P_0；当总供给曲线向左移动到AS_S^1时，与总需求曲线AD相交于E_1点，此时的均衡产量或收入水平为Y_1，价格水平为P_1，产量低于原来的产量，价格却高于原来的价格。这种情形表示经济处于滞涨状态，即经济停滞和通货膨胀结合在一起的状态。

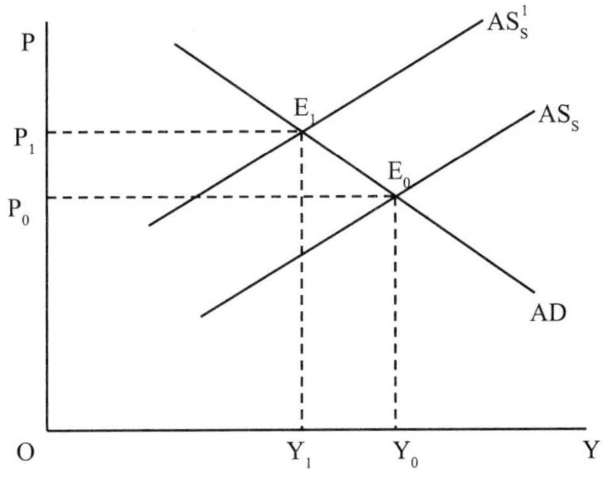

3. 解：①由产品市场的均衡得：

$$Y=AD=C+I=200+0.75Y+200-25r$$

$$0.25Y=400-25r$$

$$Y=1\ 600-100r\cdots\cdots\cdots\cdots \text{IS 方程}$$

由货币市场的均衡得：

$$\frac{L}{P}=\frac{M}{P}$$

$$Y-100r=\frac{1\ 000}{2}=500$$

$$Y=500+100r\cdots\cdots\cdots\cdots \text{LM 方程}$$

两个方程联立求解，得：Y＝1 050，

$$r = 5.5$$

总需求方程是反映了在产品市场与货币市场同时实现了均衡时，一般价格水平与国民收入或产量之间的关系。

当价格为一变量时，货币市场的均衡条件表示为：

$$Y - 100r = \frac{1\ 000}{P}，\text{即：} Y = \frac{1\ 000}{P} + 100r$$

将其代入 IS 方程，消去 r 得：$Y = 800 + \frac{500}{P}$…………总需求方程

②如果价格水平从 2 上升到 4，由货币市场的均衡得：

$$\frac{L}{P} = \frac{M}{P}$$

$$Y - 100r = \frac{1\ 000}{4} = 250$$

$$Y = 250 + 100r \cdots\cdots\cdots\cdots \text{LM 方程}$$

将 IS、LM 两个方程联立求解，得：$Y = 925$，

$$r = 6.75$$

由于价格水平的上升，在名义货币量保持不变时，实际货币量减少，LM 曲线向左上方移动，使得国民收入或产量减少，利率上升。

总需求曲线的位置不变，总需求（国民收入或产量）会沿着总需求曲线而减少。

③政府增加一批军备物资，意味着增加了政府购买支出的量，IS 曲线向右上方平行移动。总需求曲线会向右上方平行移动（在价格水平保持不变时，总需求增加）。

第 6 章　经济周期理论

1. （1）C；（2）C；（3）C；（4）A；（5）D；（6）A。

2. 新凯恩斯主义与新古典主义经济周期理论的异同点有：（1）假设不同：新凯恩斯主义假定名义工资黏性、价格黏性以及市场短期非出清；新古典主义假定理性预期、工资价格完全弹性及市场自动出清。（2）原因不同：新凯恩斯主义认为经济周期来自需求冲击和供给冲击，主要是需求冲击；新古典主义（实际经济周期理论）认为来自实际的生产率冲击。（3）政策主张不同：新凯恩斯主义强调政府干预对于稳定经济是重要的，货币具有非中性的；新古典主义认为不需要政府干预，货币是中性的。相同点：均强调微观基础和预期的作用。

第7章 通货膨胀与失业的短期权衡

1.（1）D；（2）D；（3）B；（4）A；（5）C；（6）C。

2.（1）从短期看，若发生了通货膨胀，工人往往无法及时形成通胀预期，从而在工资合同中没有及时得到反映，于是，厂商愿意扩大就业，增加生产，故在短期内，菲利普斯曲线是向有下倾斜的，表示失业率与通货膨胀率之间存在着替代关系。随着时间推移，工人发觉实际工资随物价上涨而下降，就会要求相应地增加货币工资，以补偿通胀给自己造成的损失。当厂商发觉实际工资没有下跌，就不愿增雇工人了，这样用通胀换取降低失业率的政策就没有效果，除非采取超过更高通胀率的政策，使工资增长再次滞后于物价上涨，使厂商因实际工资下降而愿增雇工人。更高的通胀率与失业率产生一定交替关系，这在菲利普斯曲线图形上表现为曲线向右上移动。这样的过程不断继续下去，即工人不断形成新的通胀预期，使换取一定失业率的通胀率越来越高，一条条菲利普斯曲线不断向有上移动，最终演变成一条垂直的菲利普斯曲线。这条垂直的菲利普斯曲线就是长期的菲利普斯曲线，表示在长期内，失业与通胀间不存在相互交替的关系。

（2）萨缪尔森认为失业和通货膨胀之间有替代关系。货币主义学派认为短期失业和通货膨胀之间存在替代关系；长期中公众通货膨胀错觉消失，失业通货膨胀之间完全没有替代关系，菲利普斯曲线是一条处于自然失业率水平的垂线。理性预期学派认为，失业与通货膨胀无论短期还是长期中，都不存在菲利普斯曲线所描述的两者之间的替代关系。

（3）①政府可以采用扩张性货币政策和扩张性的财政政策，刺激总需求，降低失业率。

②物价水平和失业率都会上升，一方面会发生成本推进的通货膨胀率；另一方面产出减少，失业率上升。图中从A点到C点。

③增加政府开支会增加总需求，失业率降低，通货膨胀率增加，图中从B点到D点。

第8章 开放经济的一般均衡

1.（1）A；（2）B；（3）D；（4）A；（5）B；（6）C。

2.（1）如果资本完全流动，实行扩张性的货币政策，会引起利率水平下降。利率水平的微小变化会引起外资的大量外流，从而完全抵消扩张性货币政策的效应。在固定汇率体系下，资本完全流动时，货币政策完全无效，长短期都一样，不会对国民收入产生任何影响。

作图说明（见教材）。

（2）①如果资本完全自由流动，资本总是流向利率最高的国家，并持续流动到各国的利率水平相等时为止。减少公共支出导致总需求下降，使得国内利率水平下降，从而引起外资的流出，外汇供给减少。在外汇市场上本币汇率下降，结果是出口增加，进口减少，净出口增加。减少公共支出有助于增加本国的净出口。

②增加货币供给也有助于增加本国净出口的目标。原因在于增加货币供给，国内利率水平下降，外资流出，本币贬值，出口增加，进口减少。实现增加净出口的目标。

3.

四部门经济的收入恒等式为：

$$Y = AD = C + I + G + (EX - IM)$$

由于

$$\begin{aligned} C &= a + cY_D \\ &= a + c(Y - T + TR) \\ &= a + c(Y - T_0 - tY + TR) \\ &= a + c(1 - t)Y + c(TR - T_0) \\ &= 28 + 0.8(1 - 0.2)Y + 0.8(25 - 25) \\ &= 28 + 0.64Y \end{aligned}$$

将上式带入收入恒等式，

解得：

$$Y = 200$$

即该国的均衡国民收入为 2 000 亿美元。

$$IM = M_0 + mY = 2 + 0.1Y = 2 + 0.1 \times 200 = 22$$

$$EX - IM = 20 - 22 = -2$$

贸易逆差为 20 亿美元。

第 9 章　消费与投资理论

1. （1）A；（2）A；（3）C；（4）D；（5）A；（6）A。

2. （1）弗里德曼认为，人们在计划自己的消费水平时，不是依据短期的实际收入，而是把消费与持久的、长期的收入联系在一起。短期的可支配收入由于受许多偶然因素的影响，是一个经常变动的量，人们的消费不会随它的波动而经常变动。消费者为了实现其效用最大化，实际上是根据他们在长期中能保持的收入水平来进行消费的。一时的非经常性的短期收入变动只有在影响持久收入水平预期时，才会影响消费水平。只有持久收入才影响人们的消费，即消费是持久收入的稳定函数。

（2）米尔顿·弗里德曼认为，消费者的消费支出是由持久收入决定的。

一个人的收入 Y 分为持久收入和暂时收入。持久收入是在现有财产水平与现在和未来可以赚到的收入为既定的条件下，消费者可以在较长时期中维持的稳定的收入比率。暂时收入是收入中人们预期不能持续的那部分，如彩票中奖的收入。

持久消费是持久收入的稳定函数，持久消费在持久收入中所占比例是固定不变的常数。即：

$$C_P = cY_P \quad (0 < c < 1)$$

对于当前收入，边际消费倾向为 $C_P/Y = cY_P/Y$，

所以，如果当前收入提高，边际消费倾向降低，短期内，边际消费倾向随收入提高而递减，长期内边际消费倾向是稳定的。

（3）生命周期消费函数可以写为：

$$C = aWR + cYL$$

其中，WR 代表财富，a 为财富的边际消费倾向，由于财富的

$$a = \frac{1}{NL - T}, \quad c = \frac{WL - T}{NL - T}$$

支出都分布到生命持续的年限中，因而财富的边际消费倾向很小。c 为劳动收入的边际消费倾向。在任一既定财富水平上，生命周期消费函数与凯恩斯主义消费函数相同。在长期中，财富 WR 会增加，消费函数就会向上移动，这种上移阻止了平均消费倾向随收入增加而下降，从而揭示了消费函数之谜。

第 10 章　经济增长

1.（1）B；（2）B；（3）D；（4）C；（5）B；（6）B。

2.（1）在新古典经济增长模型中，如果储蓄率提高，经济资本存量会增大，人均产出水平提高；如果储蓄率降低，经济的资本存量就会减少，相对应的人均产出水平会降低。较高的储蓄率会导致较快的增长，但是这只是暂时的。储蓄率的提高会加快经济增长，直到经济达到新的稳定状态为止。如果经济保持高储蓄率，也会保持大量的资本存量和较高的产出水平，但是并不能永远保持较高的经济增长速度。

（2）①初始资本存量不同会导致起点不同。

②储蓄率不同导致不同的收入水平。其他条件相同，高储蓄率的国家往往会有高收入水平。

③人口增长率不同导致不同的收入水平。其他条件不同，人口增长率高的国家往往有较低的人均收入水平。

④技术进步不同会导致不同的收入水平。

3.（1）将总量生产函数 $Y=K^{\frac{1}{2}}L^{\frac{1}{2}}$ 两边同时除以劳动力数量 L 得到基于人均变量的生产函数：

$$y=k^{\frac{1}{2}}$$

$$sy=sk^{\frac{1}{2}}=0.3k^{\frac{1}{2}}$$

当经济增长达到稳态均衡时要求储蓄恰好等于资本的广化，因而需要满足

$$sy=(n+\delta)k$$

由于人口增长率 $n=0$，均衡条件可以写为：

$$sy=0.3k^{\frac{1}{2}}=\delta k=0.1k$$

从而解得增长均衡时的人均资本为：

$$k^*=9$$

（2）在经济增长的黄金律稳定状态，人均资本水平需要满足的条件是生产函数在该人均资本水平处的斜率等于资本广化的斜率，也即：

$$f'(k_G^*)=\delta$$

从而有：

$$\frac{1}{2}k_G^{*\,-\frac{1}{2}}=0.1$$

解得：

$$k_G^*=25$$

黄金律稳态时还需要满足人均储蓄等于资本的广化，也即：

$$s_G^*(k_G^*)^{\frac{1}{2}}=0.1k_G^*$$

代入 $k_G^*=25$ 求得：

$$s_G^*=0.5$$

也即黄金律稳态要求储蓄率为 0.5，而现实储蓄率只有 0.3，因而需要调高储蓄率以达到黄金率稳态增长。

主要参考文献

[1] 曼昆:《宏观经济学》(第7版),中国人民大学出版社2011年版。

[2] 亚伯、伯南克、克鲁肖:《中级宏观经济学》(第6版),机械工业出版社2009年版。

[3] 多恩布什、费希尔:《宏观经济学》(第8版),中国财政经济出版社2003年版。

[4] 布兰查德:《宏观经济学》(第2版),清华大学出版社2003年版。

[5] 凯恩斯:《就业、利息和货币通论》(重译本),商务印书馆1999年版。

[6] 布兰查德、费希尔:《宏观经济学·高级教程》(第3版),经济科学出版社2001年版。

[7] 斯蒂格勒茨:《经济学》,中国人民大学出版社1997年版。

[8] 格林纳韦:《宏观经济学前沿问题》,中国税务出版社2000年版。

[9] 布莱恩·斯诺登、霍华德·R. 文:《现代宏观经济学发展的反思》,商务印书馆2000年版。

[10] 布莱恩·斯诺登、霍华德·R. 文、彼得·温纳齐克:《现代宏观经济学指南》,商务印书馆1998年版。

[11] 戴维·罗默:《高级宏观经济学》,商务印书馆2003年版。

[12] 高鸿业:《西方经济学·宏观部分》(第5版),中国人民大学出版社2011年版。